BLOTA JR.
A ELEGÂNCIA NO AR

FERNANDO MORGADO

BLOTA JR.
A ELEGÂNCIA NO AR

A BIOGRAFIA DO MESTRE DOS APRESENTADORES DE TV DO BRASIL

© 2015 - Fernando Morgado
Direitos em língua portuguesa para o Brasil:
Matrix Editora
www.matrixeditora.com.br

Diretor editorial
Paulo Tadeu

Capa
Alexandre Santiago e Fernando Morgado

Fotos
Páginas 303, 304 e 315: Fernando Morgado
Página 339: acervo pessoal de Silvio Luiz
Demais fotos: acervo da família Blota

Projeto gráfico e diagramação
Alexandre Santiago

Revisão
Raquel Morgado
Silvia Parollo
Maíta Aredes

CIP-BRASIL - CATALOGAÇÃO NA FONTE
SINDICATO NACIONAL DOS EDITORES DE LIVROS, RJ

Morgado, Fernando
Blota Jr. – a elegância no ar / Fernando Morgado. - 1. ed. - São Paulo: Matrix, 2015.
352 p.; 23 cm.

Inclui índice

ISBN 978-85-8230-193-7

1. Blota Júnior, José, 1920-1999. 2. Apresentadores (teatro, televisão, etc.). 3. Televisão - Brasil. 4. Televisão - Produção e direção - Brasil I. Título.

15-23491 CDD: 791.450981
CDU: 791.4:654.19(81)

*Para minha família, cujo apoio
e compreensão nunca faltaram.*

*E para André Stolarski (in memoriam),
eterno amigo e mestre.*

Não quero deixar a televisão pela porta do esquecimento.
Blota Jr.

Sumário

Prefácio 11
Prólogo 13
Presépio 17
O voo do besouro 29
O locutor da mocidade paulista 45
Extremas e definitivas fidelidades 63
Doutor 81
1954 111
Capítulo sete 125
Sob as bênçãos de São Judas Tadeu 139
A palavra é... 165
O homem da TV classe A 197
Diálogo 233
Doces penumbras do outono 259
Epílogo - Como se constrói um ídolo 289
Anexo I - Este é mais um programa Blota Jr. 295
Anexo II - Fotos de Blota Jr. 303
Agradecimentos 341
Referências bibliográficas 345

Prefácio

Blota Jr. foi amigo do meu pai. Os dois tinham um amigo em comum, seu Queiroz, tio do Blota e colega de trabalho do meu pai em Araras. Foi lá que o vi pela primeira vez, apresentando um show do Carlos Gonzaga, cantor que fazia muito sucesso na década de 1960 com versões de músicas americanas. Na época, eu tinha entre 9 e 10 anos de idade.

Naquele dia, na praça da cidade, Blota Jr. me impressionou pela sua presença no palco, carisma, voz, simpatia, jogo de cintura, enfim, as características que, na época, eu não tinha noção do quanto eram fundamentais para um apresentador.

Ao longo do tempo, fui acompanhando a carreira dele no rádio e na televisão, onde conseguia dar descontração em momentos importantes dos programas especiais da *TV Record*, como o Troféu Chico Viola, o Roquette Pinto, o *Show do dia 7* e os festivais da MPB. Quando ele passou a fazer *talk show*, mostrou toda a versatilidade vinda dos tempos do rádio esportivo e da carreira política.

Portanto, mesmo inconscientemente, Blota Jr. teve influência na minha entrada no rádio, primeiro em Araras e depois em emissoras de Campinas. Quando fui para São Paulo, em 1969, ele me apresentou na *Rádio Record*, onde comecei como repórter e apresentador na área de telejornais.

Na época do *Perdidos na noite*, na *TV Bandeirantes*, programa que Blota sempre disse ter curtido bastante, nós convivemos algumas vezes em jantares na minha casa.

Quando fui para a *TV Globo*, tentei levá-lo. Isso acabou acontecendo três ou quatro anos depois, quando Boni se convenceu de que era uma boa ideia tê-lo numa equipe de criação. O objetivo, meu e do Boni, era colocá-lo como uma espécie de conselheiro de novos talentos. Seu trabalho seria orientar na parte do estudo, no comportamento e no aspecto profissional, passando a sua experiência para quem estava começando na carreira. Ele trabalhou um tempo na equipe de criação do *Domingão do Faustão*, mas acabou nos deixando logo depois de o *SBT* convidá-lo para tentar recuperar um programa que não tinha dado certo.

Durante uma viagem, fiquei sabendo do falecimento do Blota Jr. Ele andava preocupado com a saúde do Geraldo Blota, o GB, meu companheiro de rádio, com quem eu trabalhei e convivi durante mais de dez anos, desde que cheguei a São Paulo. Blota Jr. acabou morrendo antes do irmão. Foi uma grande perda para o rádio e para a televisão em todos os aspectos.

O que fica de um comunicador como ele são as imagens gravadas e livros como este do Fernando Morgado, que se propõe a mostrar para os jovens o trabalho dos que formaram a geração de apresentadores com estilo brasileiro. Além do Blota, temos Aérton Perlingeiro, Aírton Rodrigues, Aurélio Campos, Bolinha, Carlos Imperial, Chacrinha, Flávio Cavalcanti, Hebe Camargo, Hélio Ansaldo, J. Silvestre, Paulo Planet Buarque, Randal Juliano, Silveira Sampaio e Silvio Santos, cada um do seu jeito e com a sua importância.

Blota Jr. serviu de fonte para mim e servirá para muita gente que quiser seguir a conduta honesta, obstinada e decente que está no DNA dessa família de Ribeirão Bonito, interior de São Paulo. Ele fez um sucesso extraordinário como apresentador, o Geraldo Blota foi um grande radialista, o Gonzaga Blota um talentoso diretor de televisão e o Luizir Blota um publicitário importante que trabalhou durante muitos anos na Thompson.

Blota Jr. conhecia um pouco de tudo, o que é fundamental para um grande apresentador. Tinha voz agradável, dicção perfeita, português corretíssimo, simpatia invejável, uma paciência fora do normal e muita elegância. Elegância por dentro e por fora.

Tudo isso tem nome: José Blota Jr., lenda que deixou um capítulo de extrema qualidade no conteúdo e na forma.

Fausto Silva

Prólogo

Nas ruas, nos bares, nas lojas, nas casas da São Paulo de 1967, um tema ganha espaço como nunca antes: a MPB. Discutir se será "Domingo no parque" ou "Ponteio" a grande campeã do festival na noite daquele sábado, 21 de outubro, é algo tão ou mais importante que repercutir a falta que Coutinho, com dores na coxa, fará para Pelé na partida do Santos fora de casa no dia seguinte. Aliás, toda a rodada da Divisão Especial do Campeonato Paulista será disputada no domingo. Nenhum clube concordou em antecipar o seu jogo. Um sinal de que aquele sábado será, definitivamente, da música.

Os olhos e a ansiedade do público têm endereço certo: Avenida Brigadeiro Luiz Antônio, 411. O antigo teatro Paramount se transformou no teatro Record Centro, conforme anuncia o letreiro branco posto em cima do toldo azul e amarelo, estampado com os seguintes dizeres, com letras maiúsculas: III FESTIVAL DA MÚSICA POPULAR BRASILEIRA. Tanto o letreiro quanto o toldo são elementos novos fixados na fachada *art nouveau* daquela joia da cultura paulistana absorvida pela força da televisão.

Diante das portas de ferro concentram-se jovens universitários que haviam comprado seus ingressos para assistir ao show, conscientes de que seria histórico. À beira da calçada, estacionada com a devida autorização da prefeitura, permaneceu uma unidade móvel amarela envolta por uma faixa azul. De dentro dela, Antonio Augusto Amaral de Carvalho, o Tuta, controla tudo aquilo que o telespectador verá logo mais em casa. O *switcher*, centro nervoso de qualquer transmissão, fica na rua mesmo, e não dentro do teatro. Mais uma demonstração de improviso que, se já era natural na TV, havia se firmado de vez depois que o fogo lambeu toda a central de produção da *Record*, em Congonhas, poucos meses antes de Solano Ribeiro – produtor musical que idealizou os primeiros festivais da MPB – realizar o seu primeiro festival na emissora. Dessa tragédia restaram apenas a unidade móvel, o teatro na Rua da Consolação e três velhas câmeras Dumont: duas em camarotes laterais e uma ao fundo. Claro que isso não seria suficiente para suportar o trabalho de uma grande emissora. Daí estarem agora todos lá, concentrados no palco do velho Paramount, inaugurado em 1929 e recém-arrendado pela *Record*.

Por tudo isso, não é de se estranhar que a temperatura, já elevada por conta dos imensos tambores de luz incandescente presos ao teto, estivesse ainda mais alta. Peças do cenário passam de um lado para o outro. Músicos abrem suas partituras. Os cantores começam a chegar. Ansiosos, ensaiam diante das centenas de cadeiras ainda vazias, mas que já imaginam repletas de gente explodindo em vaias e aplausos. Câmeras exercitam os enquadramentos necessários. Uma espécie de neblina vai se adensando: são os cigarros ininterruptamente tragados numa tentativa da maioria das pessoas aliviar a tensão.

É nesse cenário que Nilton Travesso, aos 33 anos de idade, distribui orientações, buscando imprimir a ordem básica necessária ao espetáculo. Com Raul Duarte, Manoel Carlos e Tuta, ele integra a equipe A: outra consequência do incêndio de 1966, que forçou a união de quatro dos principais diretores da *TV Record* num só time, responsável pelas maiores audiências da emissora naquela época, inclusive o festival.

A noite chega e a hora de entrar no ar se aproxima. Os portões são abertos e o *foyer*, recoberto com padrões geométricos, é logo tomado pelo público. Elegantes degraus de mármore de Carrara dão acesso ao nível superior. Chega-se de imediato às poltronas, todas de madeira, estofadas e com espaldar alto. A busca pelo melhor lugar se intensifica. Não há assento marcado. Da plateia avistam-se os vitrais iluminados que adornam o parapeito do balcão, que também serve de suporte para fixação de faixas que trazem as marcas de duas revistas da Bloch Editores: *Manchete* e *Fatos & Fotos*.

Entre o público e o palco, o fosso. Nele, os jurados tomam seus lugares, esses sim devidamente marcados, torcendo para não serem premiados com ovos ou tomates, como acontecera nos sábados anteriores. Se algo tivesse que parar ali, que fossem apenas as serpentinas que logo haveriam de cobrir o palco e se embolar aos fios dos microfones.

A cortina, ainda fechada, tenta esconder do público o caos que persiste minutos antes de o programa começar. Intérpretes que estavam sumidos, tomando umas num bar próximo ou trancados no hotel, são resgatados a tempo. Chega o momento. Por um instante, tudo para. O relógio marca 21h40. A orquestra da *TV Record* começa a executar o tema de abertura do festival, composto por Luiz Chaves, do Zimbo Trio. Lentamente, a cortina sobe. De um monitor escondido, nota-se que a câmera abre o plano também de forma lenta. À medida que o pano se esconde, revelam-se as costas do maestro, a bateria, os instrumentos de corda e de sopro. Surge, enfim, o cenário completo, com plantas por todos os lados e o símbolo do festival bem ao centro, um violão estilizado.

Do grupo que aguarda na coxia, momentaneamente paralisado pela música e pela expectativa, sai, com passos firmes, um homem com 1,82 m de altura, cabelos curtos rigidamente penteados para trás, usando óculos com aros negros e grossas lentes, diante de um rosto fino e, ao contrário de todos ali, absolutamente sereno. Ombros largos, braços compridos paralelos à coluna invariavelmente reta. Ao seu lado, uma jovem senhora de cabelos loiros cuidadosamente arrumados, trajando um vestido cintilante, entrelaça os dedos da mão esquerda com os da mão direita daquele cavalheiro que impõe respeito sem precisar falar uma só palavra. E olha que falar é sua grande especialidade.

Executam-se os últimos acordes. Eles surgem no vídeo. São os dois maiores nomes da televisão na época. Companheiros no palco e na vida, juntos em mais uma tarefa histórica. Blota Jr. e Sonia Ribeiro. Seis passos são suficientes para alcançarem o centro do palco, onde o microfone Philips, preso a um pedestal, os espera. Com a experiência de quem tem quase trinta anos de carreira, Blota rapidamente consegue colocar o equipamento na altura ideal. Gosta de usá-lo um pouco abaixo do queixo, de forma a preservar a força natural da sua voz.

Com a palavra, primeiro, a dama:

– Senhoras e senhores, boa noite. Estamos abrindo, neste instante, a finalíssima do *III Festival da Música Popular Brasileira*.

Blota aproxima-se do microfone. Cresce o burburinho do público. A maioria ainda está sentada, mas logo isso iria mudar.

– Uma equipe de centenas de pessoas, entre técnicos, músicos, artistas, orquestradores, jornalistas, maestros, enfim, toda a *TV Record*, deu o melhor do seu esforço para que pudéssemos, nesta noite, encerrar o festival, o acontecimento máximo da música popular em nossa terra.

Nesse momento, Blota nota que a câmera à sua direita o focaliza. Abre um leve sorriso no canto da boca e discretamente dirige seu olhar para ela, como se, por um instante, saudasse o público de casa e o incluísse na plateia que tem diante de si. E conclui:

– Em todo o tempo, o nosso trabalho teve como objetivo principal obter a sua atenção e o seu aplauso.

Enquanto Sonia prossegue a apresentação, fica cada vez mais indisfarçável a alegria no rosto de Blota. Parece uma criança ganhando um presente que deseja há muito tempo. É certo que ele já tinha falado para plateias maiores e em outras circunstâncias igualmente relevantes, mas aparenta ter a clara noção de que aquele momento é especial para a música, para a televisão e para ele. O auge da sua carreira como apresentador. Mais um auge de uma vida de inúmeras carreiras: advogado, jornalista, locutor e comentarista esportivo, apresentador, animador de auditório, redator, produtor, radioator, compositor, executivo, esportista diletante, empresário, político, filantropo.

Aquela noite de 21 de outubro de 1967 exige de Blota Jr. o improviso do rádio, a impostação das tribunas, a emoção dos estádios, a firmeza das reuniões de negócios e até a paciência de quem sabe ajudar. Tudo vindo de uma bagagem que ele acumula desde a infância em Ribeirão Bonito, o seu presépio.

Presépio

Em um de seus raros momentos de descanso, Blota Jr. foi a Ribeirão Bonito, sua terra natal, onde gostava de renovar as energias para logo regressar aos mil e um trabalhos que conduzia na cidade de São Paulo.

Andou até o alto do Morro Bom Jesus, próximo da Praça da Matriz e da Paróquia Senhor Bom Jesus da Cana Verde. Sem cansar, subiu 600 metros de um caminho de paralelepípedos margeado por catorze totens representando as estações da *via crucis*. No final do caminho há uma pracinha acolhedora. Lá, emoldurados por cercas vivas, estão três símbolos ribeirão-bonitenses: a grande cruz azul, a Capela Nossa Senhora Aparecida e a Fonte José Blota, inaugurada em 9 de agosto de 1958. Não se trata de mera coincidência, mas de uma homenagem que Blota Jr. prestou ao seu pai, falecido quatro anos antes.

Enquanto via a água jorrar no chafariz, reminiscências da infância e da vida em família ressurgiram em sua cabeça. Sem perder o fio da meada, galgou dez degraus, aproximando-se da cruz azul. Dali avistou mais nitidamente o horizonte, confirmando o apelido que ele mesmo cunhou e popularizou através do rádio e da TV: Ribeirão Bonito, a *cidade presépio*. As casas simples, a mata ventaneando e os animais pastando sossegados realmente lembravam muito o cenário que todo Natal ele fazia questão de metodicamente montar em sua casa.

A paisagem bucólica não havia sofrido grandes alterações durante as últimas décadas. Ribeirão Bonito preservava – e ainda preserva – construções do tempo em que era apenas um povoado, surgido no coração do estado de São Paulo durante a segunda metade do século XIX, inclusive a casa em que Blota Jr. nasceu.

* * *

Quando José Blota Jr. veio ao mundo, em 3 de março de 1920, foi preenchido um vazio que existia na vida dos seus pais, José Blota e Amélia Queiroz Blota. No ano anterior, eles haviam sofrido com a morte prematura do primeiro filho, que também tinha recebido o nome de José Blota Jr. Mais tarde, ainda chorariam o falecimento de outra criança, Maria Dagmar, carinhosamente chamada de Daguinha, com apenas seis anos de vida.

A perda dessa irmã foi a única lembrança triste que Blota Jr. levou da infância. Além dele, mais cinco filhos vingaram: Luizir, Maria de Lourdes, Geraldo, Luiz Gonzaga e Cícero Antônio. A casa, cheia de crianças, localizada em frente da Igreja de São Benedito, era totalmente ocupada pelas brincadeiras e falatórios sempre animados e em alto volume, típicos de quem tem sangue italiano correndo nas veias. Os Blota, pelo lado do pai, saíram da montanhosa região da Calábria, bem na ponta da bota da Itália, mais precisamente da província de Cosenza. Já os Queiroz, pelo lado da mãe, vieram de Trás-os-Montes, ao norte de Portugal.

Em solo brasileiro, o avô materno de Blota Jr., José Luiz Lopes de Queiroz, era dono de uma venda de múltiplas funções: armazém, botequim, açougue, fábrica de bebidas e até botica. Numa época em que poucas localidades tinham um posto médico ou contavam com os serviços de algum profissional de saúde, era no estabelecimento do velho Queiroz que iam buscar tratamento todos os moradores da região que, em 1890, se transformaria no município de Ribeirão Bonito. Oferecia-se cura para qualquer coisa: de queda de cabelo a formigamento no pé. Mas não era apenas a necessidade que fazia aquele estabelecimento ser tão requisitado. Havia um segredo nas fórmulas: todas eram produzidas à base da cachaça local, cuja qualidade viria a ganhar fama nacional. Não por acaso, tinha gente que chegava a inventar uma dorzinha, um incômodo, uma coceira, apenas para ir à botica e comprar uma nova mistura.

Giuseppe, o avô paterno de Blota, também tinha um açougue e seu filho, José, era tabelião. Dono de cartório em cidade pequena, se não conseguiu oferecer uma vida de luxo, também não deixou faltar nada em casa, mesmo tendo meia dúzia de bocas para alimentar.

Comida, aliás, era a especialidade daquela casa. Foi com seus pais que Zezy, apelido que Blota Jr. recebeu na infância, aprendeu a encarar o almoço como uma hora sagrada. Era o momento em que toda a família se reunia ao redor da mesa para confraternizar-se e só parar de comer quando a barriga ficasse completamente cheia, sendo esse um sinônimo de plena felicidade. Para isso, dona Amélia não poupava trabalho. Acordava cedo e passava a manhã inteira cozinhando o prato favorito do marido e de cada um dos filhos. Chegava a ser servida quase uma dezena de opções diferentes de pratos quentes, sem contar as entradas e sobremesas. Frango, macarronada, leitão, feijoada, cabrito: era tanta comida que mal sobrava espaço para os pratos, copos e talheres, apertados entre travessas e panelas.

Muito do que era consumido naquela casa tinha sido plantado ou criado em seu próprio quintal, onde havia uma enorme jabuticabeira. Era à sua sombra que Zezy cultivava a grande paixão vinda de berço: a leitura. Foi seu pai quem mais o estimulou nesse hábito. Autodidata notável, ele havia se transformado num respeitado homem de leis mesmo sem ter tido a oportunidade de passar do ginásio. Nutria-se de conhecimento lendo avidamente em sua poltrona, compondo uma cena que Blota Jr. jamais esqueceu e, de certa forma, imitava ao recostar-se ao pé de jabuticaba para abrir algum dos 2 mil volumes existentes na biblioteca que tinha em casa. Já adulto, Blota Jr. viria a ser reconhecido como um dos maiores bibliófilos do Brasil, reunindo cerca de 5 mil títulos em seu acervo pessoal.

Os livros eram os melhores amigos de Zezy. Era junto deles que passava a maior parte do tempo, viajando com a imaginação para lugares tão fantásticos quanto os que conheceu lendo *A volta ao mundo em 80 dias* e *Robinson Crusoé*. Assim como as mães de hoje sofrem para tirar as crianças de um jogo eletrônico, dona Amélia travava uma verdadeira luta para fazer o filho largar o livro e sentar-se à mesa para comer.

Para a leitura durante o dia, o garoto contava com a sombra da jabuticabeira; à noite, com a companhia de um candelabro. Desde pequeno, e até o fim da vida, só conseguia pegar no sono depois de ler, apesar da pouca luz vinda de uma pequena chama teimosa que mal iluminava a página. Naturalmente isso não era suficiente para fazê-lo enxergar com clareza, o que o obrigava a forçar a vista. Mesmo sem um embasamento científico, Blota costumava usar essa história para justificar uma de suas marcas registradas: os óculos fundo de garrafa. Eles permitiam enfrentar seus quase 6 graus de miopia, ainda que tivesse de sofrer com as dores e a vermelhidão que as armações deixavam em seu nariz.

Seria por meio dos livros que Zezy escolheria seu grande ídolo: Eça de Queiroz. Devorou todas as suas obras e se encantou com a história de vida daquele escritor português que foi também advogado, jornalista e cônsul. Era a inspiração necessária para que o menino decidisse com a mais absoluta convicção: quando crescesse, iria estudar Direito e se tornar diplomata. Queria ser doutor.

A ideia deixou o tabelião José Blota ainda mais orgulhoso. Sua mulher e ele sabiam o quanto o filho se destacava entre os alunos do grupo escolar de Ribeirão Bonito, mais tarde Escola Municipal Coronel Pinto Ferraz. De tanto ler, Zezy havia acumulado um vocabulário incomum para a sua idade. Logo chamou atenção dos professores e coleguinhas com falas elaboradas, feitas de improviso, ainda que com a voz esganiçada e o retroflexo que o tempo se encarregaria de apagar. A facilidade com as palavras também ficava evidente quando recitava sonetos nas festinhas escolares. Na sala de aula, sua maior quantidade de acertos era com ditado, cópia ou formação de sentenças, como ficou registrado no caderno *Trabalhos graphicos*, montado durante o "1º anno B", quando foi aluno da professora Maria Amelia Borges. Nesse caderno, frases e problemas matemáticos intercalavam-se com "desenhos de imaginação", nos quais a bandeira do Brasil surgia com frequência, bem em sintonia com o ufanismo que gritava logo na capa:

> Ama, com fé e orgulho, a terra em que nasceste!
> Criança! Não verás nenhum país como este!
> Olha que céu! Que mar! Que rios! Que floresta!
> A natureza, aqui, perpetuamente em festa!

Mesmo que ainda não entendesse completamente o mundo dos adultos, Zezy já era esperto o suficiente para sentir os efeitos da prosperidade que a sua Ribeirão Bonito experimentava durante o começo do século XX. Com uma economia baseada principalmente na cultura do algodão, os fardos produzidos na cidade saíam pelos trilhos que a ligavam diretamente com Dourado e São Carlos, sendo esta cidade dotada de uma das estações mais importantes da Companhia Paulista de Estradas de Ferro.

Eram os trens que também levavam e traziam pessoas e outras mercadorias, emprestando maior dinamismo à região, que, com isso, teve condições de experimentar duas das coisas mais cosmopolitas que podiam existir naqueles tempos: o cinema, quando só existiam filmes mudos, e o futebol, ainda na era romântica do amadorismo. Seria vendo as pesadas bolas de capotão rolarem sobre o gramado que nasceria outra grande paixão da vida de Blota Jr.: o esporte.

* * *

Les rois du football. Foi com essa alcunha criada pelo *Le Journal* que o time do Paulistano retornou da sua temporada na Europa, em 1925. Seu desempenho havia sido realmente majestoso: 10 partidas, 9 vitórias e 30 gols marcados, sendo 11 deles feitos pelo primeiro grande ídolo do futebol brasileiro, Arthur Friedenreich. Os jogadores foram recebidos como verdadeiros heróis nacionais, arrastando milhares de pessoas que extravasaram sua euforia atirando flores e lançando bengalas e cartolas para o alto, tendo ao fundo o som incessante das buzinas dos carros e das sirenes instaladas no topo dos prédios dos jornais.

Poucos meses depois de alcançar a fama mundial, o Paulistano foi jogar na pacata região de Ribeirão Bonito. E o inevitável aconteceu: todas as atenções se voltaram para o time antes mesmo de desembarcar. Houve uma festa diferente em cada parada feita pelo trem que levava os jogadores. Em Rio Claro, por exemplo, eles foram recebidos com foguetes e banda de música.

Em meio a tanta expectativa, havia um problema de ordem prática: onde hospedar tanta gente? Como não existiam hotéis nem pensões suficientes, a solução foi colocar os integrantes do Paulistano nas casas dos moradores da região. Aos Blota coube a tarefa de receber o goleiro Nestor, que havia sofrido apenas 8 gols durante os 10 jogos na Europa.

Certamente o atleta teve o privilégio de desfrutar de um grande regabofe, com todo tipo de comida, acompanhado da cachaça ribeirão-bonitense. Uma festa que qualquer técnico da atualidade não pensaria duas vezes em vetar às vésperas de uma partida, mesmo que amistosa. Entre goles e garfadas, Nestor foi contando para o pequeno Blota Jr. algumas histórias da sua carreira: defesas espetaculares, jogadas decisivas, as vitórias na França, Suíça e Portugal. Encantou o menino e toda a sua família, que, se tinha alguma tendência em torcer pelo Palestra Itália por conta das origens, deixou de tê-la a partir daquele momento. O arqueiro do Paulistano, inclusive, fez questão de levar Zezy pelo braço até o campo para que ele assistisse ao jogo da sua equipe.

Foi durante essa estada, exatamente em 21 de março de 1926, dezoito dias após Zezy completar seu sexto aniversário, que o alvirrubro do Jardim América disputou o amistoso inaugural do estádio do Paulista de São Carlos. Placar final: 1 a 0 para os visitantes, com gol de Seixas.

Três anos mais tarde, o Paulistano acabaria com seu time de futebol, assim que a modalidade começou a se profissionalizar. Em 1930, atletas e sócios remanescentes se juntaram em torno da AA das Palmeiras e criaram o primeiro São Paulo Futebol Clube, o da Floresta. Enfrentando dificuldades, a instituição teve de ser refundada em 1935. Zezy, jovem torcedor do Paulistano, logo se tornou são-paulino, e o destino acabaria por aproximá-lo ainda mais do dia a dia dessa equipe.

* * *

Zezy foi escoteiro, daqueles que faziam questão de seguir ao pé da letra inclusive o artigo 3º da chamada Lei Escoteira: "praticar diariamente uma boa ação". Também vivia intensamente as atividades católicas que dominam o cotidiano de qualquer cidade interiorana: frequentava as missas dominicais; fez primeira comunhão; teve o pé lavado na Quinta-feira Santa; sempre comparecia à Festa de Agosto, celebrada em homenagem ao Senhor Bom Jesus da Cana Verde, padroeiro de Ribeirão Bonito. Tudo isso serviu de base para a religiosidade e a visão de mundo que o pequeno Blota Jr. ainda estava construindo.

Outra influência marcante veio pela leitura de jornais. Graças à riqueza gerada pela agricultura, a cidade chegou a ter mais de um periódico local circulando pelas suas ruas. Com as portas abertas pelo prestígio do seu pai, Zezy costumava frequentar as redações, andando por entre as escrivaninhas, tendo ao fundo o som das máquinas de escrever. Além disso, o próprio José Blota, junto com o irmão Carmine, tipógrafo, cuidava de um pequeno semanário chamado *A Ordem*. Toda a operação cabia num pequeno espaço do casarão da Rua Padre Guedes, onde também funcionava o Cartório do 2º Ofício no qual o pai de Zezy trabalhava.

Leitor ávido e encantado com a atividade jornalística, o garoto partiu para o caminho natural da escrita. Aos 12 anos teve seu primeiro artigo publicado pelo então "hebdomadário", como Blota gostava de dizer, *Correio d'Oeste*. Inspirado nos romances *Les pardaillan*, de Michel Zévaco, escreveu uma história sobre amantes na Ponte dos Suspiros, em Veneza, apesar de mal saber o que era Veneza, o que era a Ponte dos Suspiros ou mesmo o que eram amantes, considerando a inocência das crianças daquele tempo.

Zezy não apenas escrevia como também paginava seus próprios textos. Com calças curtas, mangas arregaçadas e mãos sujas de tinta, catava tipo por tipo nas caixas e compunha as frases que seriam impressas numa máquina que ele também operava.

Essa ligação com o *Correio d'Oeste* culminaria com uma homenagem eterna: o nome "Dr. José Blota Junior" foi fixado no expediente como "diretor responsável", apesar de raríssimas vezes ter interferido nas edições. Mesmo depois de falecido, seu nome continuou sendo publicado atrelado ao mesmo cargo, mas acompanhado da expressão *in memoriam*.

* * *

Ao mesmo tempo em que trabalhava no *Correio d'Oeste*, Zezy dava seus primeiros passos no ginásio. Seu avanço na vida escolar foi precoce, pois conseguiu concluir o primário aos 10 anos, um a menos do que o necessário para subir de grau. Na época, a família ficou com duas opções: dar um ano inteiro de férias ao menino, o que foi imediatamente descartado, ou matriculá-lo no ginásio municipal de São Carlos, já que Ribeirão Bonito não possuía uma instituição desse tipo. E como isso seria possível se ele ainda não tinha idade para cursar o secundário? A solução foi encontrada pelo pai tabelião: usar a certidão de nascimento do primeiro José Blota Junior, nascido e falecido em 1919. Como a criança e os pais tinham os mesmos nomes, não despertaria nenhuma suspeita.

O secundário foi uma etapa fundamental para o amadurecimento de Zezy. Ao embarcar pela primeira vez na Maria Fumaça 821 rumo a São Carlos, vendo sumir o aceno dos familiares que ficaram na plataforma, Blota Jr. trocava a vida cheia de paparicos na sua terra natal por um lar onde as condições eram bem distintas.

Na nova cidade, ele ficou sob os cuidados dos tios Carmine e Anina. Ela, uma napolitana que veio enriquecer muito o folclore da família no seu afã de virar uma educadora implacável.

Quase que do dia para a noite, Zezy, antes alvo de todos os privilégios que um primogênito poderia ter, foi obrigado a se adaptar ao fato de não ser mais o centro das atenções, agora divididas com os primos José Luiz Blota e Jacyra. Isso ficava evidente justamente no momento mais valorizado pelo garoto: o almoço. Jamais se esqueceu da frase que tia Anina fazia questão de repetir, em alto e bom som, quando repartia o frango:

– A coxa é do José Luiz, o peito é da Jacyra, o pescoço e o pé são do Zezy!

Se por um lado havia a vergonha de ser preterido, por outro, as circunstâncias forçaram o desenvolvimento de um gosto bastante peculiar: desde então, Blota Jr. passou a adorar pé e pescoço de frango. Mesmo quando já vivia com fartura, mandava reservar essas partes nem um pouco disputadas da ave e até se irritava quando outra pessoa as comesse.

Apesar de ser tão severa, a dona da casa não deixava de reconhecer no menino de Ribeirão Bonito o dom para a oratória. Em toda festa de família, fazia questão de pedir que ele discursasse. Já o tio Carmine chegava a presenteá-lo com algum dinheiro em troca de palavras no jantar. Certa noite, Zezy falava inflamado e gesticulava com uma faca na mão. De tão empolgado... Zapt! Acabou degolando uma garrafa, ao estilo de Napoleão.

Foi durante o secundário que Blota Jr. começou a desenvolver a sua fala de maneira mais técnica. No ginásio municipal, administrado pela Diocese de São Carlos, recebeu muitas lições de expressão e verbalização. Ao mesmo tempo que aprendia a sequenciar argumentos, defender ideias e prender a atenção do público, o jovem construía uma grande admiração pelos seus professores, que dedicavam atenção especial aos seus alunos, aconselhando e criando oportunidades, dentro e fora da sala de aula, para que exercitassem o poder de comunicação.

Uma dessas oportunidades foi durante a inauguração, em 1934, do Monumento ao Soldado Constitucionalista, na então Praça Siqueira Campos, depois Praça dos Voluntários. A cerimônia transcorria conforme o programado, quando, depois de ouvir vários discursos, o professor de Português José Atenfelder Silva reparou que ninguém do ginásio em que trabalhava havia sido chamado para falar ao povo. Indignado, foi cobrar explicações dos organizadores, que lhe mandaram escolher, na hora, algum docente que pudesse ou quisesse falar. A resposta veio de pronto:

– Não! Já que não preparamos um professor, então eu vou designar um aluno!

Num movimento rápido, puxou pelo braço seu aluno alto, magro e falador que despreocupadamente assistia ao evento. À época com 14 anos de idade, Blota improvisou um discurso de vários minutos sobre as lutas travadas em 1932. Ao final, foi ovacionado pelo povo, encantado com o conhecimento e o desembaraço daquele garoto que mal havia trocado as calças curtas pelas compridas, símbolos da maturidade.

Ao descer do palanque, ainda ao som inebriante dos aplausos, perguntou:

– Então, professor, está satisfeito?

Esperando ouvir um elogio consagrador ou um agradecimento efusivo, Blota teve mesmo que se contentar com um balde de água fria. E tudo por causa de uma única letra fora do lugar.

– Mais ou menos. Você falou *hisurto* em vez de hirsuto!

* * *

Ainda em 1934, Blota Jr. ingressou como colaborador no jornal *A Tarde*, que era dirigido por Francisco Fiorentino. Apesar de jovem, escrevia os artigos de fundo da publicação. Nessa mesma época, criou com José Queiroz Junior, tio que tinha idade para ser seu irmão, um jornalzinho chamado *O Farol*. O trabalho era imenso: todos os exemplares eram integralmente datilografados.

Apesar de ser muito aplicado, Zezy não deixava de aprontar. No ginásio, enquanto os religiosos almoçavam, ele aproveitava para ir ao pomar da instituição roubar jabuticabas. Subia com a destreza de quem já estava acostumado havia muito tempo com aquele tipo de árvore. Um dia, porém, não teve muita sorte: o então monsenhor Ruy Serra, depois dom Ruy, o diretor, sentou-se lentamente no banco embaixo da jabuticabeira justo na hora em que Blota e mais três amigos estavam em cima da árvore. Quando olharam para baixo, morreram de medo: o diretor estava acompanhado de seus dois pastores alemães. Os garotos tiveram que ficar entre os galhos, quase sem se mexer, durante duas horas, quando o religioso finalmente terminou sua contemplação, levantou-se e foi embora tranquilo, levando seus cachorros.

Por essas e outras, foram várias as vezes que tia Anina disparou suas broncas e punições contra o sobrinho. Como forma de ameaça, contava a lenda da bruxa Befana, tão popular na Itália. No Dia de Reis, ela traria doces para as crianças bem comportadas e carvão para as malcriadas, categoria na qual ela enquadrava Zezy.

A rotina em São Carlos, seja no secundário, seja com a tia Anina, era compensada pelos finais de semana em Ribeirão Bonito. Assim que terminava a última aula de sexta-feira, Zezy ia depressa para a estação de trem e embarcava rumo à terra natal, onde reencontrava o carinho da família, da qual se afastava somente ao raiar da segunda-feira. Mas esse tempo, inicialmente todo voltado ao descanso e a muita leitura, acabou tendo que ser dedicado a algo que pudesse dar algum dinheiro e ajudasse a custear os estudos e a vida em outra cidade. O velho José Blota e dona Amélia começavam a passar alguma dificuldade, algo compreensível para uma família com muitos filhos na escola e em fase de crescimento. Mas, afinal, o que aquele garoto sabia fazer que tivesse potencial para se transformar num negócio? Se a oratória ainda estava em desenvolvimento, havia outra aptidão que, inclusive, já o ajudava com as meninas: a dança.

Desde jovem, Blota Jr. era pé de valsa. Isso compensava outros defeitos que ele próprio dizia ter. Décadas mais tarde, em companhia dos netos, brincava:

– Eu era metido, feio pra burro, magrelo... Nem sei como sua avó se interessou por mim!

A dança era um pré-requisito indispensável para ser bem-visto na sociedade e, claro, ajudava muito na hora do flerte. Por isso, não faltaram alunos para Zezy, que se tornou o primeiro professor de dança da cidade. Detalhe: para as aulas, ele precisava de uma parceira, mas como não encontrou uma mulher disposta a fazer esse papel, acabou sendo obrigado a dançar com seu amigo Décio Dionísio, sócio na empreitada. Definitivamente, não lhe agradava ter de ficar de rosto colado com o sócio, ao som de "El dia que me quieras..."

* * *

Passadas tantas aventuras, chegou o ano de 1936 e, ao final dele, a formatura no ginásio municipal de São Carlos. Blota Jr. foi o orador da turma, que teve o professor Luiz Augusto de Oliveira como paraninfo. O diploma registrava o fim de mais uma etapa na vida daquele adolescente que, perto de completar 17 anos, queria dar mais um passo em direção ao Palácio Itamaraty. Para isso, não havia outro caminho a seguir senão o curso pré-jurídico, cuja principal referência era o Gymnasio de São Bento, hoje Colégio de São Bento, na cidade de São Paulo.

Novamente, o jovem viu-se obrigado a abandonar a família e a casa onde nasceu. Agora, tudo seria ainda mais difícil. Em São Carlos, estava próximo de Ribeirão Bonito e, bem ou mal, podia contar com a ajuda de parentes. Já em São Paulo, sofreria com a saudade provocada pelos quase 230 quilômetros de distância da sua terra natal e teria de se acostumar com o ritmo de uma cidade com mais de 1 milhão de habitantes e que não parava de crescer.

Foi com o coração apreensivo que Zezy embarcou, mais uma vez, na resfolegante Maria Fumaça 821 que o levou até São Carlos. De lá, seguiu num trem da Companhia Paulista de Estradas de Ferro com destino à capital paulista. Depois de horas vendo pela janela do trem a paisagem se transformar completamente, finalmente chegou a hora de descer do vagão. Na plataforma da Estação da Luz ninguém o aguardava. Haveria de construir uma nova vida. Sozinho.

O voo do besouro

Equilibrando-se entre as malas, Blota Jr. subiu no bonde que o deixaria no Largo da Memória, de onde caminharia até a ladeira de mesmo nome. Cuidadosa, dona Amélia já havia feito reserva em nome do filho numa das inúmeras pensões para estudantes que ficavam nessa região, próximo do Colégio de São Bento e da Faculdade de Direito do Largo de São Francisco. Sentia-se mais tranquila por ter escolhido um estabelecimento administrado pela irmã de um grande prelado paulista, o Monsenhor Francisco Bastos.

Vigário da Consolação, Monsenhor Bastos era um apaixonado por esportes, tendo sido, inclusive, conselheiro do São Paulo FC. Ele ajudou a instituição em diversas oportunidades, principalmente durante os seus primeiros anos, quando não havia sequer local para os atletas se prepararem. Foi o pároco que encontrou uma solução: para a concentração, cedeu a torre da sua igreja, que era devidamente trancada por ele; para os treinos, liberou o pátio, dividindo espaço com a equipe de basquete da Congregação Mariana da Consolação, da qual Blota Jr. chegou a fazer parte.

Pela mesma Congregação, Blota também teve oportunidade de jogar tênis de mesa, numa época em que seu interesse se ampliou para todo e qualquer tipo de modalidade de esporte, indo muito além do futebol. Comprava revistas especializadas, nacionais e estrangeiras, e jornais como *A Gazeta Esportiva*, no qual leu pela primeira vez, em junho de 1937, o apelido criado por Thomaz Mazzoni para o tricolor paulista: *clube da fé*.

Blota encontrava um jeito de não se afastar do esporte mesmo enquanto estudava. De manhã, fazia suas lições ouvindo os 1400 quilociclos da PRE 7 *Rádio Cosmos*, cuja programação começava às 9 horas e era a que mais se dedicava ao assunto. Em 1938, a *Cosmos* foi a primeira a transmitir uma Copa do Mundo ao vivo pelo rádio, direto da França, integrando a rede de estações que, como ela, também pertenciam à *Organização Byington*: *Cruzeiro do Sul* de São Paulo, *Cruzeiro do Sul* do Rio de Janeiro e *Clube do Brasil*.

O rádio acabou virando o grande companheiro daquele solitário estudante do São Bento. Ao anoitecer, depois das aulas, seguia para o auditório das emissoras e acompanhava as apresentações musicais, programas de calouros e humorísticos de sucesso. Ainda na posição de espectador, começava a reparar como era a dinâmica de realização de uma atração radiofônica: o tipo de texto, o estilo do *speaker*, o formato dos quadros, a interação com a plateia. Logo começou a se sentir à vontade naquele ambiente completamente novo para ele e tão diferente do mundo acadêmico. E o que era apenas uma distração virou a semente de algo mais sério, que germinou de vez quando Blota saiu de férias em 1937 e reencontrou-se com a sua Ribeirão Bonito.

* * *

Logo que chegou à casa de seus pais, Zezy ficou sabendo de uma novidade que vinha agitando a pacata vida da sua terra natal: na Praça da Matriz haviam instalado um serviço de alto-falantes. Era através dele que saía a trilha sonora para o chamado *footing*, tão comum nas cidades pequenas. Trajando seus melhores vestidos, as moças solteiras caminhavam sob os olhares atentos dos rapazes, que iam no sentido contrário tentando encontrar ali um novo amor. Às vezes, demoravam semanas até que um cavalheiro tomasse coragem e dissesse o primeiro "olá" para a sua escolhida. Por uma módica quantia, o locutor do alto-falante poderia ajudar nessa missão, lendo um recado entre as músicas: "O rapaz de terno de linho branco dedica este bolero à moça de vestido verde..."

Sem muita coisa para fazer, Blota achou o esquema interessante e, numa noite, arriscou-se ao microfone, tentando imitar as vozes que tanto gostava de ouvir em São Paulo. Logo chamou a atenção do dono dos alto-falantes, José Alves de Oliveira, que correu para a cabine e o parabenizou pela locução. Havia ficado impressionado principalmente com o fato de Zezy ter conseguido melhorar o sotaque característico de Ribeirão Bonito. Depois foi a vez dos amigos cumprimentá-lo pelo desempenho, dizendo frases do tipo: "Você é um locutor nato, tem que trabalhar em rádio!".

Os muitos elogios vindos de pessoas próximas, justo as que considerava serem os críticos mais ferozes que existem, somado à inesquecível experiência de ter sido orador no ginásio municipal de São Carlos, fizeram Zezy acreditar firmemente que já possuía todas as condições para trabalhar em qualquer estação da capital paulista.

Era um novo sonho amadurecendo em sua mente, talvez estimulado por uma certa dose de pretensão, e que acabaria tomando o espaço antes dominado pela ideia da carreira diplomática. Quando essa notícia chegou aos ouvidos de sua mãe, ela sintetizou sua preocupação com uma frase muito comum na época:

– Zezy, você não tem espaço no rádio porque gente de rádio não presta!

Se não bastasse a reprovação inicial vinda de dentro de casa, Blota ainda sofria de outro problema: não conhecia ninguém que pudesse ajudá-lo a ingressar na nova profissão. Ao mesmo tempo, viu que seus pais voltaram a ter dificuldade para ajudá-lo a pagar os estudos na capital. Todo mês, eles lhe enviavam 250 mil réis. Mesmo não sendo pouco dinheiro na época, era insuficiente para manter um jovem de 17 anos que vivia sozinho numa cidade como São Paulo. Por isso, chegou até a passar necessidade. Fome, inclusive. Blota transformou tudo isso em estímulo para ingressar no campo da comunicação e seguir sua vocação recém-descoberta.

Terminadas as férias, já em 1938, Blota Jr. voltou à metrópole e começou a buscar um emprego. Relembrando os jornais *Correio d'Oeste*, *O Farol* e *A Tarde*, teve um estalo: o jornalismo impresso poderia servir como porta de entrada para o mundo novo que tanto o fascinara. Agora, caberia a ele encontrar, ou mesmo criar, a chave que abriria essa tal porta.

* * *

A manhã de 18 de agosto de 1938 parecia ser apenas mais uma na rotina de Blota Jr. em São Paulo. Mas, ao subir no bonde, recebeu das mãos do jornaleiro algo que mudaria a sua vida: era um exemplar da edição de lançamento de *O Esporte*. Aquela primeira tiragem foi distribuída gratuitamente, a fim de divulgar o diário fundado por um pioneiro da crônica esportiva paulista, Lido Piccinini, que tentava enfrentar a hegemonia do jornal *A Gazeta* nesse setor.

O bonde desceu a Rua Coronel Xavier de Toledo, cruzou o Viaduto do Chá, dobrou na Rua Líbero Badaró e passou diante da Faculdade de Direito do Largo de São Francisco. Um trajeto relativamente rápido. Quando entrou na Rua Benjamin Constant, Blota já havia exercitado sua leitura dinâmica e lido todas as páginas. Chamou sua atenção o endereço da sede do jornal impresso na capa, abaixo do logotipo: Rua Quintino Bocaiúva, 24, primeiro e segundo andares. Ou seja, era logo na próxima esquina por onde o bonde passaria. Poderia estar lá a oportunidade que tanto buscava.

Blota não pensou duas vezes: desceu do bonde, que seguiu rumo à Praça da Sé, e entrou na rua que viria a fazer parte da sua rotina por muitos anos. Coluna reta, peito estufado, roupa alinhada. Reuniu toda a coragem que tinha e entrou na redação, dirigindo-se a Lido Piccinini.

– O senhor está começando hoje o jornal. Poderia me arranjar um emprego?

Na tentativa de intimidar aquele garoto e despachá-lo o mais rápido possível, o jornalista começou a desfiar:

– Nós já temos aqui grandes cronistas: Geraldo Bretas, José Iazzetti, João Pimenta Neto, Elisiário Petrus...

Blota não demonstrou estar impressionado e insistiu:
– Mas não tem nada que eles não estejam fazendo?
Depois de pensar um pouco, Lido acendeu uma luz:
– Tem boxe! Você entende de boxe?
A resposta foi tão rápida quanto exagerada:
– Ora, boxe é o que eu mais entendo!

Foi contratado na hora. Naquele momento, ninguém precisava saber que o novo cronista de boxe jamais havia assistido a uma luta sequer na vida.

Reunindo todo o conhecimento que tinha acumulado através de leituras, escreveu naquele mesmo dia o seu primeiro texto sob o título "Gongos e tombos", sendo *tombo* uma gíria desse esporte na época e significava marmelada. Depois, receberia sua segunda tarefa: *cozinhar*, ou seja, resumir as notícias impressas pelos jornais cariocas que chegavam à redação e transformá-las em pequenas notas, publicadas num espaço chamado "O Rio de Janeiro em foco". A comunicação ainda era difícil entre as cidades, por isso duas estreitas colunas de diagramação bastavam para resumir tudo que de mais importante acontecia nos esportes da então capital federal.

Não tardou para surgir sua primeira crise no jornal, que teve a ver com algo elementar: qual pseudônimo Blota Jr. deveria usar? Vendo o tipo físico do garoto, com seus 53 quilos distribuídos em 1,80 m de altura, Lido Piccinini não teve dúvida e resolveu aproveitar para provocar o *foca*:

– Você deve assinar como Palito de Óculos!

Depois de muita discussão, chegaram a um meio-termo. Seguindo a moda da época, quando muitos cronistas adotavam nomes em inglês, Blota Jr. virou *Joe Palito* e, assim, pôde ganhar um pouco mais de paz na redação.

* * *

Nos primeiros tempos em São Paulo, Blota Jr. imprimia um ritmo frenético nas atividades durante todo o seu dia: estudos no São Bento, jogos na Congregação Mariana da Consolação, trabalho no jornal *O Esporte*, visitas aos auditórios das rádios, e a dança, de que tanto gostava e fazia questão de continuar praticando, apesar das dificuldades. Tinha de enfrentar a vigilância constante do Monsenhor Bastos, que morava na mesma pensão que Blota e justo no quarto ao lado. Além disso, não tinha dinheiro nem *status* social para frequentar os melhores bailes ou o local por onde praticamente todo jovem da alta sociedade paulistana passava: o Curso de Danças e Boas Maneiras Madame Poças Leitão.

Blota conhecia bem a fama da suíça Louise Frida Reynold Poças Leitão, que recebeu o apelido de Madame graças ao sotaque francês que fazia questão de preservar, mesmo já morando no Brasil desde meados da década de 1910. Ela foi uma das pioneiras no ensino de dança de salão no país e suas aulas também incluíam lições de etiqueta, algo valiosíssimo a um jovem que sonhava ser diplomata.

Para superar os obstáculos e conseguir acesso a esses ensinamentos sem pagar por eles, Blota desenhou um plano arriscado. Enquanto o Monsenhor Bastos pegava no sono, ia vestindo terno e gravata. Jamais se esquecia de pôr no bolso do paletó o lenço, que era item obrigatório do curso. Por fim, calçava seu melhor sapato, com solado liso para deslizar facilmente sobre o piso de madeira. Arrumado, saía na ponta dos pés para não acordar ninguém e logo se dirigia ao Largo de São Francisco, em frente à Faculdade de Direito, onde Madame Poças Leitão lecionava na época. Ao chegar, rapidamente pulava o muro e entrava no salão, mantendo um rosto tão insuspeito quanto o de qualquer aluno que estivesse com as mensalidades em dia.

Passava pela rigorosa vistoria das unhas, não levava chicletes e tomava o cuidado de beijar a mão somente de senhoras, jamais de senhoritas. Terminada a dança, conduzia a dama de volta à mesa com a elegância que lhe era peculiar. Pelo bom desempenho nas aulas, não sofria tanto com o chicotinho que a Madame usava para sinalizar os erros.

Logo começou a ser notado e a reação da Madame foi surpreendente. Em vez de expulsar o garoto a pontapés, ela o chamou e, com seu carregado sotaque afrancesado, lhe fez uma proposta:

– Você é um bom aluno e tem sido importante para compor os casais durante as aulas. Permito que continue no curso, mas com uma condição: não terá preferência na hora de tirar as damas. Escolherá somente depois dos alunos matriculados.

Ou seja, para seguir frequentando gratuitamente as disputadíssimas aulas da Madame Poças Leitão, bastava que Blota dançasse com as meninas que sobravam, as mais feias, que tomavam chá de cadeira. Para um rapaz que não se julgava tão bonito, foi um excelente negócio, que valeu enquanto foi possível conciliar o mundo do tango e da valsa com seus muitos outros afazeres.

* * *

Com o passar do tempo, Blota Jr. foi ganhando espaço na redação do jornal *O Esporte* e, principalmente, a amizade de vários profissionais do rádio esportivo paulistano. Blota sempre pedia uma chance para participar dos programas, mesmo que não ganhasse nada por isso.

Uma das primeiras oportunidades que conquistou foi na resenha esportiva *Bola ao ar*, que fazia muito sucesso na novata *Rádio Bandeirantes*. Diariamente, ao meio-dia em ponto, subia a música: "Atenção para escutar/ Mais um furo!/ Mais um furo!/ Do programa *Bola ao ar*". Era a promessa: uma notícia em primeira mão por dia, logo na abertura. Ary Silva respondia pela produção e redação do programa. Mais tarde, passou a também ler suas crônicas ao vivo.

Quando Ary saiu de férias, o jornalista Raul Villoldo indicou Blota Jr. para substituir o titular na condição de cronista. E, assim, durante 15 dias, lá foi o esguio aspirante a radialista para o estúdio da PRH 9, no prédio da Rua São Bento, 365.

Terminada a sua participação no *Bola ao ar*, Blota julgou ter se saído muito bem. Acreditava merecer ser aproveitado de qualquer maneira pela emissora, mesmo que fosse como regra três. Foi chamado na diretoria para uma conversa. Entrou cheio de esperança.

– O que você está estudando? – perguntou o diretor.

– Estudo Direito – respondeu Blota Jr., já imaginando receber uma proposta que, quem sabe, poderia mudar o seu destino.

– E qual é a sua primeira intenção?

– A carreira diplomática! Desde criança leio muito Eça de Queiroz, que é meu maior ídolo. Além de grande escritor, foi também diplomata... – foi dizendo, com os olhos brilhando mais a cada palavra.

Após ouvir essa explicação apaixonada, o diretor deu-lhe um misto de conselho com veredito:

– Então persevere nesse sentido, uma vez que, para rádio, você não dá! Sua voz não é radiofônica. Ela não tem uma capacidade que eu possa garantir que você dê certo no rádio.

Blota Jr. ficou sem reação com esse verdadeiro banho de água fria, justo num momento em que ele batia em inúmeras portas atrás de oportunidade. Foi mais um teste para a sua autoconfiança, já abalada por cinco reprovações que sofreu em tentativas anteriores para ser locutor.

A primeira delas começou com um anúncio lido no jornal: "Concurso para *speaker* na *Rádio Tupi*". Blota tomou o bonde e desceu na Rua 7 de Abril, 230, onde ficava a imponente sede paulistana dos *Diários Associados*. Sem ter a menor ideia de como era um teste de locução, fez as provas, que incluíam até a *Divina Comédia*, de Dante. O resultado? Nunca lhe informaram ao certo. Só ficou sabendo que o ganhador havia sido um sujeito chamado Homero Silva, que logo se tornaria um dos maiores nomes do rádio e um dos primeiros ídolos da televisão brasileira.

Houve também passagens pela *São Paulo, Cruzeiro do Sul* e *Educadora Paulista*. Ao final de cada teste, sempre tomavam nota de nome e endereço "para chamarem qualquer dia". Nunca foi chamado. O vexame só não era maior porque vários dos ganhadores eram donos de vozes realmente bonitas e mereciam a vitória. Além de Homero Silva, Blota também foi derrotado em concursos por Nélio Pinheiro, antes de ir para a *Rádio Nacional*, e por Emílio Carlos.

Tantas negativas consumiam parte da energia do garoto, mas não toda ela. A chama, ainda que fraca, permanecia acesa, alimentada pela certeza de que tinha alguma vocação para a comunicação. Afinal, como era possível não falar bem no rádio e, ao mesmo tempo, ter sido orador no ginásio municipal de São Carlos e estar tão bem encaminhado no São Bento, onde também se destacava pela fala?

* * *

Blota Jr. se aproximava da conclusão do curso pré-jurídico, quando o Centro Acadêmico do Gymnasio de São Bento promoveu um concurso para escolher o seu orador. Os melhores alunos se inscreveram. Entre eles estava o Blota, que nessa época também chegou a dirigir a revista *Cantabona*, publicada pelo Centro Universitário de São Bento.

A seleção seria feita por uma banca de professores que incluía André Franco Montoro. Ele era um dos mais jovens do corpo docente da instituição – foi professor de Filosofia de Blota Jr. – e, quase 45 anos depois, seria governador de São Paulo.

Por ser um espaço preparatório para a faculdade de Direito, a comunicação verbal era muito exercitada nas aulas. Portanto, os professores já conheciam bem os pontos fortes e fracos dos seus alunos nesse campo. Por exemplo, sempre chamou atenção do professor Montoro que as melhores falas de Blota eram feitas de improviso, não precisando da ajuda de texto escrito. Elas sempre soavam muito mais seguras, naturais e convincentes do que qualquer leitura, característica rara de se encontrar.

Para verificar toda a versatilidade exigida pela posição de orador do Centro Acadêmico, os candidatos tiveram que realizar duas provas: um discurso improvisado e outro lido. Primeiro, foram os improvisos. Blota foi até o palco, posicionou-se diante do púlpito e começou a falar. Ele já dominava bem a técnica exigida nessas horas. Para poder ser visto e ouvido em todo o salão sem o auxílio de microfone, mantinha o rosto erguido, coluna ereta e voz empostada, proporcionando um tom mais grave que transmitia seriedade e impunha respeito. Para conferir maior credibilidade e relevância às suas ideias, costumava citar vários pensadores e escritores clássicos. Assim que terminou, vieram os aplausos entusiasmados. Blota voltou para o seu assento, de onde assistiu aos concorrentes fazerem as suas explanações.

Depois veio a etapa dos discursos lidos. Mais uma vez Blota foi chamado ao palco. Tirou do bolso do paletó alguns papéis dobrados. Abriu-os sobre o púlpito e iniciou seu discurso, intercalando olhares para a plateia e para as folhas que estavam diante de si. Procurou imprimir a mesma técnica que havia feito sucesso na prova anterior. Pareceu ter dado certo. Recebeu mais aplausos efusivos. Blota se sentou para acompanhar os outros discursantes e aguardar o resultado da banca.

Enquanto isso, o professor Montoro pensava, desconfiado: "Não é possível... O Blota não sabe fazer discurso lido! Como pôde ter ido tão bem?". Impressionado, resolveu ver com atenção os papéis que Blota carregava. Quando os tomou em suas mãos, veio a surpresa: as folhas estavam em branco! O garoto havia improvisado outra vez, fingindo que lia.

Por conseguir se destacar justamente no mais difícil, e duas vezes, os professores não tiveram dúvidas: mesmo com a artimanha, escolheram Blota Jr. como orador do Centro Acadêmico. Foi o estímulo que precisava para seguir na luta para tornar-se um locutor profissional.

Blota fazia seus deveres de casa durante as manhãs, sonhando em entrar de vez para o mundo do rádio. Ao fundo, tinha o som vindo do receptor sempre ligado na *Cosmos*. Por alguma razão, começou a sentir que seria precisamente naquela emissora que sua carreira começaria. Passou a enxergar as reprovações em tantos testes, em tantas estações diferentes, como sinal disso. Afinal, ele ainda não havia tentado a PRE 7. Ainda.

* * *

Um dos primeiros e grandes amigos que Blota Jr. fez no rádio foi Egas Muniz. Ambos eram magrelos e adoravam jornalismo, esporte e dança. Blota o considerava um Fred Astaire, "tanto pelo físico quanto pela capacidade coreográfica". A edição de 25 de março de 1950 da *Revista do Rádio* trouxe versos irreverentes falando de Egas, quando ele já era diretor artístico da *Rádio Cosmos*, rebatizada como *Rádio América* em 1945:

> Nas rodas da boemia
> está tão credenciado
> que só se vê na bateria
> o Egas Muniz... ciado!
>
> Põe na dança, este rapaz,
> uma ilustração feérica...
> E mostrou que é capaz!
> Descobriu no rádio... América!
>
> Artisticamente desfruta
> posição e outros troços...
> E com Blota Jr. disputa
> o campeonato de ossos.
>
> Queima enxofre, fede a bode,
> cai corisco e chove prego...
> Acontecer, tudo pode!
> Não cuida o Egas do ego!

Nos anos 1930, Egas já trabalhava na *Cosmos* como cronista e conseguiu que o amigo fizesse os programas esportivos da emissora. A chance vinha na hora certa: por demonstrar ótima capacidade de escrita e profundo conhecimento da língua portuguesa, Blota Jr., aos 19 anos de idade, passou a atuar como secretário de redação do jornal *O Esporte*. Pela sua mesa passavam todos os textos produzidos pelos setoristas da casa. Ele revisava as matérias, escrevia os títulos e mandava para a diagramação.

Por conta disso, Blota tinha sempre as notícias mais quentes dos principais clubes de São Paulo. Ele aproveitava essas informações e, num papel à parte, resumia em alguns tópicos como havia sido o treino, quais jogadas foram ensaiadas, o esquema tático, os desfalques e demais assuntos que interessavam ao torcedor. Já no estúdio da *Cosmos* ele punha esse papel diante de si e improvisava a notícia, num tempo em que era raríssimo encontrar um locutor que também soubesse escrever, por isso não dependia do trabalho de um redator especializado.

Isso chamou a atenção do diretor da emissora, João Ferreira Fontes, que lançou um desafio: convidou Blota para fazer a cobertura ao vivo da chegada a São Paulo do então ministro do Trabalho, Waldemar Falcão. A alta cúpula da Organização Byington estava profundamente interessada na transmissão que envolveria um dos nomes mais fortes dentro do Estado Novo.

Esse convite surgia no exato momento em que o então locutor esportivo titular da *Cosmos*, Geraldo José de Almeida, estava de saída rumo à *Rádio Record*. Para o seu lugar, João Ferreira Fontes trabalhava na contratação de Oduvaldo Cozzi, porém, enquanto esse negócio não se concretizava, estava disposto a testar alguns dos seus locutores comuns nessa posição.

Blota resolveu juntar uma coisa com a outra e, após ouvir o convite de Fontes, atreveu-se a lhe fazer uma proposta:

– Se eu for muito bem nessa reportagem, posso tentar transmitir um jogo de futebol, que é o meu objetivo?

– Se você for extraordinariamente bem, eu deixo você irradiar – respondeu o diretor, deixando claro que seria bem alto o obstáculo a ser saltado.

O desafio agora era criar algo que pudesse chamar atenção numa cobertura naturalmente difícil. Vivia-se uma forte censura, quando o acesso a qualquer político era muito restrito tanto para a imprensa quanto para a população em geral.

Transmissão, povo, político, proximidade, trabalhador... Essas palavras se embaralhavam na cabeça de Blota até o momento que surgiu a grande ideia.

No jornal *O Esporte*, ele havia se tornado amigo de uma figura popularíssima nas ruas de São Paulo daquela época: Maria Baiana, jornaleira ambulante conhecida pela sua habilidade em subir e descer de estribos de bonde em movimento mesmo sobraçando uma enorme pilha de exemplares. Maria Baiana passava a tarde na redação de O Esporte e, para ajudá-la, Blota costumava presenteá-la com o que sobrava da distribuição. Assim, ela podia receber todo o preço de capa e não só a comissão de jornaleira.

Como diz o ditado, "uma mão lava a outra e as duas lavam o rosto". Para sua amiga, Blota pediu um favor simples: que ela se posicionasse ao seu lado enquanto fazia a transmissão e de frente para o ministro logo que ele chegasse. E assim foi feito.

Às 8h50 de 29 de novembro de 1939, uma quarta-feira, Waldemar Falcão desembarcou na Estação do Norte, no Brás. Não havia muita gente à sua espera na plataforma. Além de autoridades, estavam presentes alguns poucos funcionários públicos previamente selecionados, que faziam o papel de povo entusiasmado por ver de perto um grande vulto da nação. Simpático, o ministro acenou para um lado e para outro. Foi quando Maria Baiana postou-se diante dele. Automaticamente, ele estendeu a mão e a cumprimentou. Nesse exato momento, Blota surgiu perto dos dois e, de microfone em punho, começou a valorizar a situação que ele mesmo tinha armado:

– Senhores ouvintes da PRE 7, trata-se de um grande momento este que estamos vivendo: o ministro do Trabalho cumprimenta uma humilde jornaleira das ruas de São Paulo! – entusiasma-se o repórter de primeira viagem, que aproveitou a deixa para conseguir uma declaração do político, o que não era muito comum naquela época. Os telefones da Cosmos logo começaram a tocar, com ouvintes parabenizando a emissora e o locutor pelo feito.

Quando voltou para a rádio, Blota ficou sabendo da repercussão e que havia conseguido se sair extraordinariamente bem na transmissão. Conforme prometido, ganhou a chance de irradiar a sua primeira partida de futebol, o que aconteceu três dias depois da sua já famosa reportagem. Na ensolarada tarde de 2 de dezembro de 1939 Blota foi ao Parque São Jorge narrar Corinthians *vs.* São Paulo, um amistoso disputado entre times mistos já que vários atletas dos dois clubes haviam sido convocados para a seleção paulista, que disputava o Campeonato Brasileiro de Seleções.

Apesar do preço promocional de 3 mil réis, pouca gente pagou para assistir àquele jogo, que teve direito a uma preliminar curiosa. Jogadores veteranos enfrentaram um time de cronistas esportivos formado por Rolim; Iazzetti (Vilani) e Attilla; Ary, Nelson e Arthur; Dantas, Fubá, Miranda Rosa, Laurindo e Mello. Os jornalistas acabaram derrotados por 1 a 0.

Nem a categoria dos craques mais experientes, nem a pouca habilidade dos colegas de imprensa foram suficientes para tirar a tensão de Blota Jr. naquele dia tão aguardado. Ele havia ganhado a chance pela qual tanto lutara, mas não sem um porém ameaçador: a sua narração no primeiro tempo seria ouvida pela direção da emissora e encarada como um teste. No intervalo, um telefone tocaria na cabine para lhe dizer se poderia continuar e narrar o segundo tempo ou se teria que sair do ar imediatamente. Em suma, uma simples ligação poderia trazer a consagração definitiva ou marcar o fim de uma carreira de locutor esportivo que teria durado apenas 45 minutos.

O juiz Enéas Sgarzi apitou e começou a partida. Blota narrou o primeiro gol de sua carreira aos 12 minutos da etapa inicial: Carlito esticou a bola para Lopes, que disparou a bomba. King, goleiro são-paulino, espalmou. Munhoz repôs a bola alta na área. O arqueiro tricolor subiu em falso, a bola caiu, Ângelo acompanhou e, de cabeça, empurrou para o fundo da rede. Corinthians, 1 a 0.

Aquele foi o único gol de um primeiro tempo que parecia demorar a passar, tanto porque o jogo carecia de emoção quanto pela ansiedade do locutor, que não parava de pensar no tal telefonema fatal que receberia.

Finalmente chegou o intervalo. Enquanto as equipes retornavam para o vestiário, Blota encerrou a sua fala e *devolveu*, como se diz no rádio, para o estúdio. Naquela época, as emissoras preenchiam com música o espaço até o recomeço da partida. Logo que soltou o microfone, o telefone tocou. Rápido, tirou o telefone do gancho e pôde ouvir José Ferreira Fontes entusiasmado, parabenizando-o pela transmissão até aquele momento e autorizando que ele continuasse no ar.

Blota Jr. realizava o seu grande sonho: era, oficialmente, locutor de rádio. E, exatamente como pressentia, isso aconteceu na *Cosmos*.

Os jogadores retornavam ao gramado e Blota voltava ao ar ainda mais empolgado, apesar da partida um tanto fraca. Nada seria capaz de tirar a alegria do novo narrador naquele dia. Nem mesmo os outros 2 gols do Corinthians que foi obrigado a narrar contra o seu São Paulo, que terminou perdendo aquele amistoso por 3 a 0.

Depois disso, ele narrou ainda mais alguns jogos do Campeonato Brasileiro de Seleções, como a semifinal entre cariocas e pernambucanos, disputada no Estádio de General Severiano em 10 de dezembro de 1939, no Rio de Janeiro. Para chegar ao estádio, Blota teve de embarcar no trem das sete da noite e enfrentar doze sacolejantes horas de viagem.

Exatamente às 15h20, quando as seleções começaram a entrar no campo do Botafogo, Blota deparou-se com um problema sério: como iria distinguir os jogadores? Ao contrário dos atletas de São Paulo, com os quais estava plenamente familiarizado, ele nunca tinha visto nenhum daqueles 22 jogadores. Para piorar, seus uniformes não tinham o número escrito nas costas, muito menos o nome. O jeito foi reparar no tipo físico, na tornozeleira, na boina de cada um e associar essa característica com a sua posição. Até que tudo estivesse devidamente memorizado, já haviam se passado os cinco minutos iniciais, quando parecia baixar "um anjo da guarda identificador", como dizia Blota, que o fazia ficar íntimo de todos. O único perigo era sair um gol logo no começo da partida e não saber quem marcou. Por sorte, o placar só foi aberto aos 16 minutos: Carreiro passou para Tim, que driblou dois pernambucanos e mandou a bomba da entrada da área, sem chance de defesa para o goleiro Vicente. Os anfitriões terminariam vencendo o selecionado de Pernambuco por 4 a 1.

Apesar do susto inicial, Blota saiu-se bem. Três dias depois, o jornal *O Globo* publicou uma nota anunciando que a *Rádio Cosmos* também cobriria a primeira das três partidas finais entre cariocas e paulistas "através da palavra vibrante do *speaker* José Blota Jr., uma figura simpática nos círculos esportivos da Pauliceia". Ele abriu a jornada decisiva às 21h de 14 de dezembro de 1939, diretamente do Estádio de São Januário, onde o então Distrito Federal viria a conquistar a taça de campeão no último dia daquele ano.

Quando Oduvaldo Cozzi finalmente chegou e assumiu a posição de titular da emissora, Blota fixou-se como segundo locutor esportivo. Na esteira do sucesso com as suas primeiras transmissões de futebol, outras oportunidades não tardaram a aparecer. Em 3 de fevereiro de 1940, sábado, 15h, Blota Jr. estreou um outro tipo de cobertura à qual iria se dedicar por anos a fio: o Carnaval. Foi ele quem abriu oficialmente a folia de Momo daquele ano, diretamente do estúdio A da *Rádio Cosmos*.

Vencedora de uma concorrência aberta pela prefeitura, a PRE 7 pôde ostentar o título de "Emissora Oficial do Carnaval Paulista" e instalar cerca de cem caixas de som nas avenidas São João e Rangel Pestana, na Praça da Sé, no Largo da Concórdia e puxar uma extensão até Santo Amaro. A voz de Blota, antes rejeitada, agora tomava conta de São Paulo.

Quando relembrava as dificuldades pelas quais passou no começo da carreira, ele fazia questão de concluir com a seguinte reflexão:

> Dizem que o besouro não pode voar. Aerodinamicamente, em termos científicos, aquelas asinhas colocadas muito na frente, aquela protuberância pesada posterior, tudo aquilo faz com que, pelas leis da Física, ele não consiga voar. Mas como besouro não conhece Física, ele voa! Então foi o caso do locutor Blota Jr.: eu sabia que não tinha voz, mas eu não sei se esta voz que eu tenho hoje não foi uma adaptação, direi, até mesmo inconsciente e reflexa porque eu entendia que devia ter, pelo menos, uma voz de orador. E, quem sabe, eu tenha trazido aquela voz mais empostada que se usa na tribuna para o palco, para o microfone, superando um tipo de voz mais coloquial, mais tranquila, de comunicação mais fácil, que fez com que eu fosse recusado nos concursos.

O locutor da mocidade paulista

Blota Jr. não começou a carreira de locutor numa estação líder de audiência, mas, mesmo assim, pôde dispor de valiosos recursos. A *Organização Byington* era uma potência no setor elétrico através da *Byington & Cia*. Suas emissoras de rádio no Rio e em São Paulo traziam prestígio político ao grupo e complementavam outras frentes de negócio, como a indústria fonográfica, através da representação da Columbia no Brasil.

Todo esse poderio econômico era sentido nas propostas agressivas que a *Cosmos* e a *Cruzeiro do Sul*, sua coirmã, faziam para atrair os principais nomes da concorrência. No futebol, foram assinados acordos inéditos com o Palestra Itália, atual Palmeiras, e o Corinthians. A preço de custo, a *Byington* forneceu material de iluminação e outras facilidades para o Parque Antártica e Parque São Jorge. Em troca, exigiu que suas estações fossem as únicas a ter cabines de transmissão nesses estádios. Era uma tentativa ousada de golpear seu grande rival: Paulo Machado de Carvalho, também chamado pelos seus empregados de Doutor Paulo, proprietário da *Rádio Record*, embrião das *Emissoras Unidas*.

Por esse motivo, Blota tinha o privilégio de ser um dos únicos locutores a trabalhar num posto exclusivo dentro de dois dos principais estádios de São Paulo. Já seus grandes ídolos na latinha, agora convertidos em concorrentes, eram obrigados a se virar. Nicolau Tuma, por exemplo, chegou a narrar um jogo do Palestra em cima de uma escada com 14 metros de altura.

Essa situação começou a mudar com a abertura do Estádio do Pacaembu. Erguido com dinheiro público, contava com uma estrutura maior e melhor que a de qualquer complexo privado existente na época. Todos os principais jogos, das mais diversas modalidades, acabaram sendo mandados para lá. Além disso, ele contava com cabines suficientes para todas as emissoras de rádio, ou seja, a primazia dada à *Byington*, que gastou tanto dinheiro, começava a se esfacelar.

A cerimônia de inauguração do Pacaembu ocorreria em 27 de abril de 1940 com toda a pompa, mas a bola só rolaria pela primeira vez no dia seguinte, com um jogo entre o Palestra e o Coritiba. Para cobrir esse momento histórico, as estações organizaram uma transmissão única, em cadeia, baseada no revezamento dos seus locutores. A *Cruzeiro do Sul* seria representada por Jorge Amaral, se ele, seu principal e mais eclético nome, não tivesse brigado com a direção da casa e pedido demissão poucos dias antes.

Uma solução teria que ser encontrada para a crise, e logo. Roubar alguém da concorrência seria algo caro e demorado. A melhor solução seria recorrer aos quadros da *Cosmos*, que pertencia ao mesmo grupo. Tirar dela o recém--contratado Oduvaldo Cozzi provocaria um prejuízo grande demais. A outra opção? Promover o segundo locutor, que vinha recebendo inúmeros elogios do público e da crítica: Blota Jr.!

No exato momento em que os executivos da *Cruzeiro do Sul* vibravam com a brilhante ideia que tiveram, Blota relaxava nas águas de Santa Bárbara do Rio Pardo. Descansava da glória de haver concluído o pré-jurídico e passado no vestibular para a Faculdade de Direito do Largo de São Francisco. Quando recebeu o recado vindo de São Paulo, seus olhos ficaram quase do tamanho dos óculos que usava. Imediatamente arrumou as malas e partiu em direção à capital. Conseguiu chegar a tempo de participar do *pool*, carimbando seu passaporte para entrar na principal emissora da *Organização Byington*.

* * *

Em 1º de maio de 1940, Blota Jr. foi efetivado nos quadros da PRB 6 *Rádio Cruzeiro do Sul*: "A estação das cinco estrelas", "O auditório dos grandes espetáculos", "A estação dos bons programas"... Por ter menos de 21 anos de idade, ele precisava do consentimento por escrito do velho José Blota para exercer a profissão recém-conquistada. "Autorizo meu filho José Blota Junior a trabalhar como locutor de rádio" é a frase que consta num papel timbrado do Palácio da Justiça de São Paulo datado de 23 de fevereiro de 1940.

Nessa época, após um longo período morando em pensão e, depois, no Hotel Liberdade, na Rua João Adolfo, Blota Jr. tinha voltado a viver debaixo do mesmo teto com seus pais e irmãos. Foi dona Amélia quem insistiu na ideia de que todos deveriam se juntar ao filho mais velho na capital. Seria o reencontro com o cotidiano familiar depois de quase uma década só se vendo nos fins de semana, feriados e férias. Para que essa mudança acontecesse, uma pessoa foi fundamental: o então interventor federal Adhemar de Barros.

Logo que seu primogênito ingressou no São Bento, José Blota começou a estudar para prestar concurso em São Paulo. Já que pensavam em mudar-se para outra cidade, ele gostaria de, pelo menos, continuar a exercer a profissão que tinha em Ribeirão Bonito.

Em março de 1938, prestou concurso para o 1º Tabelião de Notas. Passou, mas não foi chamado. No mesmo mês, fez prova também para o 4º Tabelião de Notas. Passou mais uma vez, e mais uma vez foi preterido. O motivo? Político. Preferiam nomear algum conhecido em vez de alguém de fora, por mais competente que fosse.

José Blota não desistiu. Prestou mais um concurso, agora para Escrivão do Cartório do 2º Ofício Criminal da Capital. Adhemar já estava prestes a completar sete meses no comando do Estado de São Paulo, quando teve que decidir o destino da vaga em aberto.

– Governador, o senhor precisa escolher entre esses nomes. Estão indicando este daqui – disse um assessor, apontando para o nome do amigo da vez.

– Espere. Quem é esse José Blota? Já é a terceira vez que esse nome aparece, e sempre em primeiro lugar. Quero que nomeie ele! – disparou Adhemar.

Ao ouvir a ordem, o funcionário se desesperou:

– Não, Dr. Adhemar, pelo amor de Deus! Temos um compromisso!

– Compromisso? Não! Quero que nomeie esse José Blota para o 2º Ofício Criminal e pronto!

Finalmente, no dia 10 de novembro de 1938, o jornal *O Estado de S. Paulo* trazia a tão aguardada nomeação de José Blota. Daquele momento em diante, ele e toda a família se tornariam adhemaristas apaixonados. Essa história, inclusive, seria recordada anos mais tarde, quando Blota Jr. teve que tomar importantes decisões político-partidárias.

* * *

Blota Jr. costumava dizer que o Pacaembu foi seu padrinho na carreira de locutor esportivo. Mais do que isso, o estádio praticamente virou sua casa. Durante a semana inaugural, só saía do posto de transmissão para ir dormir em casa. Até as suas tão sagradas refeições tiveram que ser sacrificadas. Não havia outro jeito: Blota ainda precisava provar seu valor e não podia desperdiçar nenhuma oportunidade. Contava a seu favor o fato de, graças a muito estudo, conseguir falar sobre mais modalidades que qualquer outro profissional da *Organização Byington*. Por isso, acabou narrando tudo que acontecia no Pacaembu: futebol, basquete, boxe, natação, atletismo, tênis na quadra coberta e até saltos ornamentais. Um dos primeiros reflexos disso foi que seu nome passou a ser citado inúmeras vezes durante a programação, seja nas chamadas para os eventos, seja na abertura e no encerramento de transmissões.

Logo começaram a surgir sinais de que tanto esforço valia a pena. Eles vinham na forma de mensagens da audiência e de elogios da imprensa. Em 4 de maio de 1940, *O Estado de S. Paulo* publicava: "A atuação de Blota Jr. nas irradiações esportivas da *Rádio Cruzeiro do Sul* tem merecido dos ouvintes dessa emissora a mais viva simpatia". Já em 13 de junho de 1940, pouco mais de dois meses depois da inauguração do Pacaembu, *A Gazeta* falava sobre o "locutor da mocidade paulista":

> José Blota Junior, através da onda esportiva da PRB 6 [Rádio Cruzeiro do Sul], já se tornou não só popularíssimo como querido. E merecidamente. Isso porque é um dos locutores mais serenos. Conciso de suas responsabilidades, irradia as partidas futebolísticas com admirável imparcialidade, sem qualquer exagero [...].

O jovem também se destacava por inovações que implantou no formato das coberturas esportivas. Ainda em 1940, criou algo que logo foi copiado por todas as emissoras que transmitiam partidas ao vivo.

Até então, o *speaker* ia sozinho ao estádio. Além de narrar, era obrigado também a carregar, montar e desmontar os equipamentos. Durante a transmissão do jogo não havia comentários, comerciais ou músicas tocadas no estúdio, nem mesmo no intervalo. Mais tarde, entre o primeiro e o segundo tempo, os locutores começaram a fazer rápidas entrevistas sobre a partida com colegas de jornais que estavam no estádio. Na *Cruzeiro do Sul*, Blota conversava com Thomaz Mazzoni, de *A Gazeta Esportiva*, cuja participação se resumia a uma rápida descrição técnica de como havia sido o jogo até então, sempre seguida das mensagens dos poucos anunciantes existentes na época e de gravações musicais.

Pensando sobre esse modelo de trabalho, Blota Jr. ficou preocupado. Chegou à conclusão de que era enorme a chance do ouvinte interessado em futebol desligar o rádio ou mudar de estação durante esse verdadeiro *intermezzo*. Boa parte do público perdido, inclusive, poderia não retornar para acompanhar o segundo tempo. A solução encontrada foi simples e inédita: na cabine, pôs ao seu lado o redator de esporte Geraldo Bretas, que passou a atuar como comentarista fixo na transmissão. Assim, conseguiu preencher todo o tempo com o assunto futebol, sem precisar *devolver* ao estúdio. Apesar de não ter uma voz tão bonita, Bretas sabia muito do esporte e acabou se consagrando como um dos cronistas mais polêmicos do Brasil.

* * *

O esporte ganhava cada vez mais espaço na *Cruzeiro do Sul*. Ela assumiu o compromisso de irradiar todos os jogos no Pacaembu e nos outros estádios onde ainda era a única a deter cabines privativas. Além disso, mantinha convênio com *A Gazeta Esportiva*, que organizava inúmeros eventos de diferentes modalidades. Blota Jr. cobriu vários deles vestindo a camisa branca da PRB 6. Na travessia de São Paulo a nado, por exemplo, após narrar a largada na ponte da Vila Maria, ele era obrigado a desligar o microfone e enfiar-se num Ford 37 pilotado por Pinheirinho, um dos taxistas mais famosos do Largo do Paiçandu. Ia acompanhando o desenrolar da prova até a Ponte das Bandeiras, onde parava o carro e voltava a ligar o microfone, a tempo de irradiar a chegada e entrevistar o campeão.

A Corrida de São Silvestre, lançada por Cásper Líbero em 1925, era uma das transmissões de que mais gostava de fazer, mesmo lamentando o fato de perder o "delicioso *réveillon* de Ribeirão Bonito". Por anos, São Paulo passou a noite de 31 de dezembro ouvindo o jovem locutor descrever o esforço dos atletas nas ruas escuras da cidade.

Naquela época, os vencedores costumavam completar a prova em aproximadamente 20 minutos. Blota punha toda a energia durante esse tempo e aumentava a voltagem logo que via se aproximar aquele que receberia a coroa de louros. Seu posto de transmissão ficava bem em frente à linha de chegada que, quando cruzada pela primeira vez, levava ao delírio o povo espremido à beira da calçada e entusiasmava o *speaker*, que entremeava os lances da corrida com os seus votos de feliz ano-novo aos ouvintes.

Blota voltaria a trabalhar na cobertura da São Silvestre pela *TV Record* e pela *Rádio Panamericana*, já na posição de chefe das operações.

* * *

Quando Blota Jr. começava sua carreira ao microfone, a televisão ainda estava longe de desembarcar no Brasil. O rádio era o único meio que podia registrar, ao vivo, os grandes acontecimentos sociais. Era comum, por exemplo, a transmissão de palestras proferidas por figuras ilustres.

Em meados de 1940, a *Cruzeiro do Sul* decidiu levar ao ar uma apresentação de Marcelino de Carvalho, pioneiro do colunismo social e sinônimo de boas maneiras – Marcelino era irmão de Paulo Machado de Carvalho.

Marcelino havia chegado de Paris, onde atuava como correspondente do *Correio da Manhã*, e faria uma conferência no *roof* do jornal *A Gazeta*: um espaço famoso e requintado, com restaurante e salão de festas, instalado no oitavo andar do Palácio da Imprensa, na atual Rua Cásper Líbero.

Blota Jr. foi destacado para fazer essa transmissão. Sua tarefa era simples. Primeiro, de microfone em punho, saudaria os ouvintes e lhes diria onde se encontrava. Em seguida, apresentaria Marcelino de Carvalho e passaria a palavra a ele. Enquanto o palestrante estivesse falando, Blota ficaria sentado, confortavelmente, esperando o final. Depois Blota pegaria o microfone novamente, daria "boa-noite" e *devolveria* ao estúdio. Só isso.

O começo correu rigorosamente dentro do planejado. Marcelino começou a falar sobre o bombardeio à capital francesa pela força aérea nazista, ocorrido em 3 de junho, um acontecimento tenebroso: 254 mortos, a maioria civis, incluindo crianças. Após tentar descrever tamanha tragédia, o jornalista, subitamente, pediu licença ao público e interrompeu a palavra. Recorrendo ao chavão "uma imagem vale mais que mil palavras", Marcelino começou a passar um filme mudo que trouxera da Europa e que registrava o ataque.

A plateia se surpreendeu e Blota Jr. mais ainda: como os ouvintes iriam acompanhar pelo rádio algo sem som? Tinha que pensar rapidamente numa saída. Se ele encerrasse a transmissão naquele momento, a técnica não conseguiria restabelecer o sinal a tempo, pois tudo era mantido por uma frágil linha telefônica. Então o jovem radialista se levantou, pegou o microfone que estava com Marcelino e puxou o fio até o lado de fora. Já na parte externa, fechou as portas de acesso, pois, pelo vidro, conseguia ver a projeção. Sem incomodar o público presente no *roof*, começou a narrar as cenas em preto e branco que revelavam o terror da guerra: o movimento dos militares, a explosão das bombas, as colunas de fogo, as ruínas, os corpos no chão, pessoas chorando a perda de seus entes queridos. Blota descrevia tudo detalhadamente, com a emoção típica de uma mocidade estarrecida com tanta tragédia.

Mal sabia ele que, naquele momento, era pioneiro num tipo de transmissão que receberia o nome de *off tube*, também conhecido como *geladão* ou *tubão*. Nele, o locutor descreve as cenas que vê pelo vídeo, sem a necessidade de estar no local onde elas acontecem. Trata-se de um formato que se tornaria muito comum, principalmente no esporte, pois reduz as despesas da emissora com transporte e hospedagem.

Terminado o filme, Marcelino recebeu de volta o microfone e concluiu a sua palestra. Blota Jr. encerrou a transmissão e desceu até o térreo. Assim que saiu pela porta principal do Palácio da Imprensa, um homem o parou e perguntou:

– Você vai para casa? Você está de carro?

A resposta, obviamente, foi "sim" para a primeira pergunta e "não" para a segunda. Em tempos de guerra, apenas pessoas com muito dinheiro poderiam ter um carro. Fazendo faculdade, trabalhando no jornal *O Esporte* e recém-contratado pela *Rádio Cruzeiro do Sul*, Blota Jr. ainda estava longe de pertencer a essa categoria.

– Por quê? – completou Blota.

– Eu vou lhe dar uma carona.

Os dois entraram no carro. O homem pôs a chave na ignição, deu a partida e puxou conversa assim que começaram a se afastar do meio-fio.

– Eu estava em casa, ouvindo você pelo rádio, ouvindo o Marcelino que eu aprecio tanto... Aí, quando ele disse que ia passar um filme mudo, eu pensei: o que é que vai acontecer agora? Será que eles vão começar a tocar música no estúdio? Foi quando eu me surpreendi com a sua iniciativa e, mais do que isso, com a sua capacidade de colocar... Eu vi o filme através da sua descrição!

Blota não acreditava no que ouvia. Essas palavras vinham da pessoa que, meses antes, ainda na *Bandeirantes*, havia lhe amaldiçoado no rádio.

– E se você se lembra daquilo que eu lhe disse, ainda bem que você não levou em conta! Ainda bem que eu não fico com remorso de ter prejudicado uma carreira tão promissora quanto eu vejo a sua depois dessa demonstração.

Era a redenção. Finalmente conseguira provar o seu valor e, desde então, passou a ter maior consciência dele. Sentiu-se profundamente emocionado.

Blota fez questão de guardar essa passagem para sempre em sua memória. Nas poucas vezes em que a contou, quando já era um ídolo nacional, fazia questão de omitir o nome do tal homem. Parecia querer poupá-lo da vergonha de, um dia, ter dito que Blota Jr. não prestava para o microfone.

* * *

Ao mesmo tempo que seguia fazendo reportagens e começava a fazer sucesso como narrador esportivo, Blota Jr. enveredava por outros gêneros de programas. Acumulava trabalhos tanto na *Cruzeiro do Sul* quanto na *Cosmos*, de onde ainda não havia se afastado. Foi lá, inclusive, que teve uma das suas primeiras experiências como radioator através do *Clarinadas: a história do Brasil em radioteatro*. Escrito por Olegário Passos, ia ao ar às terças-feiras, entre

21h30 e 22h. O capítulo levado ao ar em 6 de agosto de 1940, por exemplo, foi sobre a Guerra do Paraguai. Blota interpretou o Coronel Figueira de Mello, enquanto o soldado ganhou vida na voz daquele que logo se tornaria um dos seus maiores amigos: Adoniran Barbosa.

Havia também o *Passatempo da Cosmos*: "um programa sem pretensões", como era dito na abertura, que entremeava música popular com textos lidos por Blota Jr., Seu Libório e Sagramor de Scuvero.

Nessa mesma época foi lançado o *Hora Azul*, na *Cruzeiro do Sul*: um presente para os namorados. Blota e Lili interpretavam um casal que travava diálogos que iam da extrema melosidade até o humor, tudo ilustrado por canções de amor.

> BLOTA: Boa noite, meu bem, meu sonho, meu amor, meu tudo!...
> LILI: FRIA – Hum... Não vejo razão para tanto entusiasmo!
> BLOTA: Mas, minha querida, se você soubesse como eu estou louco, completamente transtornado de saudade!
> LILI: Meu Deus, como é possível?! Ainda ontem nós nos encontramos... Anteontem também...
> BLOTA: ... E trasanteontem também... E também tras de tras de tras...
> LILI: Ih, chega! Já estou nervosa com essa história!
> BLOTA: Está bem! Também eu já estava no último trasinho... Pois é! Apesar de ter visto você todos esses dias, continuo louco de saudade... É incrível! Quanto mais eu vejo você, mais saudade eu tenho! Até perto, imagine!
> LILI: Isso não é saudade... Isso é força de imaginação...
> BLOTA: Deve ser mesmo... É impossível pensar tanto em você assim... Eu sou mesmo um cavalo...
> LILI: A educação manda que nunca desminta ninguém nas suas convicções íntimas!

Já no ano seguinte, 1941, estava no ar um dos primeiros sucessos da carreira de Blota Jr. além do esporte: *Feira de Amostras*. Seguia a linha do radioteatro combinado com música, que era executada ao vivo pela

Orquestra Columbia. Participavam também nomes como Yara Lins, Alberto Dumont e Vicente Leporace, recém-chegado de Franca, onde trabalhava na *Rádio Clube Hertz*.

> BLOTA: A maior invenção desta terra foi o samba. Disseram que ele não tinha nada de bom, não convencia, não resolvia... Pode ser... Mas que é gostoso, que é bom, que é barulhento, ninguém pode negar!
> ESTÚDIO: ORQUESTRA COLUMBIA COM "ONDE O CÉU AZUL É MAIS AZUL"
> BLOTA: Feira de Amostras, um programa de R. Monteiro & Cia., ao microfone da Rádio Cruzeiro do Sul...
> VICENTE: Ô, moço!...
> BLOTA: A famosa Orquestra Columbia...
> VICENTE: ...moço! Ô, rapaz!
> BLOTA: Saia daqui, por favor!
> VICENTE: Me deixa ficar, vá! Eu queria tanto conversar com o senhor!
> BLOTA: Agora não é possível, meu caro senhor! Estamos no meio de um programa!
> VICENTE: Mas foi o senhor mesmo quem me mandou vir aqui! Eu nunca teria coragem de aparecer desse jeito se não fosse convidado!
> BLOTA: Eu convidei o senhor? Pra quê?
> VICENTE: Eu lhe escrevi uma carta, há uns quinze dias...
> BLOTA: Grande coisa! Uma porção de gente escreve cartas pra mim! Eu mesmo, quando ninguém escreve, sento na máquina e... Pronto! A minha correspondência cresce toda a vida!
> VICENTE: Mas a minha veio num papel de embrulho...
> BLOTA: Ainda bem que foi num papel de embrulho; podia ser pior...

Naquele mesmo ano, Blota Jr. também dava os seus primeiros passos como produtor e redator. Todos os dias ele escrevia e lia uma crônica sob o título *Panorama*. Às 21h15, ao som de "Wings over the navy", ele entrava no ar falando sobre o cotidiano, sempre com um toque de ironia. Foi o que fez, por exemplo, na noite de 24 de agosto, um domingo.

> A coisa mais difícil deste mundo é acontecer alguma coisa no domingo... Tudo é difícil nesse dia. Dia gostoso, mole, esparramado desde o vermelho da folhinha até as portas das casas comerciais fechadas... Domingo gritado em todos os rádios, quando as músicas se calam, só as vozes metralhadoras de todos os *speakers* falam de futebol e de corrida de cavalos... Tenho um tio muito ranzinza, que acha que tudo é a mesma coisa: futebol e corrida de cavalos. No fim, a diferença é que na corrida há apenas oito cavalos... E no futebol, 23...

Blota ficava cada vez mais encantado com o rádio. Ele via sua fama crescer à medida que também crescia o seu espaço dentro da *Organização Byington*. Sua disciplina contrastava com a vida absolutamente desregrada levada por muitos dos seus colegas. Com isso, o jovem conquistava a confiança dos seus superiores, que, por conseguinte, lhe ofereciam novas e maiores oportunidades. Além de narrador esportivo, radioator, locutor, produtor e redator, Blota passou a ocupar a chefia de programação da *Cruzeiro do Sul*, recebendo dois contos e quinhentos mil réis por mês.

Apesar de tudo isso, ainda lhe faltava no currículo a consagração como apresentador, justamente o posto no qual viria a ganhar fama nacional. Mas com tantas coisas acontecendo, e tão rapidamente, parecia ser questão de tempo para a chance definitiva.

* * *

Vinha do Rio de Janeiro o primeiro avião da Vasp que pousou na pista de concreto do Aeroporto de Congonhas, em 7 de maio de 1942. Dele desembarcou Orlando Silva. Ele seria a grande atração de uma programação especial promovida pela *Rádio Cruzeiro do Sul*, que incluía também os cantores Valdomiro Lobo e Maria de la Fuente. Tudo em comemoração ao décimo aniversário da emissora, que seria completado no dia 30 daquele mês. Considerava-se que o nascimento da emissora ocorrera em 1932, quando Alberto Byington Jr. a relançou, embora seu surgimento tenha ocorrido, na verdade, em 1927.

A opção por Orlando Silva era natural, visto que o outro grande sucesso da época, Francisco Alves, o Chico Viola, ia com muito mais frequência na concorrente *Rádio Record*.

Os jornais trouxeram notas falando da temporada "aguardada com interesse" pelos ouvintes de São Paulo e ainda mais pelos gestores da rádio. Estes já imaginavam o mar de gente que seria atraído pelo intérprete de "Lábios que beijei". Por isso, descartaram a ideia de realizar todas as apresentações dele no pequeno auditório da *Cruzeiro do Sul*. Instalado no terceiro andar de um prédio na Praça do Patriarca, 26, que, anos depois, daria lugar a um imenso arranha-céu, tinha como acesso apenas frágeis lances de escadas de madeira, que certamente cederiam com a agitação das fãs.

A solução encontrada foi alugar alguns cinemas para que Orlando Silva pudesse cantar em vários bairros de São Paulo. Com isso, buscava-se evitar a necessidade de deslocamento, já que, ao menos uma vez, o ouvinte contaria com um espetáculo perto da sua casa. A ideia era boa, mas não surtiu o efeito esperado: muitos fizeram questão de comparecer a todas as apresentações, desde o Cine Rex, na Bela Vista, até o Cine São Luiz, na Penha, passando pelo Cine Tiradentes, na Avenida Celso Garcia.

Coube a Blota Jr. o papel de mestre de cerimônias dessa programação especial, apesar do ainda pequeno currículo nessa função. Ele tinha conduzido algumas apresentações musicais, como a dos mexicanos Pedro Vargas e Trio Cavaleras, e recém-estreado como animador de auditório. O *debut* foi com *Pescando humoristas*, patrocinado pelos Cigarros Castelões. Conforme o nome sugere, o objetivo era revelar gente engraçada. Como isso parecia ser coisa rara, acabou virando um show convencional, mas com boa repercussão na época. Foi esse programa, inclusive, que lançou a *divina* Elizeth Cardoso.

A pouca experiência tornou ainda maior o susto que Blota levou às 21h30 do dia 8 de maio de 1942, quando subiu ao palco pela primeira vez para chamar Orlando Silva. Tinha diante de si uma macacaria de auditório que não parava de gritar um só minuto e que, sabe-se lá como, ainda conseguiu aumentar o volume da algazarra logo que a grande estrela da noite surgiu de trás das cortinas e pôs-se diante do microfone. Ao final, parte daquele mulheril ensandecido foi para cima do cantor, que saiu com suas roupas completamente rasgadas, sendo necessária muita luta para conseguir colocá-lo dentro do carro que partia para o Hotel Plaza, na Avenida São João, em cima do Cine Ufa.

Essas cenas se repetiram durante toda aquela temporada, qualificada pelo jornal *Correio Paulistano* como "sem precedentes na história dos grandes acontecimentos radiofônicos". Quando os eventos já estavam pra terminar, viu-se que não havia mais cinemas em São Paulo que pudessem receber Orlando de forma condigna. Por esse motivo, a *Cruzeiro do Sul* resolveu fazer da última apresentação, marcada para o domingo, 17 de maio, algo ainda mais grandioso.

A localização estratégica da sede da emissora permitiu que um plano ousado tivesse êxito. Como dizia um dos seus *slogans*, ela ficava bem no "coração da cidade". De suas sacadas avistavam-se não apenas a Praça do Patriarca, como também o Viaduto do Chá. Todo esse espaço acabou não sendo suficiente para os milhares e milhares de pessoas que compareceram ao evento, que, espremidas, ocuparam até a Praça Ramos de Azevedo, junto ao Vale do Anhangabaú. Esse evento foi considerado a maior mobilização de paulistas desde a Revolução de 1932.

No andar ocupado pela *Cruzeiro do Sul*, ao lado dos terraços e sobre a frente das janelas, fez-se uma platibanda. Lá, Blota Jr. apresentou Orlando Silva. Mesmo se acotovelando, o povo não parava de aplaudir e gritar o nome do ídolo, fazendo jus ao seu título de "cantor das multidões". Tanto sucesso acabou respingando em Blota, que, além de bom locutor esportivo, passou a ser citado também como bom apresentador.

O rádio só não o tomou por inteiro porque havia também a faculdade de Direito: o último ponto de contato que ainda restara entre ele e o sonho da diplomacia, que, agora, não parecia tão forte quanto era alguns anos antes.

Blota Jr. era obrigado a exercitar ao máximo sua capacidade de gestor do próprio tempo. Tornava-se cada vez mais difícil conciliar o trabalho nos palcos, estúdios e redações com a agitada vida universitária. Leituras, aulas, bailes e o movimento estudantil serviriam de estopim para outra paixão: a política.

* * *

Em 1942, o Brasil sentia ainda mais os efeitos da II Guerra Mundial. A todo o momento, edições extraordinárias dos radiojornais interrompiam as programações. Traziam informações do *front* e também sobre cada um dos 19 navios brasileiros torpedeados na costa nacional desde que as relações diplomáticas com o Eixo foram rompidas.

Tudo isso alimentou na população o desejo de que o país entrasse na guerra. Um passo decisivo para isso foi a decretação do estado de beligerância contra a Alemanha e a Itália, em 22 de agosto. Nessa mesma data, contando com o apoio do governo, foi promovido um comício no Largo de São Francisco. O objetivo era demonstrar que o povo paulista estava, naquele momento, ao lado de Getúlio Vargas.

A apresentação ficou a cargo de um dos alunos do Largo de São Francisco e que, ao mesmo tempo, era um dos nomes mais conhecidos do rádio paulistano: Blota Jr.

Aos poucos, enquanto a tarde caía, milhares de pessoas se aglomeraram em frente às arcadas da Faculdade de Direito. Logo, a praça e as ruas próximas foram tomadas por uma multidão de estudantes e populares.

Quando a escuridão já tomava todo o céu, o locutor/universitário pegou o microfone. Discursou durante mais de quatro horas sem parar ou repetir assuntos, prendendo a atenção da multidão. Exortou os presentes e os lembrou da responsabilidade que cada cidadão possuía naquele momento delicado. Falou também sobre o clima de terror e xenofobia que havia se espalhado pelo Brasil e, principalmente, por São Paulo. Circulava a ameaça de que grupos radicais, de tochas na mão, invadiriam o bairro do Brás e incendiariam as casas dos italianos, muitos deles pobres operários. Com seu sangue calabrês fervendo nas veias, Blota Jr. fez um apelo à paz, argumentando que, pelos anos de trabalho e dedicação ao país, esses imigrantes já eram tão brasileiros quanto as pessoas que tinham nascido no Brasil. Na verdade, todos eram irmãos.

Logo após, registrou a presença de inúmeras autoridades, sendo a maioria ligada à Polícia e ao corpo docente do Largo de São Francisco. Blota também leu ao microfone o telegrama do General Maurício Cardoso, comandante da 2ª Região Militar, e a cópia de um radiograma assinado por estudantes que apoiavam

Getúlio Vargas. Em seguida, veio uma dezena de discursos, encerrados por Ataliba Nogueira, professor de Teoria Geral do Estado da Faculdade de Direito.

Ao final, vendo aquela multidão se dispersar calmamente, Blota sentia que o clima estava diferente. Quando subiu ao palanque para falar, o povo parecia agitado e ansioso. Agora, estava pacífico. Acreditou que suas palavras tinham surtido efeito na massa humana que, de forma ordeira, voltava para as suas casas. Foi um capítulo especial na sua carreira de orador.

O jornal *O Estado de S. Paulo*, à época sob intervenção do Conselho Nacional de Imprensa, registrou esses acontecimentos na capa de sua edição de domingo, 23 de agosto, com direito a foto em cinco colunas. Na matéria, assinada pela Agência Nacional, o improviso de Blota foi qualificado como "magnífico". "A multidão sentiu-se empolgada e aplaude demoradamente o jovem *speaker*, cuja palavra é sempre um admirável incentivo aos presentes."

O Brasil acabaria entrando oficialmente na guerra nove dias depois do evento em São Paulo, que ganhou o apelido de "comício monstro".

* * *

Definitivamente, 1942 estava sendo um ano agitado para Blota, que, por conta de sua ascendência, ganhou dos colegas de imprensa um novo apelido: *Calabrês*. Tinha que conciliar a participação em acontecimentos especiais e as suas responsabilidades de locutor esportivo titular e programador-chefe da *Cruzeiro do Sul*, além de redigir, produzir, dirigir e apresentar suas próprias atrações: *Feira de amostras* aos domingos, *Grill-room* às terças, *Hora azul* às quintas, *Pescando humoristas* aos sábados à tarde, e o boletim diário *Placard: a palavra esportiva da PRB 6*, às 19h.

Blota também se dedicou a outra atividade: escreveu *República de estudantes*, uma das séries de radioteatro de maior sucesso da época. As histórias se passavam na pensão da brava dona Miloca, proprietária de um casarão repleto de jovens e, portanto, sem muito dinheiro, na Rua das Laranjeiras Secas. Blota, que já tinha levado a vida num cenário parecido, usava sua própria história como fonte de inspiração para falar de amores juvenis, sempre com bom humor.

> RHODINE, a boa enfermeira, vai apresentar ao microfone da Cruzeiro, no auditório dos grandes espetáculos, REPÚBLICA DE ESTUDANTES, um programa realizado e redigido por Blota Junior, com as aventuras notáveis da notabilíssima pensão de dona Miloca, onde ninguém paga, ninguém dorme e... Ninguém tem dor de cabeça! Sim, porque qualquer dor que apareça, dona Miloca lhe dá logo na cabeça com 2 comprimidos de RHODINE, a boa enfermeira, que não deixa a dor doer!...

Naquele mesmo ano, Blota Jr. foi um pioneiro na junção do rádio com a literatura: comandou um programa promovido pela Casa de Castro Alves e pela revista *Vamos Ler*, que pertencia ao jornal *A Noite*. Na estreia, fez um discurso forte e pomposo, como era comum na época.

> O rádio aprendeu a ler. Graças a Deus. Descobriu-se a potência que se desconhecia, que achava em si própria a única função de transformar um pastel e um café em fecunda inspiração para sua música, e tamborilar, africanamente, a sua caixa de fósforo, miniatura última do chaque chaque aborígene e antropófago dos velhos tempos dos "acasos" do seu Cabral.

> [...]

> Na minha folhinha especial, o dia de hoje terá um marco vermelho. Em 2 de fevereiro de 1942, a Rádio Cruzeiro pôs no ar, para a inteligência, para a sensibilidade, para a emoção, um programa de Castro Alves. [...] O Rádio da minha terra galopa pelas suas antenas o estro estuante de vida, de ardor e de força do grande, do inacessível Castro Alves. Poeta que esculpiu, na linguagem acachapante das antologias, no verso o sangue da dor, a espada do soldado, o grito da liberdade.

Desde então, Blota Jr. nunca mais quis se afastar do tema. Sentia-se na obrigação de usar parte do seu espaço na mídia para formar novos leitores. Seu envolvimento era tanto que se autointitulava um "crítico literário frustrado". No rádio, ele viria a comandar dois programas sobre livros e escritores: *Nossos amigos, os livros*, na *Record*, em 1955, e *Porta de livraria*, que passou pela *Panamericana* nos anos 1940, pela *Record* nos anos 1960 e seria resgatado na TV como um quadro no programa *Dia a dia*, da *Bandeirantes*, no final dos anos 1980.

* * *

O excesso de tarefas refletia a versatilidade e a competência do garoto, mas, ao mesmo tempo, também era sintoma de um processo degenerativo que parecia rapidamente se alastrar pelos bastidores da PRB 6.

A emissora, que chegou a ter um elenco chamado de "o maior da cidade", sofria com uma concorrência fortalecida e com a falta de retorno financeiro para os vultosos investimentos que fez. Uma das primeiras consequências disso foi o corte de pessoal. Gente de talento saiu, mas não foi reposta. Quem ficou, teve que fazer o trabalho antes realizado por um número maior de profissionais. Esse esgarçamento levou ao desgaste da estrutura de gestão. Saíram nomes de peso que lideravam a programação, como Juraci Barra, Vicente Leporace e Alberto Dumont. Sobrou Blota Jr., que, com apenas 22 anos de idade, acabou alçado ao cargo de diretor artístico da PRB 6. Foi um dos mais jovens a ocupar essa posição no rádio brasileiro, além de acumular todas as outras atribuições.

Eram tempos difíceis na Praça do Patriarca. Muito disso ficou registrado num texto sem assinatura chamado "Coisas que o departamento de *broadcast* se permite pensar sobre a *Cruzeiro*...". Incisivo, aponta diversos problemas internos, mas transmitindo esperança com as mudanças realizadas.

> O que não é mais possível ignorar é que a Cruzeiro estacionou. Ficou marcando passo, repetindo as mesmas coisas, as mesmas risadas, as mesmas emoções. Repetiu-se. E rádio que se repete é rádio fracassado, perdido. COMEÇAMOS bem. Fez-se coisa nova, movimentada, criou-se até um público selecionado e fino para o auditório. E para

uma terra em que o rádio ainda é sinônimo de vagabundagem... e outras coisas, foi uma vitória excepcional, que excedeu até os limites de uma conquista particular, para entrar na conta corrente do rádio paulista. COMEÇAMOS bem, estamos mal, ninguém sabe como TERMINAREMOS.

O término, pelo menos para Blota Jr., parecia cada vez mais próximo. Jovem, ele ainda não havia desenvolvido a paciência que tanto o ajudaria no futuro. Acabou expondo no ar a sua insatisfação com os problemas internos da *Cruzeiro do Sul* durante a edição de 20 de junho de 1943 do *Feira de amostras*. A resposta da direção veio fulminante no dia seguinte, na forma de uma fria comunicação interna:

> Da diretoria ao Sr. Blota Junior
> Comunicamos que V.S. está suspenso por 8 dias, sem vencimentos, a partir de hoje – dia 21, por ter emitido conceitos desrespeitosos para com a Rádio Cruzeiro do Sul – no programa "Feira de amostras" levado ao ar ontem à noite.
> Outrossim, fica V.S. informado que a partir desta data todos os originais devem ser submetidos, com a devida antecedência, à aprovação da PRB 6.

Ganhando pouco, trabalhando muito, e agora suspenso e sofrendo censura interna, Blota Jr. só via uma saída: sair. Sua insatisfação era evidente e logo virou o assunto das conversas dos colegas. Ganhou as ruas do centro de São Paulo até chegar ao palacete Tereza Toledo Lara, onde funcionava a *Rádio Record*, e parar no gabinete de Paulo Machado de Carvalho. Há muito, ele acompanhava com atenção o trabalho do garoto qualificado pelo jornal *O Globo* como "um desses talentos precoces que fulgem no cenário radiofônico bandeirante, garantindo à PRB 6 uma situação toda singular de prestígio e de popularidade". O dono da *Record* não perdeu tempo: convidou Blota Jr. para trabalhar na sua PRB 9.

Assim nasceu um casamento que duraria mais de quarenta anos e que daria origem a outro casamento também de mais de quarenta anos.

Extremas e definitivas fidelidades

– Sabe quem vem para a *Record*?
– Quem?
– O Bloooooooooota Juuuuuniorrrrrr...

Em tom de assombro, não se falava em outra coisa dentro do belo edifício-sede da *Rádio Record*, encravado na esquina das ruas Quintino Bocaiúva e Direita. Quando Blota pisou na *Record* pela primeira vez, foi recebido com toda pompa e circunstância pelos diretores da emissora, que fizeram o papel de cicerone.

A comitiva desceu pelas escadas de mármore do prédio, coloridas pela luz que atravessava os vitrais geométricos, para depois atravessar os estreitos corredores.

Em cada sala, uma parada para as devidas apresentações, sempre embaladas pelos mais efusivos elogios. Blota Jr. já não cabia em si de tanta vaidade. Logo apareceram alguns sintomas de inflamação no ego, como o olhar altivo e o andar empinado. No meio do caminho, ele foi apresentado a uma linda e jovem radioatriz que atuava no *Teatro Manoel Durães*. Nome: Sonia Ribeiro. Idade: 13 anos.

Sonia tinha olhos amendoados, cabelos escuros naturalmente cacheados que iam até a nuca e uma cintura fina que chamava atenção. Também era dona de um belíssimo sorriso, mas que, naquele momento, não estava aberto. Nem a cara, nem a pose de Blota Jr. haviam despertado simpatia, pelo contrário: ela o achou muito pretensioso e antipático. Até virou-se de costas.

Ao ver aquela reação fria, Blota não se conteve e foi ao ataque, lançando uma provocação que virou premonição:

– Não fique assim porque eu ainda vou acabar casando com você!

Daquele dia em diante, toda vez que se esbarravam, Blota repetia essa frase, logo complementada por outras ainda mais fatais, como, por exemplo:

— Vou casar com você no ano do seu 16º aniversário!

No início, Sonia não gostava nada dos galanteios daquele *speaker* alto e magricelo. Ela ficava com raiva, fechava a cara e fazia beicinho. Também se assustou com o fato de Blota ser dez anos mais velho. Mas a primeira impressão nem sempre é a que fica. Com o passar do tempo, começou a ver o quanto aquele rapaz era inteligente e persuasivo. Logo começaram a se falar mais. Foi quando ela lhe contou a sua história.

* * *

Sonia Ribeiro, na verdade, chamava-se Neyde Mocarzel. Nasceu na cidade de São Paulo em 20 de março de 1930, sendo a segunda filha de José e Adelia Mocarzel. Quase dois anos antes, eles já haviam celebrado a chegada de Janette.

Aos 6 anos de idade, a pequena Neyde chorou a morte de seu pai. Nascido em Beirute, maronita, ele seguiu a vocação de muitos libaneses: o comércio. Trabalhava como caixeiro-viajante, indo de trem vender suas mercadorias por todo o interior paulista. Para complementar a renda, fazia um *bico* curioso: era lutador de rua. Ficou conhecido como o *Tarzan da 25*, numa menção à Rua 25 de Março, tradicionalíssimo reduto árabe.

Uma das lembranças mais fortes que Sonia Ribeiro guardou de seu pai remonta a um 23 de dezembro, quando ele reuniu toda a família e fez uma revelação bombástica:

— Papai Noel não existe. Papai Noel sou eu mesmo.

A menina custou a compreender que aquilo pudesse ser verdade, ficando com certa mágoa que demorou a passar. Mas essas ilusões infantis logo tiveram de dar espaço à realidade. Precisava ajudar sua mãe, que lutava muito para manter a casa. Após a morte do marido, dona Adelia, natural de Piracicaba, foi ser operária numa fundição. Depois, com muito sacrifício, conseguiu montar um modesto salão de cabeleireiro na Rua Belém, 115, transferido em 1941 para a Rua Visconde de Abaeté, 200, no Brás. Mais tarde viria, por acaso, um reforço na renda da família, graças ao passatempo favorito das filhas: a frequência, quase diária, ao auditório da *Rádio Record*.

Numa dessas idas, em meados de 1942, as meninas foram assistir a um programa de Octávio Gabus Mendes. Ele havia regressado à PRB 9 em 1940, depois de uma rápida passagem pela *Bandeirantes*. No meio da audição, o radialista lançou um desafio para a plateia: fazer uma crítica ligeira do filme *A divina dama*, de Alexander Korda, que estava em cartaz nos cinemas daquela época.

Tremendo de timidez e nervosismo, Neyde, então aluna da segunda série ginasial, subiu ao palco. Quando ela abriu a boca e começou a falar, imediatamente surpreendeu Octávio. Tinha uma voz diferente, macia, levemente rouca, um tanto abafada e, principalmente, grave. Era completamente diferente do padrão feminino, ainda mais para alguém que, naquele momento, tinha apenas 12 anos de idade. Ganhou o concurso e, por isso, recebeu seu primeiro cachê: 20 mil réis.

Ao final do programa, quando já saía do auditório, a jovem foi alcançada pelo produtor, que pediu que ela voltasse à rádio para um teste. Neyde assim o fez e, ao ler o texto, recebeu muitos elogios. Acabou contratada e logo recebeu de Octávio Gabus Mendes o nome artístico que a acompanharia pela vida toda: Neyde Mocarzel virou Sonia Ribeiro.

Seu trabalho inicial foi dar voz à *menina do Nescau*. Tinha somente que dizer: "Aqui vem a menina do Nescau trazendo prêmios pra você". Mesmo sendo uma tarefa leve, a jovem sofria com a pressão exercida por dona Adelia, que insistia numa frase parecida com uma que Blota também ouviu de sua mãe:

– Filha minha não vai para o rádio. O ambiente não presta!

A situação só mudou graças à Janette, que acompanhava a irmã nos estúdios da *Record*. De tanto fazer isso, acabou também sendo contratada e adotando o mesmo sobrenome artístico de Sonia. Janette Ribeiro entrou no ar pela primeira vez em 20 de agosto de 1942.

As duas foram ganhando espaço no radioteatro. Sonia começou com Lolita Rios no programa *Embaixatriz* e, depois, tornou-se um elemento de destaque dentro do *Teatro Manoel Durães*, um dos maiores sucessos da época. Devido ao tom grave da sua voz, ela, mesmo sendo uma pré-adolescente, chegou a interpretar a avó de Durães, embora ele tivesse quase 55 anos de idade na época.

Isso gerava situações inusitadas quando ouvintes a viam pela primeira vez. Foi o que aconteceu, por exemplo, quando Sonia atuou como locutora complementar numa audição da atriz e soprano chilena Matilde Broders. Bastou dizer a primeira palavra ao microfone para a plateia soltar um sonoro "oooooh!", tamanho o espanto quando ligaram a voz à pessoa.

Mais tarde, Sonia Ribeiro tornou-se uma das primeiras mulheres a produzir e redigir programas em São Paulo, sendo chamada pelo radialista gaúcho Júlio Rosenberg de *a dama do rádio*. Acabou especializando-se em programas femininos, como *Só para mulheres*, *Dentro do lar* e *Alma e vida feminina*, e levou essa bagagem até os seus últimos trabalhos na televisão.

* * *

Blota Jr. assinou contrato de dois anos com a *Rádio Sociedade Record* em 30 de junho de 1943, apenas dez dias depois da fatídica suspensão na *Cruzeiro do Sul*. Era pago quinzenalmente para "redigir e orientar": atribuições um tanto amplas e genéricas. No rádio daquele tempo não havia rigidez na divisão de tarefas entre pessoas e departamentos. Isso ficava ainda mais evidente no trabalho de Blota, que já havia demonstrado competência em diversas posições. Na PRB 9, ele seguiria exercendo praticamente todas as funções que tinha na *Organização Byington*, com exceção de duas: diretor de *broadcast* e locutor esportivo titular. Na área artística, Paulo Machado de Carvalho já tinha ao seu lado nomes como Raul Duarte e Octávio Gabus Mendes. No esporte, o titular era Geraldo José de Almeida. Para Blota, em nada incomodava o fato de não ter mais um cargo vistoso. Lamentava apenas não poder narrar tantos jogos quanto na *Cruzeiro do Sul*, pois era o que mais gostava de fazer. Ficaria mais na posição de comentarista, ao mesmo tempo em que se consolidava como o principal animador de auditório do rádio paulista.

O primeiro programa que Blota Jr. comandou na *Rádio Record* foi ao ar às 21h30 de 23 de julho de 1943: *Prêmio e castigo*, apresentado junto com Octávio Gabus Mendes. Dessa fase inicial, também é o *Pra cabeça*, patrocínio de Melhoral, que tinha Blota, Armando Rosas e Osvaldo Moles, além da Orquestra Record e um grande elenco: Sonia e Janette Ribeiro, Adoniran Barbosa, José Rubens, João Monteiro, Geraldo José de Almeida, Otávio da Silva Melo, entre outros.

Vários desses nomes também se reuniam em shows que a *Record* promovia pelo interior de São Paulo. Blota ficava na linha de frente das apresentações, que eram sempre transmitidas ao vivo de um palco montado em praça pública.

São José dos Campos foi uma das cidades que receberam aquela constelação do microfone. Na ocasião, a *Record* celebrava a inauguração de sua nova retransmissora na cidade. Entre as estrelas que participaram, havia uma que começava a despontar: Vida Alves, bela e jovem radioatriz da PRH 7 *Rádio Panamericana*, que tinha passado para o grupo das *Unidas* em novembro de 1944, seis meses após ter sido inaugurada por Oduvaldo Vianna e Júlio Cosi. A emissora ainda concentrava-se em programas para colônias e dramas açucarados, como *Enjeitada*, *Amor de perdição* e *Recordações de amor*.

Para comparecer ao evento, Vida tinha conseguido algo dificílimo para a época: autorização da mãe para viajar sozinha e juntar-se àquela "gente de rádio", mesmo tendo apenas 16 anos de idade. Assim que chegou atrás do palco, Blota lhe mostrou a programação do evento, rapidamente rascunhada por ele num papel simples, e lhe indicou a hora em que deveria entrar.

A praça já estava tomada pelo público quando o *speaker* da Record deu início ao evento. Num certo momento, anunciou:

— Agora, com vocês, a garota que faz parte do grande *cast* teatral da *Rádio Panamericana*, em São Paulo. Vamos receber, com uma salva de palmas, Vida Alves!

Bastou ela subir os poucos degraus de madeira e postar-se ao lado de Blota para começar a se ouvir alguns tímidos "fiu-fius" assobiados pelos homens que assistiam. Blota arregalou os olhos. Como sairia daquela saia justa? Olhou para Vida, olhou para a multidão. Pensando rápido e falando sério, decidiu encarar o povo:

— Está errado! – bradou Blota.– Quero dizer a vocês todos que estão nesta praça que não é assim que se recebe a Vida Alves!

Logo engatou uma sucessão de elogios ao trabalho da atriz, num discurso que apenas ele seria capaz de improvisar. Quando os que tinham começado a gracinha já estavam roxos de vergonha, Blota saiu-se com esta:

— Portanto, quando se recebe Vida Alves, é assim que se faz!

Ele esticou seus dois longos dedos indicadores, pôs cada um num canto da boca e, sem nenhuma cerimônia, soltou um sonorosíssimo "FIU-FIU", muito mais alto que os anteriores. O público acompanhou e fez uma enorme algazarra. Discretamente, Vida agradeceu. Ficou surpresa em ver como aquele jovem apresentador conseguiu, rapidamente, reverter uma situação que começou constrangedora numa oportunidade para elogiá-la profissionalmente e ainda evitar um conflito com a multidão.

Essa capacidade de comunicação ainda se mostraria muito útil a Blota durante sua vida.

* * *

Quando terminava cada longa jornada de trabalho, já quase de madrugada, Blota ainda guardava disposição para viver a vida que insistia em resistir ao sono nas ruas do centro da capital paulista.

A boemia entrou na vida de Blota Jr. quando ainda morava na pensão do Monsenhor Bastos. A dança serviu de impulso para fazê-lo descobrir o mundo que se esconde na escuridão da noite. Nessa época, inclusive, foi "iniciado nas artes do amor, nos encantos de Lourdes, morena beirando o roxo, de regaço acolhedor, farto e generoso, adivinhando solidões".

Quando trabalhava no jornal *O Esporte*, Geraldo Bretas, então seu colega de trabalho, o apresentou a novos lugares. Um deles foi o Club Everest, onde dançou boleros de Elvira Rios e aprendeu que "sussurrando ledas persuasões bem junto de orelhinhas róseas, era possível sentar junto e pegar na mão (suprema carícia!) na matinê do dia seguinte, na Sala Azul do Odeon".

Já na *Cruzeiro do Sul*, o jovem radialista descobriu outra arte tão importante quanto a do amor: a da permuta. Foi graças a ela, inclusive, que se viabilizou a permanência de Blota Jr. em São Paulo, numa época em que ficou tentado com uma proposta vinda do rádio carioca. Sem condições de aumentar muito o seu salário, uma das soluções encontradas pela *Byington* para segurar o radialista foi conceder-lhe uma cota de gastos no restaurante Spadoni, um dos mais sofisticados da época, localizado na Avenida Ipiranga. Para isso, bastava que, em troca, ele fizesse anúncios do estabelecimento durante a programação.

O valor dessa permuta era tão alto que Blota não conseguia gastá-lo sozinho. Por isso, todo final de mês reunia seus amigos e respectivas namoradas para imensos banquetes para "fechar a conta", sem tirar um único centavo do bolso. Eram confraternizações sempre regadas a muito vinho e mesas repletas com os famosos antepastos, sopas, nhoque ao sugo e filé à parmegiana.

Numa dessas ocasiões, o jovem anfitrião, não contendo seu orgulho de ver as mesas lotadas de conhecidos, disse para o *maître*:

– Está vendo o movimento que eu trago para esta casa?

Ao ouvir isso, o sangue italiano do chef subiu e serviu de munição para disparar, com todo seu sotaque:

– Isto *no* vale nada! É *tutto* no *petto*!

A frase ecoou pelo salão inteiro e todos, incluindo Blota Jr., caíram na gargalhada.

Mais tarde foi a vez dele descobrir outro símbolo da gastronomia paulistana: o Ponto Chic, que serviu de cenário para parte importante da juventude de Blota Jr. Seu endereço original, no Largo do Paiçandu, era próximo tanto da Faculdade de Direito quanto do jornal *O Esporte* e da *Rádio Record*, que ficavam na mesma Rua Quintino Bocaiúva. Por isso, aquele era o principal ponto de encontro para universitários, jornalistas e radialistas, sem falar dos torcedores, jogadores e cartolas vindos do Pacaembu e que faziam daquele bar um manancial de informações para futuras reportagens. Bretas e Blota costumavam chegar depois das 23 horas, quando a edição de *O Esporte* já tinha sido fechada. Com a entrada no rádio, novos companheiros juntaram-se à mesa, como Adoniran Barbosa, ainda no tempo da *Cosmos*, e Vicente Leporace, da *Cruzeiro do Sul*. Blota, Adoniran e Leporace acabaram voltando a trabalhar juntos na *Record*, o que fortaleceu ainda mais a amizade entre eles.

As noitadas desse trio sempre começavam ou terminavam no Ponto Chic. Todo papo era acompanhado por, pelo menos, um chopinho bem gelado e um bauru: o irresistível sanduíche criado por Casimiro Pinto Neto, bauruense que chegou a ser o primeiro corretor de anúncios da PRB 9.

Em cima do bar funcionava o bordel da Madame Fifi, onde o máximo que jovens sem dinheiro, como o Blota, podiam fazer era sentar-se no sofá e admirar o caminhar das belas e cheirosas francesas. Um programa com elas saía caro demais.

Certo dia, tentando impressionar, Adoniran e ele resolveram comprar elegantes chapéus Ramenzoni, *made in* Cambuci. Pretos e desabados sobre a testa, eles compunham, com o jaquetão cruzado e a gravata preta, um figurino que os faziam se sentir Humphrey Bogart em *Casablanca* e George Raft em *Scarface*. Mas tanta elegância e ar misterioso não foram suficientes para impedir que, depois de muito *pendurar* contas dos dois, José Tjurs os expulsasse do seu Café Tabu, que ficava ao lado do Ponto Chic. Blota e Adoniran tiveram parte da vergonha compensada ao assistirem, da sarjeta, um belíssimo espetáculo da natureza: o alvorecer do Largo do Paiçandu. O céu, negro até poucos minutos, começava a ser invadido pelo lilás, laranja, amarelo e azul. Como trilha sonora, o canto de um bando de pardais que revoava sobre as árvores e a Igreja de Nossa Senhora do Rosário dos Homens Pretos. Por várias vezes, Blota e seus amigos fizeram questão de ir para a porta do Ponto Chic ouvir aquele coral de pássaros quase ensurdecedor.

Essas histórias vividas durante a juventude deixaram uma saudade que nunca saiu da memória de Blota. Mesmo passadas várias décadas, sempre que ia ao Centro ele fazia questão de entrar no Ponto Chic, onde continuava chamando os garçons pelo nome. Sentava-se à tradicional mesa de mármore e repetia um ritual que lhe fazia bem ao espírito: comer um bauru, tomar um chopinho bem gelado e rever os amigos, mesmo que fosse somente através dos momentos que, sozinho, puxava pela memória.

* * *

Foi no início dos anos 1940 que Blota Jr. tornou evidente a sua condição de *workaholic*. Tinha uma agenda de compromissos que parecia infinita: produção, redação, reportagem e apresentação na *Rádio Record*; estudos na Faculdade de Direito do Largo de São Francisco; colaboração para diversos veículos impressos, como *Carioca, Fon-Fon, Folha da Noite, Garoa, Guia Azul, Universal* e *Vamos Ler*; ingresso na vida associativa, sendo um dos fundadores da Associação dos Cronistas Esportivos do Estado de São Paulo – ACEESP, e participante do Sindicato dos Jornalistas de São Paulo; soldado no Centro de Preparação de

Oficiais da Reserva – CPOR, para onde ia nos fins de semana; centroavante em partidas de futebol disputadas entre radialistas e jornalistas, sem falar das farras com os amigos.

Logo a saúde cobrou a conta. Fragilizado, foi parar no hospital, diagnosticado com hepatite. Mas essa experiência, que poderia assustar um jovem tão ativo, não o fez reduzir a marcha, pelo contrário: serviu de inspiração para que escrevesse uma crônica publicada na edição de outubro de 1943 da revista *Universal*. O título era "Conversa sem compromisso". Anos mais tarde, Sonia Ribeiro viria a apresentar um programa feminino com esse mesmo nome na *Rádio Record*.

> De repente a gente percebe que voltou à vida. Aos arrancos, aos poucos, como se cada pedaço do corpo fosse acordando por sua vez. Aquele cheiro obsessionante do clorofórmio polarizando as primeiras sensações, aquele desfilar vertiginoso de aventais brancos, lençóis brancos, máscaras brancas, tudo rodando até se fixar, numa explosão repentina de luz, numa janela escancarada. A vida pula a janela, nem esbarra no parapeito, e a vida é assim confusa e imensa, feita de gritos de jornaleiros italianos, de bondes ingleses, de buzinas de automóveis americanos, de pardais portugueses, de motores de avião sei lá de onde (talvez sejam mesmo da Alemanha, do tempo ainda que a Alemanha fabricava aviões que não eram para metralhar civis indefesos), de verdureiros sírios. A vida, a gente descobre, é urgentemente necessária e barulhenta.
>
> [...]
>
> Todas as coisas do mundo são assim: só valem quando a gente percebe que quase perdeu.

A doença o forçou a se afastar temporariamente do microfone e de todas as outras atividades. Passado o susto, Blota Jr. resolveu trancar a faculdade para dedicar-se ainda mais ao rádio. Essa escolha lhe permitiu viver o momento que, por muitos anos, considerou o mais emocionante da sua carreira ao microfone: a transmissão ao vivo do retorno ao Brasil dos pracinhas que lutaram nos campos italianos durante a II Guerra Mundial. Dentro de um carro de radiopatrulha, Blota falou, sem parar, durante 4 horas e 25 minutos. Enquanto descrevia a euforia do povo nas ruas para os ouvintes da *Record*, seu coração batia mais forte. Não foram poucas as vezes que a voz embargou e as lágrimas ameaçaram cair. Ao terminar a narração ele estava morto de cansaço, mas também feliz e realizado como nunca antes. Sentia que havia feito a opção certa para a sua vida.

* * *

E por falar em emoção, o sentimento entre ele e Sonia não parava de crescer. O flerte nos corredores da *Record* logo evoluiu para um relacionamento mais sério. Foi a pedido dela, inclusive, que ele deixou crescer um fino bigode. Era ao som de Glenn Miller que o casal namorava nos salões do Tênis Clube Paulista, situado na mesma Rua Gualachos em que a família Blota morava na época.

A diferença de idade e o intenso ritmo de trabalho não atrapalharam os planos de vida que eles começavam a traçar juntos, e a profecia que Blota Jr. fez no dia em que se conheceram se cumpriu: em 1946, exatamente o ano em que Sonia Ribeiro completou 16 anos, eles se casaram.

Cinco meses separaram o momento em que Blota pediu a mão de Sonia, em janeiro daquele ano, até o enlace matrimonial. Foi um noivado curto porque, entre toda a expectativa natural de um período como esse, uma oportunidade os pegou de surpresa: Blota Jr. foi convidado para atuar no rádio em Nova York. Inteligentemente, Sonia e ele resolveram juntar o útil ao agradável: além de ampliar os horizontes profissionais, aproveitariam a oportunidade como uma lua de mel no exterior.

Mesmo lamentando a perda, ainda que temporária, de dois dos principais nomes do seu *cast*, Paulo Machado de Carvalho enxergou esse estágio nos Estados Unidos também como uma maneira de ficar a par das novidades na *meca* do rádio internacional. Por isso, fez questão de confirmar que o casal voltaria a trabalhar na *Record* quando retornasse para São Paulo.

* * *

Enquanto assinavam o compromisso com os Estados Unidos, reservavam as passagens, tratavam da igreja, mandavam fazer o vestido da noiva e o *smoking* do noivo, crescia a expectativa não só do casal, dos familiares e dos amigos, como também dos ouvintes e, principalmente, das ouvintes. Apesar de, na época, vários homens de rádio não revelarem seu verdadeiro estado civil para não desapontarem as fãs apaixonadas, Blota nunca escondeu seu relacionamento com Sonia. Todos seguiam os passos dos dois pela imprensa, através de notas como a que foi publicada na edição de março de 1944 da *Cine Revista*: "Mme. diz-que-diz-que soube... Que o Blota Jr. e a Sonia Ribeiro, breve, 'juntarão os trapos'..."

O público também gostava de acompanhar os dois interpretando o casal *Gustavo e Lili*, programa que entrou no ar quando ainda eram apenas namorados na vida real. Começou como um quadro dentro do programa *Caravana da alegria* e, de tanto sucesso, ganhou vida própria e permaneceu no ar até meados dos anos 1950. Foi apresentado também na *Rádio Bandeirantes*, quando esta fazia parte das *Emissoras Unidas*, e nos primeiros tempos da *TV Record*, nas noites de quinta-feira.

Lili era uma personagem ingênua. Vivia telefonando para Gustavo, sempre impaciente, para falar dos assuntos mais absurdos, nas horas mais inconvenientes. Toda conversa era iniciada com o bordão do quadro, dito por Lili com uma voz arrastada e manhosa: "Gus... Taaaa...Vo!".

> BLOTA: Meu Deus do céu, que vida a minha! Até na noite de sábado eu trabalho! Essa vida de escravo precisa acabar com urgência! Ainda bem que a Lili resolveu não me telefonar hoje e...
> RUÍDO: CAMPAINHA DE TELEFONE TRÊS VEZES – FONE FORA
> BLOTA: Alô! Aqui fala do escritório clínico causídico comercial odontológico atacadista varejista de secos e molhados e representações farmacêuticas de Gustavo Galinha Morta de Araújo e Cia. Limitada. É o senhor Gustavo quem está ao telefone! Faça o obséquio de falar depressa e economizar palavras, que hoje eu não estou para conversas moles! Alô! Alô! Quem fala?
> SONIA: (LONGA PAUSA) G u s t a - v o !

BLOTA: Ai, meu fígado!...

SONIA: O Gustavo está?

BLOTA: É claro que estou, Lili! Sou eu, o Gustavo!

SONIA: Ah! Ele não está? Então, quem está falando?

BLOTA: É melhor disfarçar, assim ela desiste! (OUTRO TOM) Aqui está falando o secretário dele! Ele saiu!

SONIA: (RISADINHA) Ah! È você, Gustavo! Sempre fazendo o palhaço, não?

BLOTA: Palhaço é a 1 2 3 4 5 6 7 8 9 10 (RESPIRA FUNDO) Lili, pelo amor dos seus filhinhos, fala logo o que você quer e me deixa trabalhar em paz! Que é?

SONIA: Gustavo! (HEIN) Olha, Gustavo... (HEIN) Sabe de uma coisa, Gustavo... (HEIN) Viu, Gustavo...

BLOTA: Mas será possível, Lili, que você não sai desse olha, Gustavo, sabe, Gustavo?! Diga logo o que você quer, que eu não posso perder tempo!

SONIA: Olha, Gustavo!

BLOTA: LILI! Vá pra casa da sua mãe e não me amole mais! Eu ainda mato você algum dia!

SONIA: (CHORANDO) Puxa, Gustavo... Você parece que só sabe gritar comigo!

BLOTA: Está bem, não chore que eu não grito mais... O que é que você queria?

SONIA: (FUNGANDO) Eu queria um ovo de Páscoa!

BLOTA: Um ovo de Páscoa, Lili? Mas por quê?

SONIA: Ué, eu queria um... Você nunca me traz!

BLOTA: Mas você mesma podia arranjar um!

SONIA: Ué, ontem, em vez de milho, eu dei um tubo de chocolate pra galinha, mas ela não botou ovo de Páscoa.

BLOTA: Mas é lógico, Lili! Quem bota aqueles ovos são umas galinhas especiais, chamadas *Pascoalicia Galinarium de Ovorum Chocolatarium*, ouviu? Pode deixar que eu levo um pra você!

SONIA: Brigada, viu, Gustavo! Até logo...

BLOTA: Até logo, então, Lili! Eu vou trabalhar!
SONIA: Eu queria só saber mais uma coisa... Você vai trazer daqueles bem grandão, não é?
BLOTA: Claro! Daqueles que têm uma porção de coisas dentro, que até parecem melancia!
SONIA: É a galinha que bota aqueles grandão também, Gustavo?
BLOTA: Claro, Lili... Por quê?
SONIA: (BEM LONGO) G u s t a a a a v o !
BLOTA: Anh?
SONIA: (PENALIZADA) Coitada da galinha, não?!
BLOTA: OOOOOORA, LILI!
ACORDES BARULHENTOS FECHANDO A CENA.

* * *

O dia 30 de maio de 1946 foi típico de outono. O nevoeiro previsto para a manhã deu lugar a algumas nuvens que não encobriram todo o céu. Ventos frescos preservaram uma temperatura agradável. Era o clima ideal para se andar numa São Paulo que era mais arborizada e, por isso, mais embelezada pelo alaranjado das folhas que cobriam as ruas.

A tarde caía quando as pessoas começaram a chegar à Paróquia Santa Cecília, padroeira dos músicos. Estava marcado para as 18h15 o casamento de José Blota Jr. e Neyde Mocarzel. Próximo do altar ficaram os familiares, os amigos do rádio, dos jornais, da Faculdade de Direito e do CPOR – Centro de Preparação dos Oficiais da Reserva –, que Blota havia concluído em janeiro de 1945. Junto deles, o noivo teve uma amostra da popularidade que ele e sua futura esposa possuíam: centenas e centenas de pessoas, a maioria mulheres e crianças que conheciam o casal apenas pela voz, superlotavam as naves laterais e central da igreja. A multidão agitada também tomava as escadarias e avançava pelo Largo Santa Cecília. Por conta da falta de espaço, muitos permaneceram de pé e espremidos até o final. Era tanta movimentação que, antes de começar a celebração, o padre José Maria não se conteve e disparou:

– Nunca mais eu caso gente de rádio!

O burburinho só parou quando a marcha nupcial começou a sair dos 1300 tubos do órgão da igreja. Nesse momento o portal se abriu. Dele surgiu Sonia, que seguiu até o altar de braço dado com o tio João Ambrósio, a quem tratava como um segundo pai. Ele era casado com a tia Amélia, irmã da mãe de Sonia. Após a morte de José Mocarzel, João abriu as portas de sua casa para que a cunhada e suas duas filhas morassem lá.

A cerimônia transcorreu seguindo todos os protocolos, culminando com o tão aguardado "sim", a troca de alianças e o beijo. O desafio ficou para o final: não foi fácil para o casal atravessar o mar de curiosos e chegar até o carro que os aguardava.

A partir de então, Sonia Ribeiro passou a assinar com seu novo nome de casada: Neyde Mocarzel Blota Jr. Sim, ela adotou o Jr. como sobrenome, atendendo a uma exigência do marido:

– É para saberem de qual Blota que é!

Os recém-casados logo embarcaram rumo à lua de mel e estágio nos Estados Unidos. Assim, estava selado o início de um casamento romântico, fruto de um casamento artístico. Ambos nascidos na *Rádio Record*.

– Sou um homem das extremas e definitivas fidelidades – disse Blota, certa vez –, e a *Rádio Record*, para onde vim em 1943, me fez profissionalmente e me fez em todos os aspectos da minha vida. Foi aqui que eu me realizei porque, como estudante de Direito que procurava um lugar ao sol, foi através do rádio que eu comecei. Fiz programas culturais, fiz programas de divulgação de livros, fiz programas de pesquisa, fiz programas de divertimento, fiz programas para fazer rir e fiz programas para fazer chorar. Consolei os enfermos que me ouviram nos seus hospitais. Levei aos segregados da sociedade pela moléstia, pelo crime, uma palavra de conforto. O rádio foi esta janela aberta que permitiu que minha geração tivesse a oportunidade de fazer o sol surgir mais claro, mais limpo, mais forte e mais luminoso.

* * *

Se o desembarque numa cidade como São Paulo já havia sido impressionante para o jovem nascido na pequena Ribeirão Bonito, chamou ainda mais atenção a sua primeira visão dos gigantescos arranha-céus aglomerados sob a ilha de Manhattan. Nova York já era o coração financeiro do mundo capitalista e vivia, insone, o ritmo imposto por milhões de pessoas vindas de todos as partes do mundo. No ar, um clima que misturava a euforia remanescente do fim da II Guerra Mundial com a expectativa de um possível conflito com a União Soviética.

Na cidade, Blota Jr. passou a integrar o *hall* de radialistas brasileiros atraídos pelo convite que partia do governo estadunidense. Manoel de Nóbrega, Aurélio Campos, Fernando Lobo e José Roberto Dias Leme também trabalharam em condições semelhantes, integrando o serviço de rádio nascido no *Office of the Coordinator of Inter-American Affairs* – CIAA, e que mais tarde passou a ser de responsabilidade do *US Department of State* por meio do *Interim Information Service* – IIS.

O objetivo era, através da cultura e da comunicação, promover a integração da América, preservando a posição hegemônica dos Estados Unidos no continente. Tratava-se, portanto, de algo estratégico, principalmente durante a guerra. Produziam-se programas em inglês, espanhol e português, que chegavam a todo o continente através de frequências de ondas curtas operadas pelas principais redes estadunidenses. O Brasil, por exemplo, recebia programas em seu idioma via *WCBX*, da *CBS*, *WRCA*, da *NBC*, e *WGEA*, da General Eletric.

As transmissões diárias duravam quatro horas e eram compostas basicamente por música e jornalismo, sempre evocando a união regional: *Os grandes homens da América*; *Canções da América*; *Grandes obras literárias da América*; *Esta terra e seus homens*; *O mundo visto de Radio City*; *Mala postal*; *Comentaristas norte-americanos*; *Sucessos da Broadway*. Havia espaço também para formatos mais convencionais, como *Salão de concertos*; *Momento familiar*; *Música e romance*; *Programa feminino*; *Almanaque musical*. Tudo era rigorosamente organizado em faixas horárias verticais e horizontais, de forma a facilitar a criação de hábito pelo ouvinte.

Um dos programas redigidos por Blota Jr. era o *Rádio-cometa – NY repórter*, que trazia uma crônica sempre pró Estados Unidos, como esta levada ao ar em 24 de junho de 1946:

Ordem, paz, prosperidade, tem sido a lição maior da América. Tem sido sempre a sua verdadeira força. Braços abertos para acolher o refugiado, coração aberto para compreender as tendências e os sonhos do homem que chega. A luz estará eternamente brilhando no começo da estrada, como a lanterna alvissareira na noite perdida anuncia um lar e um refúgio. [...] Essa é a luz que ilumina a estrada dos homens livres. E a luz brilhará um dia sobre todo o mundo...

* * *

Em Nova York, Blota Jr. tinha dois endereços de trabalho: o *CBS Studio Building*, na *49 East 52nd Street*, e o mítico *NBC Radio City*, no *Rockefeller Center*, onde funcionava o maior estúdio do planeta, com capacidade para 1.250 pessoas sentadas. Algo inimaginável para alguém acostumado com as apertadas e improvisadas instalações das emissoras paulistanas.

Quando não estava em alguma gravação, Blota ia de mãos dadas com Sonia descobrir as infinitas opções culturais da *Big Apple* e passear pelos parques e por avenidas, como a Broadway, onde inúmeros cartazes chamavam atenção para uma espécie de *queima de estoque* promovida pelo exército estadunidense. Com letras garrafais, anunciavam-se os *war surplus*: sobras de guerra. Vendia-se de tudo: de capacetes a baionetas, passando por botes, máscaras de gás e metralhadoras. Entre os artigos que lotavam as vitrines, Blota ficou de olho numa caixa enorme e pesada, que funcionava com dois rolos, com a qual as pessoas faziam experimentos com a voz. Era um gravador da marca General Eletric.

Assim que voltou da rua, escreveu uma carta para Paulo Machado de Carvalho contando a novidade que encontrou. Encantado, descreveu o mundo de possibilidades que surgia para o radiojornalismo. Graças àquele aparelho, os repórteres conseguiriam fazer as suas matérias sem precisar pedir linha telefônica e as emissoras poderiam transmitir o conteúdo na hora que quisessem.

O recado chegou ao seu destinatário, mas ele não lhe respondeu. Em vez disso, comentou a novidade com seu cunhado, João Batista do Amaral, o Pipa, que controlava duas das *Emissoras Unidas*, a *Panamericana* e a *São Paulo*. Foi ele quem acabou comprando o equipamento, inaugurado por Blota assim que voltou dos Estados Unidos.

A primeira matéria gravada do rádio paulista foi feita num bar da Praça da Sé. O repórter Blota Jr. foi chamando os populares para falarem algo ao microfone para, em seguida, ouvirem a si mesmos. O mais curioso foi a comprovação de que ninguém reconhece a própria voz ao escutá--la pela primeira vez numa gravação, ainda mais feita num equipamento tão precário.

Quando Blota deixou a reportagem, o pesado gravador ficou sob os cuidados de Murilo Antunes Alves, que ingressou na *Record* em 1947 e consagrou-se na cobertura de inúmeros fatos históricos.

* * *

A permanência em Nova York poderia durar um ou até dois anos. Tudo corria bem, até que Blota começou a notar que Sonia estava diferente. Seu semblante era de tristeza. A saudade da mãe, da irmã e dos amigos, que lhe apertava o coração, se somava à solidão pela qual passava durante grande parte do dia, enquanto o marido trabalhava. Além disso, parecia não conseguir se acostumar com a comida da cidade, sentia-se enjoada com certa frequência, e chegou até a desmaiar em pleno metrô.

Tudo convergia para uma suspeita que logo se confirmou: Sonia estava grávida. A boa nova encheu Blota de felicidade, mas o deixou ainda mais preocupado com a saúde de sua mulher. Após conversarem, chegaram à conclusão de que o melhor a fazer seria retornar ao Brasil. Com isso, não só teriam o apoio do restante da família e dos amigos, como também garantiriam a realização de um desejo patriótico do futuro pai: o de que a criança nascesse em solo brasileiro.

Blota Jr. conseguiu rescindir o contrato com o governo dos Estados Unidos e em setembro de 1946 o casal já estava de volta ao Brasil. Mesmo com a gravidez, Sonia voltou a trabalhar: no dia 26, uma quinta-feira, reestreou no *Teatro Manoel Durães* estrelando a peça *O duque de Richelieu*. Enquanto isso, Blota também retomava suas atividades no rádio e na imprensa escrita, dirigindo a revista *Goal!*, lançada em outubro daquele ano.

* * *

Em 12 de março de 1947 nasceu José Blota Neto. Blota Jr. via se realizar um sonho alimentado por muitos: ser pai de um menino. Em meio à alegria, e seguindo uma tradição vigente na família, segurou as mãos de Sonia, que ainda se recuperava do parto, e lhe disse:

– Você me deu o maior presente que eu poderia receber na vida: ser pai, e de um menino! Portanto, o que você quiser, o que você pedir, eu lhe darei.

Nesse momento, Sonia resolveu não pedir algo para ela. Preferiu evocar um sonho acalentado pelo marido desde a infância, mas que o trabalho no rádio o havia forçado a deixar de lado. Olhando nos olhos dele, disse:

– *Nego* – forma carinhosa com que Sonia se referia a Blota –, quero que você volte para a faculdade de Direito.

E assim o fez. Apesar dos inúmeros compromissos que acumulava, Blota Jr. retornou às arcadas do Largo de São Francisco, onde conquistaria mais que uma nova profissão, a de advogado, e o anel de rubi que ostentaria por décadas na mão esquerda, junto com a sua aliança de casamento: ele também ganharia o direito de ser chamado pelo título que viraria seu apelido dentro e fora do ar, exatamente como sonhava desde a infância: Doutor.

Doutor

Blota Jr. voltou ainda mais empolgado ao Largo de São Francisco. Filiado ao Centro Acadêmico XI de Agosto, buscou envolver-se em tudo o que acontecia, como, por exemplo, integrar a comissão de redação da Academia de Letras da Faculdade de Direito. Ele também foi um dos estudantes que, em outubro de 1948, invadiram a Exposição Nacional de Animais, no Parque da Água Branca, e roubaram alguns perus que pertenciam a um professor detestado por todos. Com as aves, serviram grande regabofe ao ar livre que, de tão marcante, inspirou o surgimento da *Peruada*: tradicional festa promovida pelos alunos da Faculdade de Direito nas ruas do centro de São Paulo.

Blota participava ainda do trote aos calouros. Certa vez, um dos novos alunos chamou atenção por ser fisicamente muito parecido com ele, sem contar o fato de também usar grandes óculos de grau. Com o passar dos anos, eles tornaram-se amigos e seguiram, cada um a seu modo, pelos mesmos caminhos da política e da comunicação. O tal novato era Paulo Pimentel, que viria a ser governador do Paraná e dono de um grupo de jornais, rádios e TVs.

Foi no Centro Acadêmico XI de Agosto que Blota Jr. apaixonou-se de vez pela política e começou a vivê-la mais intensamente. Na eleição ocorrida em 1949 no Centro Acadêmico, a disputa estava entre os partidos Renovador e Libertador. O primeiro contava com Rogê Ferreira, presidente do XI em 1948, amigo e aliado de Blota, que desejava sucedê-lo. Já o outro tinha José Luiz de Anhaia Mello, que viria a se tornar presidente do Tribunal de Contas do Estado de São Paulo. Apoiando a candidatura de Anhaia Mello estava Roberto Amparo Pastana Câmara, que tinha uma certeza: se entrasse nessa disputa, Blota Jr. dificilmente perderia.

Já mirando a eleição, Blota tinha acabado de lançar na *Record* um programa chamado *Canto de glória da Faculdade de Direito*, em que narra as histórias de ex-alunos famosos, entremeadas com as vozes do coral da instituição. Além disso, frequentemente convidava seus colegas bacharelandos para participar de programas na PRB 9, a líder de audiência na época. Nada poderia gerar mais prestígio pessoal que iniciativas como essas.

Por tudo isso, seus adversários só viam uma forma de não deixar Blota Jr. ganhar: impedir que ele fosse candidato, fazendo uma campanha para que o estudante/radialista perdesse logo na convenção dos renovadores. O plano deu certo e Anhaia Mello acabou eleito presidente do XI.

Vale ressaltar que esses acontecimentos não afastaram Blota Jr. de Roberto Amparo. Pelo contrário, Amparo acabou tornando-se amigo da família e trabalhou, anos mais tarde, junto com o filho mais velho de Blota dentro do campo político.

* * *

A história do café contada por um grão caído sobre a laje de um túmulo desativado. Difícil encontrar no rádio brasileiro um programa mais inusitado que este: *Memórias de um grão de café*, que Blota Jr. produziu, apresentou e dirigiu na PRB 9. Seu objetivo era contar a história dessa cultura, mostrar a sua importância para o Brasil e, claro, estimular o consumo da bebida.

A intenção podia ser das melhores, mas a solução teve que ser muito bem explicada na *avant-première* levada ao ar em 29 de janeiro de 1949. Mario Sena foi quem deu voz a um grão de café cheio de si: "Grão de café, sim, mas simples, nunca!".

> BLOTA: Meu caro grão de café, sua história merece ser contada. É uma história fascinante, de dramas, de mistério, de romance, de lances históricos, de fugas e de marchas vitoriosas. Eu escreverei a sua história. Você me contará tudo como foi, e nós faremos essa história viver no milagre do rádio.
>
> MARIO SENA: E como se chamará?
>
> BLOTA: Como deve se chamar – *Memórias de um grão de café*!

Essa não seria a única vez que as *Emissoras Unidas* agiriam em prol da produção cafeeira. Nos anos 1960, os papéis timbrados do grupo trariam uma xícara em alto relevo e, abaixo dela, o lema: "Tomando café ajudamos o Brasil".

* * *

Superadas as últimas provas, Blota finalmente ia chegando ao fim de sua jornada na Faculdade de Direito.

Em 1949, comemorava-se o centenário de nascimento de Rui Barbosa. Por isso, a turma de formandos daquele ano recebeu o nome do diplomata como forma de homenagem.

Da mesma forma que aconteceu no grupo escolar, no ginásio e no pré-jurídico, Blota Jr. foi orador também na faculdade. Entre tantas obrigações, pôde dispor apenas de uma fria madrugada para preparar o seu discurso. Sentou-se diante de sua máquina de escrever Olivetti e começou a datilografar, tendo um maço de Lucky Strike como companhia. Foi parar somente às 4 horas da manhã, quando já tinha criado um texto que preenchia doze laudas. Nele, entremeava a emoção da despedida, pontuada pela lembrança dos sinos da Igreja de São Francisco de Assis, com citações que iam de Martin Stevens a Shakespeare, passando por Saint-Exupéry, Cícero, François-René de Chateaubriand e, claro, Rui Barbosa.

Em 5 de novembro, data exata do festejado centenário, professores, alunos, familiares e amigos lotaram o belo salão nobre da Faculdade de Direito para a cerimônia de colação de grau. As atividades começaram com uma missa celebrada pelo então cardeal arcebispo de São Paulo, dom Carlos Carmelo de Vasconcelos Motta. Em seguida, todos seguiram para o Vale do Anhangabaú, onde Blota fez o seu discurso, tendo como cenário a estátua de Rui Barbosa.

> Tangem os sinos de São Francisco a despedidas. Os corações em festa sentem que sombra fantasmal de dor e mágoa passa e perpassa entre as alegrias do festival. Chegou a hora de dizer adeus. Olhos teimosamente enevoados verão em brumas, ao fundo do casario do velho Largo, a casa que ides deixar.

[...]

Ainda ontem estávamos juntos nas mesmas tão simples agruras, já amanhã nos veremos separados. Que possa nos reunir, através dos tempos e dos espaços, sempre a mesma ideia, a mesma orientação, o mesmo fim, o mesmo norte, o mesmo rumo, a mesma luz. Nessa solidariedade imutável e indeclinável se alicerça a grandeza de uma turma de bacharelandos. Para que mais tarde, com a mesma unção quase comovida com que conversamos hoje, ainda nos pátios desta casa, à sombra venerável das arcadas, pelos largos corredores e pelos salões de aula ainda se fale dos "bacharelandos de Rui", predestinados a quem a vida reservou essa exceção e esse privilégio: de daqui sair sob a égide de tal nome.

[...]

Que estas palavras fiquem convosco, que vô-las dou na separação. Que fique convosco meu coração e minha fé. Que fique já convosco a minha saudade. Há que terminar. Tangem os sinos de São Francisco a despedidas. São os moços que vão partir...

Enquanto falava para a multidão, Blota notava Sonia Ribeiro com um indisfarçável ar de orgulho, bem como o seu pai, José Blota, que via o filho seguindo os caminhos abertos por ele no Direito e indo além, conquistando uma formação acadêmica que nunca pôde ter. Sua mãe, dona Amélia, e seus irmãos também estavam lá, relembrando a vida em Ribeirão Bonito e sentindo que todo sacrifício, inclusive financeiro, havia valido a pena. Finalmente viam nascer o Doutor Blota Jr.

* * *

Enquanto a vida na faculdade chegava ao fim, na *Record* ela parecia estar só começando. Passados mais de cinco anos desde a primeira vez que falou ao microfone da PRB 9, Blota seguia com múltiplas funções. Crescia sua amizade com Paulo Machado de Carvalho e, principalmente, com o seu primogênito, Paulo Machado de Carvalho Filho.

Paulinho, como era mais conhecido, nasceu em 1924. Pouco antes de completar 21 anos de idade, assumiu, por ordem do pai, a direção da recém-comprada *Rádio Panamericana* e rapidamente alterou toda a sua programação, transformando-a na "Emissora dos esportes". Blota Jr., inclusive, foi um dos primeiros convocados a participar dessa mudança: em 1º de março de 1945, estreou no comando do *Tribunal esportivo*, no qual as notícias eram avaliadas por um júri formado só de cronistas de São Paulo.

O sucesso da nova grade fortaleceu o jovem executivo dentro das *Emissoras Unidas*, que, mais tarde, passou ao comando da *Record*. Isso o aproximou ainda mais de Blota, que passou a ser como um irmão mais velho. Paulinho buscava aprender o máximo que podia com a experiência e o jeito de ser do amigo, que também já tinha sido um jovem diretor de emissora.

Todos os dias, ao final dos trabalhos, Paulinho dava carona para Blota e Sonia, que, nessa época, moravam na Rua Rio Grande, na Vila Clementino. Dentro do carro, as discussões iam desde mudanças na escala de locutores até ações promocionais, passando pelo esquema dos programas, roteiros, artistas e concorrência. Muitas vezes, o papo seguia noite adentro e dona Odete, esposa de Paulinho, juntava-se ao trio para um jantar regado a boas risadas ou uma interminável sequência de rodadas de buraco.

* * *

Tanta intimidade com a família Carvalho garantiu prestígio e poder a Blota Jr. dentro das *Emissoras Unidas*. Não precisava ser anunciado para entrar na sala de qualquer diretor. Ao cair da tarde, era um dos que tomavam uísque com doutor Paulo em seu gabinete: um momento informal que o patrão usava para discutir os rumos da empresa. Em ocasiões como essa, a opinião de Blota era sempre ouvida e, muitas vezes, acatada, inclusive quando o assunto era contratação. Por isso, todos os dias apareciam jovens pedindo a ele uma primeira chance no rádio. Por não se esquecer das lutas que travou, das vergonhas que passou e dos nãos que ouviu no começo da carreira, fazia questão de atendê-los com o máximo de atenção, ainda que isso lhe custasse um tempo precioso.

Salomão Ésper foi um desses jovens. À época com 18 anos, vindo de Santa Rita do Passa Quatro, interior de São Paulo, foi à *Record* indicado por Rubens Boaventura, um amigo de seu irmão que estudava com Blota Jr. na Faculdade de Direito. Ao encontrar o radialista, recebeu dele alguns textos comerciais dos cigarros Mistura Fina.

– Olha, vá na Praça do Patriarca, no prédio da *Rádio Cruzeiro do Sul*, que tem um cidadão lá que grava vozes. O lugar se chama Photo Cruzeiro do Sul – indicou Blota.

Em pouco tempo, Salomão tinha pequenos discos prontos para apresentar, mas eles eram de papelão, não de vinil. O som era péssimo e sua voz ficou mais parecida com o miado de um gato. Voltou para a *Record*, muito preocupado com a reação que Blota teria. Quando lhe entregou os disquinhos, disse:

– Blota, por favor, me desculpe, a voz está um pouco esganiçada... – disse Salomão.

– Não se preocupe com isso! Se voz tivesse muita importância, eu não estaria no rádio! – respondeu Blota, como se não quisesse que aquele garoto passasse pela mesma frustração sentida por ele em seus primeiros tempos no microfone.

A qualidade da gravação não impediu a avaliação de Blota Jr., que gostou da dicção e do desembaraço de Salomão e o indicou para o elétrico Octavio Mariot, responsável por lançar quatro novos boletins jornalísticos diários na *Record*, às 6h, 12h, 18h e meia-noite. Mais tarde, Salomão seria convidado por Blota a participar do *Canto de Glória da Faculdade de Direito*, instituição na qual ele também viria a se formar.

* * *

Em 1949, a *Revista do Rádio* comemorou seu primeiro ano. Lida em todo o país, ela abria espaço não apenas para o *dial* do Rio de Janeiro, onde era editada, mas também para o dos outros estados, especialmente São Paulo. O nº 16 da publicação, que chegou às bancas em junho daquele ano, trouxe artigo assinado por Blota Jr. O título, tão irônico quanto o texto que encabeçava, sugeria seu novo *status* profissional: "Já tenho uma secretária..."

> Virou e mexeu, os anos passaram, comecei como locutor esportivo [...], virei redator, programador, animador, apresentador. A "dor" está no fim de todas essas palavras... Agora tenho uma secretária, meu Deus, que luxo! Secretária é coisa de diretor, se diretor não sou, nunca serei, que é que eu faço com a moça?
> Considero:
> a) Na segunda-feira escrevo "Ring Musical", que é uma espécie de luta entre ritmos, gêneros e sucessos. Mas faço a luta na hora, e nessa hora a secretária está mesmo em casa. Não tem nada que fazer na segunda-feira.
> b) Faço na terça a "Enciclopédia Pitoresca dos Esportes", mexo com gregos, romanos, "gangsters" italianos falando americano, e nessa hora a secretária está tão longe...
> c) Na quarta vem o "Rádio Dicionário", com o vocabulário próprio da gente de rádio, uma enciclopédia irreverente e bem-humorada das situações internas de uma emissora, seguindo uma rigorosa ordem alfabética. Animador, buraco, cartaz, diretor artístico, fã etc. Nesse dicionário ainda não entrou a palavra secretária, que é objeto de luxo...
> d) Na sexta estou às voltas com "Segredos e Confissões", e como prometo aos ouvintes absoluto sigilo, nem bisbilhotar na correspondência a coitadinha pode. Para não ficar triste, eu a deixo abrir os envelopes...
> e) E no "Não Diga Alô!", onde dou telefonemas a 300 cruzeiros, faço perguntas e provas, como é que ela entra? Não entra. Nem no domingo. Considero e chego à conclusão: não preciso de secretária. Que, no entanto, é coisa notável para se tirar fotografia para sair na querida REVISTA DO RÁDIO. Para isso, vale a pena. Mantenha-se a moça no emprego.

O tempo mostraria aos ouvintes que a frase "diretor não sou, nunca serei", repleta de modéstia, não era tão certeira. Até lá, Blota seguiria na rotina de redigir e apresentar diversos programas diferentes por semana.

No *Rádio dicionário*, oferecimento do óleo e brilhantina Gessy, ele brincava com os bastidores da *Record* e até consigo mesmo. No elenco, Adoniran Barbosa, Leonor de Abreu, Mario Sena, Yara de Aguiar, Berimbau e Garcia Neto, com "*score*" musical" de Hervé Cordovil. A estreia, em 9 de março de 1949, tratou, naturalmente, de como nascia uma nova atração.

TODOS: ZUM-ZUM FORTE DE CONVERSAS
BLOTA: Eu acho que temos que fazer assim!
BARBA: Dá licença pra dar um palpitinho?
YARA: Cavalheiro, o senhor está importunando a reunião. Eu nem posso tomar nota direito! Retire-se!
BARBA: Eu só queria dar um palpitinho!
LEONOR: Mas, afinal de contas, quem é o senhor? Que quer?
BARBA: Eu soube que iam lançar um programa novo, então vim dar um palpitinho aí...
MARIO SENA: Ora, cavalheiro, retire-se! O senhor está sendo importuno! Aqui está o programador, o redator, o maestro, o chefe do auditório, o assistente artístico, o chefe comercial, todos! O senhor é demais!
BARBA: Não sou, não!
BERIM: Como não?! Quem é o senhor para estorvar a preparação de um programa tão formidável? Quem é?
BARBA: Ué... Eu sou o ouvinte!
TODOS: FORA! NÃO INTERESSA!
ORQST: BANDINHA
SPEAK.: E a seguir vem BLOTA JUNIOR...
LEONOR: (COMO QUEM PROCURA...) Blota Junior... Blota Junior... Não acho no dicionário. Ah! Já sei quem é! É um tal que é empregado da Companhia Telefônica e que vive telefonando domingo de noite...
ORQST: TEMA PARA BLOTA JUNIOR

BLOTA: BLOTA JUNIOR é o nome de um rapaz simpático, esbelto e gracioso...
YARA: Espera um pouquinho, rapaz! Você está falando de si próprio?! Isso é horrível! Não se faz...
BLOTA: Não?!
YARA: Claro que não! Se você é programador, como é que escreve um programa falando bem de você mesmo?!
BLOTA: Ué, que é que eu posso fazer? Se eu não falar, ninguém fala...

O "empregado da Companhia Telefônica" era uma referência ao programa de maior sucesso no rádio da época e que era animado por Blota Jr.: *Não diga alô!*

O som dos clarins da Grande Orquestra Record marcava o começo do programa, seguido pelo tema de abertura na voz dos Vagalumes do Luar e de Neyde Fraga, que entrou na emissora em 1944 graças ao apadrinhamento de Blota. Diante do auditório lotado, ele comandava 55 minutos de risos, canções e, principalmente, muitos prêmios em dinheiro. Entre esquetes cômicos e musicais de Isaurinha Garcia, apelidada por ele de *a personalíssima*, Eduardo Nunes, Lino Braga e Elza Laranjeira, outra artista trazida por Blota às fileiras da *Record*, distribuíam-se até 2.500 cruzeiros por semana. Uma fortuna na época.

O esquema do *Não diga alô!* era simples. Primeiro, uma pessoa da plateia dizia o número de uma página da lista telefônica. Depois, outro dizia a coluna. Em seguida, mais um dizia a linha. Blota corria o dedo sobre a página e discava o número da vez. Logo começava-se a ouvir os toques. Crescia o suspense. Para o sorteado ser premiado, ele não podia dizer "alô", mas sim o *slogan* "*Rádio Record*, a maior!". Caso o participante errasse, ouvia:

– Não diga alô... Acaba de perder 300 cruzeiros... – lamentava o apresentador. Na época, com esse valor, era até possível manter uma família de classe média durante um mês.

As outras participações vinham das cartas mandadas por ouvintes que informavam seus contatos. Dava-se ainda um prêmio especial ao primeiro ouvinte do interior de São Paulo que se comunicasse com Blota Jr. no ar, via interurbano. Para equilibrar as chances entre toda a região, criou-se uma regra:

a cada domingo, premiava-se uma cidade com inicial diferente. Numa semana, era com a letra A, depois com a letra B, e assim por diante.

Não diga alô! fez tanto sucesso que o precário sistema telefônico da época ficava completamente congestionado. Centenas de pessoas tentavam entrar em contato com Blota, enquanto outras centenas aproveitavam o momento para passar trote dizendo ser da rádio. Era tamanha a expectativa criada pelo programa que, por anos a fio, muitos paulistas faziam questão de, a qualquer dia, a qualquer hora, atender o telefone sem dizer alô, mas sim "*Rádio Record*, a maior!". Pela boca de Blota Jr., o *slogan* foi incorporado à vida das pessoas.

Blota tinha plena consciência do poder que o microfone lhe dava. Ao mesmo tempo em que estava diante do povo sendo alvo dos aplausos, ele refletia muito sobre a dor e a delícia de ser um comunicador. Até abordou esse assunto numa crônica que escreveu para o *Gaiola de Ouro Phimatosan*, programa lançado pela *Rádio Record* em 1952. Nele, o radialista subverteu o uso de um dos recursos mais importantes para qualquer radialista: o adjetivo.

> Senhoras e senhores, eis aqui o animador.
> O animador, oh! O animador, oh! Oh! Oh! Que é quase tudo o que ele diz. E como diz! E quanto diz! Diz tudo, conta tudo, fala tudo, grita tudo, tudo vestido de ouro, tudo vestido de encanto, tudo vestido de grito!
> O animador é esse sujeito gentil, rápido, metralhante, mirabolante, adjetivante, gritalhante, que parece um cartaz colorido obrigando você a comprar, fazendo você comprar, convencendo você a comprar, mesmo quando você não quer, não deve, não pode comprar!
> Sensacional, piramidal, formidável, formidando, formidoloso! Esta é a estrela, este é o homem que tem formiguinhas na voz, este é o galão que levanta e desce elevadores na coluna vertebral das fãs, esta é a moça que canta, este é o moço que toca, esta é a mulher que fala! Engoliu um dicionário e vai abrindo o dicionário, contando, falando, adjetivando: esplêndido, magnífico, notabilíssimo, maravilhoso, deslumbrante, acachapante, en-lou-que-ce-dor!

O animador levanta cedo e é um homem como outro qualquer. Toma banho, faz a barba, toma café, acende o cigarro, sai de casa, toma o bonde, chega à cidade, vai para a rádio, fala bom-dia, ou fala boa-tarde, ou fala boa-noite, se não levantou cedo. Bate papo, é um sujeito normal, aposta em cavalos, discute política, até assobia fiu-fiu quando passa a mocinha, não paga o alfaiate, pede desculpas, tudo suave, tudo direito, tudo normal. O animador até é um amor de rapaz... Tão delicado, tão suave com as damas, com que elegância ele beija uma mão. E come mamão, come abacate, toma sorvete, educado e cortês. Mas de repente... Mas de repente... Saiam da frente... Começa o programa. A orquestra toca, a cortina abre, o público aplaude, e ele muda, se transmuda, modifica, começa a falar, começa a gritar, só quer anunciar: notável, inacreditável, formidável, sensacional! SEN-SA-CIO-NAL! Fica rico, fica louco, daqui a pouco não fala mais. Não faz mal, pois já falou. Já anunciou. Você já comprou. Já terminou sua missão. Vai dormir o animador. Um sono sensacional, numa noite magnífica, numa cama formidável, com colchão maravilhoso! Tem um sono deslumbrante, passa a noite extenuante, e quando acorda um instante é somente para animar: que sonho notabilíssimo, que sonho maravilhoso, deslumbrante, mirabolante, acachapante, sensacional!

* * *

O alcance do AM e das ondas curtas, somado à cobertura da imprensa especializada, levou o nome *Record* a ser conhecido além das fronteiras de São Paulo. Em algum momento, a principal emissora paulista acabaria se encontrando com a principal emissora brasileira: a PRE 8 *Rádio Nacional*, dona de audiência, estrutura e elenco inigualáveis.

E os primeiros desses encontros ocorreram justamente em 1949, quando as *Emissoras Unidas* convidaram a *Nacional* para realizar um especial na capital paulista: o *Show da amizade*, com Blota Jr. fazendo as honras da casa.

Na manhã de 7 de setembro, os artistas vindos do Rio desembarcaram em Congonhas e se acomodaram no City Hotel. Aos diretores foi oferecido um almoço pelo corretor de imóveis Antônio Macuco Alves.

Para a tarde foi marcada uma *pelada* entre os artistas da PRB 9 e da PRE 8, no campo do Juventus. Em ocasiões como essas, Blota se transformava: louco por futebol, era sempre um dos mais empolgados. Formou times em todos os lugares por onde passou: AFEU, Assembleia Legislativa, *Rádio Panamericana*, *Rádio Record*, *TV Record*, Caloi, Secretaria dos Negócios do Turismo, Dínamo de Propaganda, Secretaria de Informação e Comunicações e até no Congresso Nacional. Sem falar que atuou também em clubes, como o Ipê, por exemplo. A competitividade, traço marcante de sua personalidade, parecia explodir a partir do momento que vestia o uniforme e calçava as chuteiras. Surgia um Blota Jr. nervoso e autoritário que, fora dos gramados, só podia ser visto igual em partidas de buraco. Esse descontrole era tão notório que ele próprio reconhecia e, depois, tentava contornar qualquer inimizade que pudesse ter nascido. Certa vez, um conhecido o encontrou e disse:

— Ô Blota, já joguei bola contra você!

A resposta veio automática:

— Desculpe qualquer coisa, hein...

Blota jogou pela *Cruzeiro do Sul*, quando ainda dava seus primeiros passos no rádio. Já na *Record*, seu prestígio se refletia antes mesmo de entrar em campo. Dentro do vestiário, não se podia questionar: a camisa 9 era sempre do Blota, bem como a posição de centroavante. Ninguém discutia também o apelido que ele pôs em si próprio e fazia questão de espalhar: Pirillo, nome do atacante que fez história no Flamengo e no Botafogo nos anos 1940.

Não raro, Blota Jr. jogava com seus grossos óculos. Plantado na área, só esperava a pelota chegar para colocar no fundo do gol. E se não passassem a bola para ele? E se ela não chegasse *redonda* o suficiente aos seus pés? E se o zagueiro adversário endurecesse na marcação e o juiz não desse um pênalti? Nessas horas, a sua tão admirada polidez simplesmente desaparecia. Disparava uma série de palavrões que muitos talvez nem imaginassem que ele conhecia. Certa vez, Blota ficou tão furioso com uma falta não marcada que, depois de muito discutir com o juiz, simplesmente pegou a bola, correu para o vestiário e encerrou o jogo ele mesmo.

Por sorte, a partida na Rua Javari não mereceu grandes registros. O destaque ficou mesmo para a apresentação da noite, comandada por Blota Jr. e

Afrânio Rodrigues, locutor da *Nacional*, entre 21h30 e 22h30. Nelson Gonçalves foi a grande atração. Ao final, todos foram da Rua Quintino Bocaiúva para a Avenida Rangel Pestana comemorar no Bar Tiradentes.

Mas as festividades não pararam por aí: houve o jogo de volta, que mereceu do jornal *A Manhã* o apelido de "Clássico das Arábias". Em 15 de novembro foi a vez de Blota e outros *recordianos* desembarcarem no Rio para enfrentar o time da *Nacional* no estádio do Olaria. Raríssimas foram as vezes que a Rua Bariri recebeu tanta gente: 20 mil pessoas, quase todas mulheres, que três horas antes da partida já se acotovelavam nas arquibancadas e gritavam o nome dos seus locutores favoritos. Elas puderam assistir a uma preliminar entre as rádios *Continental* e *Globo*. A emissora de Rubens Berardo venceu por 2 a 0.

Na partida de fundo, a bola demorou para começar a rolar. Quando os times entraram, torcedoras invadiram o campo para agarrar os jogadores. E, dessa vez, não era para agredi-los. Muito pelo contrário. Foi difícil para a Polícia Especial e a Guarda Municipal separar as fãs ensandecidas que estavam atracadas com seus ídolos.

Jogando com camisas lisas e calções brancos, a *Rádio Nacional* estava escalada com: César de Alencar, Duarte de Morais e Aurélio de Andrade; Walter D'Ávila, Ciro Monteiro e Afrânio Rodrigues; Nélio Pinheiro, Lauro Borges, Floriano Faissal, Brandão Filho e Black-Out. Simone de Moraes foi a madrinha da equipe carioca. E vestindo camisas com listras horizontais e calções pretos, a *Rádio Record* foi representada por: José Pinheiro, Miras e Pardal; Zé Fidelis, Ribeiro e Mário Senna; Mario Zan, Randal, Blota Jr., Borges e Monaco. Isaurinha Garcia foi a madrinha do time paulistano.

Mário Vianna, com dois "enes", apitou o jogo que, mesmo não valendo nada, mereceu dele toda a rigidez que lhe era peculiar. Logo aos 4 minutos, quase todo o time da *Nacional* se envolveu numa confusão e vários foram expulsos. César de Alencar, apesar de todos os equipamentos que fez questão de vestir, engoliu três *frangos*. E este foi o placar final: 3 a 0 para a *Record*. A renda da partida foi revertida em favor da Associação Beneficente dos Empregados da Rádio Nacional.

No ano seguinte repetiu-se o mesmo calendário de jogos e programas especiais: no feriado da Independência, a *Record* recebeu os astros da *Nacional*; no feriado da Proclamação da República, o contrário. O intercâmbio de artistas se estendeu pelos anos seguintes e para outros programas, com benefícios para todos os envolvidos: as emissoras e, principalmente, os ouvintes.

* * *

No início da década de 1950, Blota consolidava-se como o principal nome do rádio paulistano. Jornais e revistas já empregavam "a emissora de Blota Jr." como metonímia para *Record*. Além do sucesso com *Não diga alô!*, também colaborou para isso o espaço deixado por dois grandes nomes dos auditórios: Octávio Gabus Mendes, falecido em 1946, e Raul Duarte, que decidiu abandonar o microfone para dedicar-se à criação e direção de programas.

Apesar disso, o Doutor não se acomodou. Resolveu aproveitar seu salário e o tempo aberto com o fim da faculdade para diversificar suas atividades.

Começou a investir em cavalos de corrida e chegou a ter um *stud* com o advogado Paulo José da Costa Jr. Todas as manhãs, fazia questão de ir ao Jockey Club ver seus animais, tais como Alforje, Artuélia, Corina e Chico Viola, sendo que este último não era muito chegado a ganhar páreos. Tentando acabar com essa sina, Blota, supersticioso, resolveu rebatizar o ginete: tirou a homenagem a Francisco Alves e pôs Bitoca. Deu certo.

O Doutor também foi o diretor responsável por duas publicações pioneiras fundadas por Paulo José da Costa (pai): *Turfe Ilustrado* e *Coruja*. Na *Rádio Record*, chegou a apresentar o *Jóquei Clube no ar* e se divertia com seus companheiros de emissora na hora de fazer uma fezinha nos cavalos.

Ao mesmo tempo, e seguindo o exemplo da *Nacional*, Blota Jr. e outros nomes de destaque dentro das *Unidas* fundaram, em 13 de setembro de 1950, a Associação Beneficente dos Empregados e Artistas da Rádio Record – ABEARRE, que mudou de nome em 1952 para Associação dos Funcionários das Emissoras Unidas – AFEU. Blota foi seu primeiro vice-presidente e diretor teatral. Mais tarde, assumiria a presidência da instituição.

Sem vínculo direto com a *Rádio Record*, a AFEU surgiu para prestar assistência hospitalar, jurídica e financeira aos trabalhadores, que, em contrapartida, davam uma simbólica contribuição financeira. A entidade chegou a manter um posto médico, um refeitório com boa comida a preços subsidiados e até uma colônia de férias na Praia Grande. Mas nenhuma dessas iniciativas ficou tão famosa quanto a premiação que ela promovia e que foi criada por Blota Jr.: o Roquette Pinto, em homenagem ao pioneiro da radiodifusão brasileira.

Tudo começou com uma confraria de radialistas que tinha o sugestivo nome de Clube dos Papagaios. Criada por Blota no segundo semestre de 1944, ela nasceu a partir de uma lista que fez com quarenta nomes de destaque no *dial* paulista. A empolgação desses primeiros convidados foi surpreendente e eles logo começaram a indicar outros colegas. Rapidamente, o grupo inicial de sócios pulou para cem.

Em referência a esse grupo de notáveis, Sylvio de Paula Ramos desenhou o troféu na forma de um papagaio trajando *smoking* e falando, sorridente, diante de um microfone. Os primeiros 32 desses papagaios foram entregues em 1950, numa cerimônia de gala no Teatro Municipal de São Paulo. Um deles, o da categoria animador de rádio, foi para as mãos de Blota Jr.

Nos anos seguintes, ele ganharia mais seis roquetes: melhor animador de rádio em 1951 e 1953; melhor comentarista esportivo de rádio em 1951; melhor apresentador de TV em 1961 e 1962. Em 1963 recebeu o Roquette Especial e teve de ingressar na chamada "Galeria de ouro": *hall* de *hors concours* criado em 1960 para os que receberam o prêmio seis ou mais vezes. Em 1967 essa medida foi extinta e um dos primeiros beneficiados foi justamente Blota Jr., que voltou a ser escolhido o melhor apresentador de TV.

Outra beneficiada foi Sonia Ribeiro, que ganhou o prêmio por honra ao mérito daquele ano. Antes disso, ela já havia sido laureada sete vezes: melhor redatora de programa feminino de rádio em 1953; melhor programadora de rádio em 1955, 1956, 1957, 1958 e 1959; Roquette Especial em 1960.

Com tantos papagaios, a prateleira de troféus do casal mais parecia um viveiro.

* * *

No tempo dos auditórios, o horário nobre do rádio era à noite, quando das janelas do palacete Tereza Toledo Lara ainda podia se avistar um céu paulistano mais estrelado, menos afetado pelos efeitos da poluição luminosa. Pelos corredores agitados, artistas que aguardavam sua vez de entrar no estúdio misturavam-se com outros que já podiam até voltar para casa, mas faziam questão de continuar um pouco mais ao lado dos amigos. Ali mesmo, no corredor estreito à beira da escada envolvendo o velho elevador com porta sanfonada, locutores, radioatores, redatores e cantores, de violão em punho, faziam serestas sem hora para acabar. A música era parte central da vida na *Record*, dentro e fora do ar.

Os papos entre as cantorias fortaleciam as amizades e até estimulavam novas composições. Por exemplo, Osvaldo Moles, um dos principais redatores e produtores da emissora, tornou-se importante parceiro musical de Adoniran Barbosa.

Blota Jr. também enveredou pela carreira de compositor impulsionado pelo jornalista, colega da PRB 9, crítico musical e letrista fecundo Augusto Duarte Ribeiro, mais conhecido pelo nome artístico: Denis Brean.

Com ele, Blota escreveu diversas músicas entre o final dos anos 1940 e meados da década de 1950. Ambos eram inteligentes, cultos e donos de um senso de humor afiado. Por isso, suas letras costumavam satirizar costumes ou ritmos musicais em moda na época. Esse foi o caso, por exemplo, de uma das primeiras criações da dupla: o samba-guaracha em *portuñol* "Passa *mañana*", gravado em 1949 por Aracy de Almeida com vistas ao Carnaval de 1950.

>Passa *Mañana*
>Passa *Mañana*
>*Mañana sale um barco*
>*Yo me voy* (*me voy*)
>(bis)
>
>*Voy buscar* com urgência *mi sombrero*
>Que *quedó* com Ramon lá em Tampico
>*Si el sombrero* estiver em Chihuahua

Com Ramon
É que eu fico
Em Tampico!
(bis)
(verso para cantora)

Adios muchachos companheiros *de mi vida*
Yo me voy por la vereda tropical...
Si não encontro *el sombrero* nem Ramon
Não faz mal!...
(bis)

Adios muchachos companheiros *de mi vida*
Yo me voy por la vereda tropical...
Pongo banca em Chihuahua e Tampico
Bailo el samba
Que caramba!
És mayoral!
(bis)

Voy buscar com urgência *mi sombrero*
Que *quedó* com Ramon lá em Tampico
Si el sombrero estiver em Chihuahua
Com Dolores
É que eu fico
Em Tampico!
(bis)
(verso para cantor)

No ano seguinte, 1950, veio "Malandro em Paris", na voz de Linda Batista. Era uma brincadeira com a moda de se falar qualquer coisa em francês apenas para parecer mais chique. Em 2008, Roberta Sá e Zé Renato resgataram essa música no disco *Samba meets boogie woogie*.

Quem nesse mundo
Não quer *la vie en rose*
La vie en rose
Sombra, água fresca, *quelque chose*
Uma casinha bem pertinho de *la mer*
Moleza assim como essa quem não quer?

Ter um chatô num *boulevard* lá em Paris
Como é *charmant* tudo isso é *très jolie*
Comer a balda só *marrom-glacê*
Comer lá em Pigalle uma *renard-argenté*!

Perfume de Bazin
Automóvel Citroën
Moda Molineux
Vestidos de soirée
Muito champagne Cordon Rouge e caviar
Com Jean Gabin me chamando de *mon cœur*
Um promenade toda tarde no *bois*
Moleza assim como essa quem não quer?

Em 1951, Blota Jr. e Denis Brean escreveram uma música totalmente em francês: "*La vie en samba*", gravada por Dircinha Batista na Odeon. Foi uma das obras de maior sucesso da dupla e tocou até na França.

Tout le monde de boite e vaudeville
Danse le samba... Danse le samba...
Dansent madame, monsieur
E petits enfants
Danse la societe
De joujoux et balangandan...
Tout le monde de boite e vaudeville
Danse le samba... Danse le samba...
Pourquoi le samba est la chanson très très jolie?
Et le samba est le cheri en mon Paris?...

Ai, ai, ai, mon amour
Le samba est toujours rêve d'amour!
La vie avec un samba est quelque chose
Si vous voulez avoir la vie l'emotion,
Chantez le samba,
La grand sensation!...

Os dois compuseram também algumas marchinhas, como "Fica bonzinho", "Bolo do centenário" e "Eu vou de touca", cantada pela então morena Hebe Camargo para o Carnaval de 1952.

Eu vou de touca, de chupeta e camisola
Ai, ai, mamãe
Ai, ai, papai
Eu vou bancar bebê de araque
Eu vou berrar bastante
Até ganhar um Cadillac

Eu vou bater palminha pra mamãe
Eu vou bater palminha pro papai
Eu vou brincar sem dó
Depois eu quero colo
Se não derem eu vou chorar

Ainda para a folia de 1952, escreveram também o samba "Peço a Deus", lançado pela Elite na voz de Roberto Amaral. Dois anos depois, a dupla teve mais uma obra gravada: "Castigo", por Isaurinha Garcia.

Blota Jr. também criou ao lado de outros compositores. Com José Roy, fez "Viver pra quê?", também gravado por Isaurinha Garcia. Já o samba-canção "Pensando em você" foi escrito com Gustavo de Andrade e interpretado por Roberto Amaral, acompanhado de conjunto musical. Em parceria com J. Scalabrini, compôs "Implorando amor" e "Linda moreninha".

Até a sua égua de corrida Artuelia mereceu ter o nome numa moda de viola gravada por Hamilton Silva, Torrinha e Pinheirinho, integrantes do *cast* da *Record* que, incentivados por Blota, viraram Os Três Bandeirantes da B-9.

Mais tarde, seria a vez do Doutor virar tema de música. Luiz Justino dos Santos, major da Polícia Militar em Campinas e fã do radialista, resolveu fazer-lhe uma homenagem. Compôs uma canção que procurava resumir a trajetória do seu ídolo.

> Quem é que não tem saudades
> da sua cidade que berço lhes deu;
> Quem é que dela saindo
> não seja bem-vindo nos braços dos seus;
> Quem é que ciúmes não sente
> ouvir sua gente dizer quem ele é;
> Quem é que não vê padrinhos
> falar ciciandinho e filho daquele;
> Quem é que no microfone
> inflava seu peito lá no Ribeirão;
> Quem é que no alto-falante
> tonitroava com seu vozeirão
> Quem é, se chamava Blota
> bailava nas Brotas
> sem ser um bicão;
> Quem é que era falado
> e muito citado no sentido bom;
> Quem é que não traz retido
> um seu apelido no seu coração
> Quem é que de fora não venha
> marcado não tenha um apelidão
> Quem é que hoje retrata
> fiel, o levado lá de Ribeirão;
> Pois é o bom Blota, soado
> da Sonia, o amado,
> dos filhos, o chefão;

Quem é que a casa não mostra
aqui eu morava, aqui eu vim...
Quem é que não vê os amigos
saudando sorrindo olá seu Zezi
O meu Ribeirão Bonito
Minha terra amada, foi lá que nasci
No meu coração tá escrito
que és adorado pelo teu Zezi...
...pelo teu Zezi...

* * *

Apesar dos avanços na área artística, Blota Jr. não havia se desvencilhado totalmente do futebol, indo muito além das *peladas* com os colegas de profissão. Chegou a ser diretor do departamento esportivo unificado das *Emissoras Unidas*. Em outubro de 1949, após a renúncia de Ary Silva, assumiu a presidência da ACEESP, onde era vice. Em 1950, foi eleito para um mandato próprio que durou até 1952. No futuro, se tornaria membro vitalício e sócio benemérito da associação.

Na *Rádio Record*, seguia como comentarista na equipe liderada por Geraldo José de Almeida, que tinha Francisco Monteleone e Nelson de Arruda como repórteres. Apesar da paixão pelo esporte, suas iniciativas paralelas lhe tomavam muito tempo. Além dos cavalos, das músicas, da AFEU e da ACEESP, Blota foi contratado, em 10 de fevereiro de 1951, como advogado da Secretaria de Negócios Internos e Jurídicos da Prefeitura de São Paulo. Além disso, mudanças futuras nas *Emissoras Unidas* lhe abririam novas oportunidades. Era chegada a hora de deixar os estádios. Pelo menos por enquanto.

Foi na cidade paulista de Limeira, ouvindo a PRJ 5 *Rádio Educadora*, que Blota encontrou aquele que considerou poder ser seu substituto: Irineu de Souza Francisco, um locutor esportivo que tinha experiência até com artes cênicas.

Irineu chegou à cidade de São Paulo no final de 1951. Blota o tratava como um pupilo, lhe mostrando o caminho das pedras. Essa proximidade ajudou o recém-contratado a conhecer melhor os colegas e, principalmente, as colegas da *Record*. Foi quando começou a se interessar por uma jovem radioatriz vinda do Cambuci, dona de um marcante sotaque italiano e que tinha fortíssimos laços de amizade com o casal Blota Jr. e Sonia Ribeiro. Era Nair Bello, futura grande estrela do humor.

Nair havia estreado na emissora em 1949, em produções dramáticas. Chegou até a atuar no *Teatro Manoel Durães*, mas sofria por não conseguir controlar as risadas nem mesmo quando lia textos com alto poder lacrimal. Mesmo assim, deram-lhe uma segunda chance, agora como locutora. Não adiantou: as gargalhadas continuaram. E uma delas foi escutada justamente pelo patrão, Paulo Machado de Carvalho, que não perdoou:

– Tirem essa louca daí!

Blota interveio em favor de Nair, impedindo que fosse demitida, e resolveu orientá-la, como fazia com Souza Francisco. Foi Blota Jr. quem a encaminhou para onde suas risadas seriam muito bem-vindas:

– Nair, a partir de agora você vai fazer comédia!

Nos bastidores da *Record*, não economizava conselhos. Buscava, inclusive, ensinar-lhe a falar mais corretamente. De origem simples, Nair só havia estudado até o 3º ano primário. Certo dia, em meio a uma conversa com Blota, disse "*nóis* vai". A reação foi imediata:

– É, se você continuar com esse *nóis* vai, não vai ficar aqui na *Record*...

Os palavrões também preocupavam Blota. Exceto quando jogava buraco ou futebol, ele nunca era visto dizendo expressões chulas ou mesmo gírias. Já Nair, jovem inocente, ficava impressionada de ver *a personalíssima* soltando o verbo e logo começou a imitá-la.

– Nair, não fala isso – aconselhava Blota –, porque o dia que você der uma entrevista ao vivo, vai soltar um palavrão e vai ficar feio... Nunca mais você vai se recuperar...

A cada dia que passava, a comediante ficava mais encantada com a cultura do padrinho profissional. Numa visita à casa dele, perguntou-lhe como era possível conhecer tantas palavras.

– Sabe por que eu sei? Porque quando eu não conheço uma palavra, venho direto à minha biblioteca, ao dicionário...

Era enorme a confiança depositada em Blota e em Sonia. Os pais de Nair, receosos com a tal "gente de rádio", só a deixavam sair da *Record* às 10 horas da noite se fosse em companhia do casal de amigos. E Souza Francisco via tudo isso. Passada a fase de namorador, quis ficar só com Nair. Casaram-se em 1953, tendo Blota e Sonia como padrinhos.

* * *

A *Record* seguia dominando a audiência no rádio paulistano, mas não podia se dar ao luxo de relaxar. O mercado ficava cada vez mais complexo e a concorrência se armava. Em 1948, João Jorge Saad assumiu o controle da *Rádio Bandeirantes*, que seu sogro Adhemar de Barros havia adquirido de Paulo Machado de Carvalho em 1945. Seu João encontrou uma emissora deficitária e tecnologicamente defasada, mas conseguiu virar esse jogo. Já os *Diários Associados*, através das suas rádios paulistanas, *Tupi* e *Difusora*, investiam numa nova mídia: a televisão, inaugurada por eles em 1950.

As *Unidas* não poderiam ficar atrás. Nessa época, o grupo já contava com sete rádios: *Record, São Paulo, Panamericana, Avaré, Bragança, Guarujá* e *Pirajuí*. Ainda seriam incorporadas estações em Jacareí, Rio de Janeiro, Vassouras e Belo Horizonte. Numa tentativa de combater a força de Assis Chateaubriand também nos meios impressos, que repercutiam a programação das suas emissoras, doutor Paulo resolveu lançar um jornal para divulgar seus artistas e programas, que recebeu o nome de *Tabloide*. Para tomar conta da nova empreitada, que acabaria durando pouco, destacou Raul Duarte, então diretor artístico da *Rádio Record* e homem da sua mais absoluta confiança, tanto que se tornou acionista minoritário da emissora. Enquanto isso, seu filho Paulinho ficava cada vez mais dedicado à montagem da futura *TV Record*, outorgada pelo presidente Dutra em 13 de novembro de 1950.

Com esses movimentos, abriu-se um espaço na estrutura. A hierarquia nunca havia sido rígida, nem os cargos eram tão definidos. Todos sempre trabalhavam juntos em tudo. Ainda assim, cada emissora necessitava de uma referência, alguém dedicado a pensar sua filosofia de programação. Não podendo contar com a presença constante de Raul e Paulinho na PRB

9, doutor Paulo não hesitou em promover aquele que por tantas vezes havia demonstrado enorme capacidade de trabalho e conhecimento sobre rádio. Aquele que havia criado, escrito, dirigido e apresentado atrações campeãs de audiência. Aquele que, mesmo sem possuir um cargo pomposo, era tratado, nos corredores e estúdios, como autoridade pelos colegas.

No começo de 1952, Paulo Machado de Carvalho deu posse a Blota Jr. como diretor artístico da *Rádio Record*. Era a maior consagração que poderia haver na época para alguém como Blota, que havia dedicado quase um terço da sua vida às *Unidas* e, principalmente, aos Carvalho. Tinha tanta intimidade com eles que era visto como parte da família. Como definiria um descendente do doutor Paulo:

– O Blota era um de nós.

Não tardou para que ele fizesse as primeiras mudanças. Começou pelo mais difícil: a noite. Saíram *Parede e meia* e *Bola de cristal* para a entrada do *Jornal de sexta-feira* e *Ginástica pra cabeça*. Nem o seu próprio *Não diga alô!* foi poupado: depois de ser fundido com o *Sétimo dia*, produzido por Osvaldo Moles, Blota o tirou definitivamente da grade. No lugar, lançou um programa de auditório com o curioso nome *Orquídeas e cebolas*.

Uma das principais características do programador Blota Jr. era o interesse em sempre criar atrações com algum caráter informativo e/ou cultural, mesmo que na forma de uma gincana ou de um radioteatro. Blota foi um dos primeiros brasileiros a pensar em comunicação educativa e popular ao mesmo tempo, tratando esses conceitos como conciliáveis e complementares entre si. Sobre isso, declarou à *Revista do Rádio*:

> A culpa é do ouvinte – diz-se quanto ao baixo nível cultural do nosso rádio. Injustiça. A culpa é do rádio: ou se afasta do problema cultural ou tenta solucioná-lo com fórmulas erradas. Programas culturais apresentados de forma amena terão a mesma força de penetração dos "sucessos" de hoje. O rádio é que deve corrigir-se e não apelar, para a elevação do nível cultural dos ouvintes.

Um dos exemplos práticos dessa crença foi dado com a elogiada *Luta pela vida*: "a cavalgada heroica do espírito humano através do tempo e do espaço, provocando progresso, criando civilização, plantando cultura, conquistando a vida e o mundo pela terra, pelo mar, pelos céus de todo o mundo!". Blota Jr. escreveu, produziu e dirigiu cada um dos 26 capítulos dessa série lançada em 29 de maio de 1952. A narração era de Raul Duarte, "Prêmio Roquette Pinto de 1951", com o oferecimento de Facil-it, "a maravilhosa tinta solúvel em água para paredes interiores". Às quintas-feiras, os ouvintes que sintonizavam os 1000 KHz da *Record* tinham uma verdadeira aula de história da humanidade.

> O Homem tinha sido filósofo e poeta, cientista e astrônomo, fiel à sua ideia de conquista da vida, para concluir que teria de lutar sempre para que o mundo fosse seu, vencendo sempre e sempre secretamente chorando o velho mundo que a vitória destruiu. Milhões de anos correram, rolaram sobre a face da Terra e o Homem é o mesmo: só que jogou fora a faca de sílex. E sobre um avião que inventou olha a terra que povoou e civilizou e atira sobre ela a bomba atômica que criou para destruir o que fez pela força do espírito...
>
> [...]
>
> NARRD: Este é um programa de rádio, do rádio que fala todas as horas, de todos os dias, e que lhe traz vozes e intenções nas vinte e quatro horas do dia, desde a hora em que você levanta até a hora em que você não quer ir dormir. Não sei o que é que você está procurando no rádio, o que ouve, o que quer ouvir no rádio...
>
> DUPLA: VERSO CAIPIRA
>
> LOCTR: Manaus, urgente – Regressaram hoje os últimos paraquedistas que estiveram junto ao avião Presidente...
>
> PIANO – ACORDES DE "PRELÚDIO" DE RACHMANINOFF

ESPOR: ...e a vitória dos paulistas sobre os gaúchos, se bem que na sua contagem refletisse a esmagadora superioridade técnica da nossa seleção, não teve...

PALCO: VERSO DE SAMBA

ANIMA: ...com 15 mil cruzeiros, uma geladeira, uma panela de pressão, uma viagem de ida e volta a Buenos Aires, tudo para os nossos ouvintes!

MULHER: Não, Ricardo... Tenho esperado demais por este momento, para que ele não seja meu, todo meu. Quero sentir-lhe a expressão maravilhosa, tanto quanto sofri na esperança deste minuto...

ITALIN: Mais que coisa mais disistente, Carmela! Num podo distrai o dente que se me pego sereno fico ca boca que nem balão do meis de junho!

PALCO – TRECHO DE BOLERO

NARRD: Não sei o que é que você procura. Mas, honestamente, é preciso que se avise. LUTA PELA VIDA não é assim...

Apesar de implantar várias novidades já nos primeiros meses, foi durante o seu segundo ano como diretor de *broadcast* que Blota fez as mudanças mais radicais. Para isso, contou com o apoio de três assistentes, cada um respondendo por uma faixa do dia: Alfredo Gramani, de manhã; Antônio Boaventura de Oliveira, o Torrinha dos Três Bandeirantes da B-9, à tarde; e Luís Carlos Passos, à noite.

Ao analisar detidamente os números da audiência, Blota assustou-se com o percentual de aparelhos desligados. Num tempo em que havia muito menos concorrência com outros meios, foi chocante constatar que, durante vários horários, menos da metade dos rádios estava sintonizada numa das doze estações existentes na época. Para o Doutor, esse era um sintoma de que havia algum problema mais profundo, conforme declarou para a *Revista do Rádio* de 5 de maio de 1952:

O ouvinte não estava gostando do rádio pela forma em que era feito (ou antes, é feito) e preferia ficar em paz, com o rádio desligado. Os típicos programas auditorescos, com chanchadas, gritarias, prêmios e desfrutes repercutiam nos meios radiofônicos, mas tinham poucos ouvintes. Com isso só havia um caminho a seguir: encontrar nova fórmula.

A busca por essa "nova fórmula" começou a chegar aos ouvidos do público em abril de 1953. Do cinema, Blota trouxe Anselmo Duarte, Ilka Soares e Alberto Ruschel. Com eles, lançou *A grande filmagem*, em substituição ao *Grandes obras do cinema e Radiocolor*. Nessa mesma época, Sonia Ribeiro estreou um novo programa para as mulheres: *Confidências dos corações*.

Numa tentativa de combater Manoel de Nóbrega e seu enorme sucesso ao meio-dia na então *Rádio Nacional*, futura *Rádio Globo*, criou *O almoço está na mesa*. Era o principal exemplo da nova filosofia artística que Blota vinha implantando. Enquanto o antigo programa que a *Record* apresentava no horário, *Alta frequência*, movimentava orquestra, órgão, conjunto de ritmos, conjunto regional, cantores, cômicos, humoristas e animadores, *O almoço...* baseava-se em gravações cuidadas, "vozes dosadas em semitons, com sobriedade e discrição". Para Blota, era essa a saída:

> Dar ao ouvinte um rádio mais suavemente musical, mais repousado, mais calmo, tranquilo, em tom amistoso de conversa, para poupar o público nevrosado, carregado de angústias e fustigado por todos os barulhos da cidade mais barulhenta do mundo. Vamos para esse rádio. Só o futuro provará se acertamos.
>
> [...]
>
> Por mim, prefiro almoçar com um conviva inteligente e agradável, que me conte coisas novas. Ficaria terrivelmente incomodado se todos os dias, a essa hora, desembocasse na minha sala de almoço uma turma muito viva, muito engraçada, muito alegre, mas positivamente deslocada na ocasião. Pode ser que os ouvintes pensem da mesma forma...

Mais uma vez, o Doutor também alterou a programação noturna, e com impacto. A música sertaneja, que se consolidava como um dos pilares do rádio paulista, ganhou uma faixa exclusiva, às 20h. Destacou Armando Rosa e Vicente Leporace para dirigir os artistas caipiras que se revezariam no comando do horário. Às segundas, quartas e sextas eram com Raul Torres, Florêncio e Nininho. Às terças e quintas, com Alvarenga e Ranchinho. Aos sábados, *Sítio do bicho de pé*, com Cascatinha e Inhana. Aproveitando a ampliação da cobertura do AM à noite, a meta era conquistar a audiência do interior do estado com o som da viola e as piadas caboclas.

Com tanto trabalho nos bastidores, aos poucos Blota Jr. foi diminuindo sua atuação diante do microfone. Quase não animava mais programas inteiros e passou a fazer pequenas participações durante a programação. Era o caso do boletim *Com a palavra Blota Jr.*: durante 3 minutos, o radialista comentava, de improviso, um assunto indicado pelos ouvintes através de cartas, que eram sorteadas na hora.

O estresse com tantas novas obrigações, somado aos efeitos de um velho vício, fizeram o Doutor correr um grave risco. Ele poderia perder para sempre o seu principal instrumento de trabalho: a voz.

* * *

Blota Jr. fumava desde jovem e era exigente: só gostava de cigarros americanos. Fazia questão de gastar fortunas importando caixas e mais caixas de Lucky Strike, Camel e Philip Morris, que eram os seus favoritos. Por extensão, dona Sonia também começou a fumar. Com o marido, aprendeu a gostar das mesmas marcas, posteriormente acrescidas de Marlboro 100's e Benson & Hedges.

Certo dia, em meados de 1952, Blota começou a perceber rouquidão na voz e sentir ardência na garganta já cansada. Os pigarros vinham se tornando mais frequentes. Falar tornava-se algo difícil de fazer.

Ao procurar seu otorrinolaringologista, dr. Alexandre Médici da Silveira, descobriu que calos haviam surgido em suas cordas vocais. Uma operação teve que ser feita, mas ela não se mostrou suficiente para resolver o problema.

Os velhos sintomas logo voltaram. Isso porque, além de continuar tenso com as tarefas do dia a dia, Blota seguia irritando a garganta com o fumo. Aliás, naquela época, nenhum cigarro tinha filtro, ou seja, era ainda mais nocivo.

Um ano depois da primeira cirurgia, teve que voltar ao consultório do dr. Alexandre. Dele ouviu um ultimato:

– Blota, eu terei que operá-lo pela segunda vez, mas uma terceira não será possível. Ou você para de fumar ou muda de profissão!

Por mais difícil que fosse, Blota preferiu ficar com a primeira opção. Nunca mais pôs um cigarro na boca, e os calos desapareceram de vez. Outra consequência mereceu até uma irônica nota na *Revista do Rádio* de 6 de fevereiro de 1954: "Depois que deixou de fumar, Blota Jr. engordou três quilos. Isso é o que ele afirma categoricamente, pois, olhando-se para o seu físico, nota-se apenas que ele continua magruço, magruço".

Sobre esse assunto, ficou apenas um arrependimento que o acompanharia até o fim da vida: ter influenciado sua esposa no vício do cigarro, o que acabaria por lhe trazer graves consequências.

* * *

Como diretor de *broadcast* da *Rádio Record*, Blota Jr. participou ativamente da montagem da *TV Record*. Exatamente como aconteceu com a pioneira *Tupi*, a primeira grade da nova emissora nasceu totalmente alicerçada nos profissionais que faziam sucesso no *dial*.

Além de ajudar a criar as atrações que ganhariam o Canal 7 paulistano, o Doutor tinha a difícil responsabilidade de gerir um elenco incomodado. Os que haviam sido convocados a trabalhar no novo empreendimento não ganharam um único centavo a mais por isso, enquanto que aqueles que permaneceram somente na rádio ficaram enciumados com o espaço conquistado pelos outros colegas.

Dentro do projeto, os mais pesados investimentos concentraram-se na infraestrutura. O antigo Cassino Colonial, na Avenida Washington Luiz, 1200, foi totalmente adaptado para ser, em matéria de televisão, um dos espaços mais modernos da América do Sul. O estúdio principal, por exemplo, tinha 450 metros quadrados, iluminado por um conjunto de holofotes equivalentes a 60 mil velas. A cada dois metros havia tomadas de luz para ligar, por exemplo, as câmeras compradas da General Electric. Tudo isso mantido por um gerador a diesel próprio. Sob o piso, 4 quilômetros de fios. Nas paredes e no teto, lã de vidro para isolar o som. No pátio, três unidades de transmissão repletas de equipamentos já aguardavam o momento para entrar em ação. Elas seriam muito úteis, principalmente durante as partidas de futebol que o Canal 7 viria a apresentar sob a direção de Tuta.

Junto com o esporte, a música era outro pilar da programação da *TV Record*. Exatamente como na PRB 9. Isso ficou evidente logo no primeiro dia de transmissão oficial, 27 de setembro de 1953.

Às 20h, entrou no ar o show inaugural reunindo todos os artistas das *Emissoras Unidas*. Claro, ao vivo. Coube a Blota Jr. e a Sonia Ribeiro a missão de apresentar o espetáculo e a própria emissora. Na abertura, desceram uma escadaria e, diante das lentes, disseram uma frase que se tornaria histórica:

– Senhoras e senhores, está no ar a *TV Record*, Canal 7.

Após a execução do prefixo musical, Blota fez mais um dos seus famosos discursos, trazendo detalhes a respeito da nova estação e o que ela pretendia oferecer ao público. Dorival Caymmi e Inezita Barroso foram os primeiros cantores focalizados pelas câmeras da *Record*. Em seguida, vieram Adoniran Barbosa, Isaurinha Garcia, Pagano Sobrinho, Randal Juliano, Enrico Simonetti e orquestra, além de vários dançarinos.

Naquela noite, com o nascimento da quarta emissora de televisão do Brasil, Blota Jr. e Sonia Ribeiro iniciavam uma nova carreira, agora no vídeo. O tempo se encarregaria de torná-los tão importantes para esse novo meio quanto já eram para o rádio.

1954

Mesmo entre o calor das luzes dos estúdios de TV, com os quais ainda procurava se familiarizar, e dos aplausos nos auditórios, Blota Jr. começou o ano de 1954 tentando ser frio. Profissional ao extremo, animava o público e motivava os seus subordinados, embora, por dentro, se sentisse cada vez mais angustiado com o estado de saúde de seu pai. Dizia que era "obrigado a falar depressa, rápido, alto, alegre, vivo, mesmo quando o coração está lento, baixo, triste e morto".

Aos 58 anos, idade avançada para os padrões da época, José Blota lutava contra um edema pulmonar. Ele se tratava em casa, na Rua Luiz Góis, onde contava com um caríssimo e ainda raro aparato de *home care*: de cama hospitalar até balão de oxigênio. Dona Amélia e seus filhos permaneciam sempre ao seu lado e faziam questão de atender a todos os seus desejos, por mais difíceis que pudessem ser. Um deles ficaria gravado na memória de gerações da família Blota. Ele gostaria de rever uma figura aclamada como genial, que estava em rápida ascensão política, mas que ele havia conhecido quando ainda era um inexperiente bacharel: Jânio Quadros.

Recém-formado pela Faculdade de Direito do Largo de São Francisco, Jânio tinha aberto banca há pouco tempo na capital paulista quando começou a frequentar o 2º Ofício Criminal, do qual o velho Blota era titular. Por diversas vezes, o então advogado iniciante teria pedido ajuda ao escrivão, que, de acordo com a história contada pelo Doutor aos seus parentes, chegou até a redigir petições inteiras para ele. Por isso que, mesmo sendo adhemarista, José Blota não escondia a satisfação que sentia ao ver aquele rapaz se transformar, em 1953, em prefeito de São Paulo.

Jânio tomou conhecimento da vontade que o patriarca dos Blota tinha de reencontrá-lo. Ele respondeu que iria, mas não foi. Em 10 de fevereiro de 1954,

José Blota faleceu. Estava lúcido e calmo. Rodeado pelos familiares, distribuiu conselhos até o último minuto.

Em meio à dor da perda, Blota Jr. não se conformou com o que considerou ser uma enorme falta de consideração por parte de Jânio. Esse sentimento influenciou, e muito, na realização do maior sonho manifestado pelo pai em seu leito de morte: o de que seu primogênito entrasse de vez para a política.

– Mas eu não quero que o Blota Jr. seja deputado – ressaltava o velho, referindo-se ao nome artístico usado pelo primogênito. – Quero que o José Blota Junior seja deputado! Eu saí de Ribeirão Bonito para dar um futuro melhor para vocês e não haveria orgulho maior para mim do que saber que um filho meu foi o primeiro deputado estadual nascido na minha cidade.

Apesar de nunca ter assumido isso publicamente, o Doutor sempre gostou de política. Suas atividades na Faculdade de Direito já indicavam isso. Foi nessa época que, encantado com o chamado "socialismo de cátedra" e levado pelo amigo do XI, Rogê Ferreira, Blota filiou-se ao PSB. O rompimento com o partido veio em 1952, quando a convenção decidiu apoiar Jânio Quadros na eleição para prefeito de São Paulo. Nesse mesmo ano, filiou-se ao PSP, fundado por Adhemar de Barros. Para dona Sonia, foi direto ao justificar a sua decisão:

– Vou entrar no partido do Adhemar porque, além dele ter trazido meu pai para São Paulo, é contra o Jânio!

Mesmo já inserido na vida partidária, seu envolvimento mais direto com essa área acontecia via *Rádio Record*, quando a emissora era contratada para realizar alguma campanha. Naquele tempo, não havia propaganda eleitoral gratuita: os partidos pagavam pelos horários e pelo trabalho dos artistas.

Em 23 de agosto de 1950, por exemplo, o Doutor apresentou um programa chamado *Vozes da terra*. Produzido por Osvaldo Moles, tinha um formato até então inovador para a comunicação política, que passou a se beneficiar ao máximo da linguagem radiofônica da época, com orquestra, claque, radioteatro, conjuntos vocais, *jingles* e efeitos sonoros. Blota fez questão de ressaltar todas essas novidades no ar através de um discurso feito de improviso, disparando 525 palavras em pouco menos de 4 minutos. Ao final, apresentou Lucas Nogueira Garcez, então candidato a governador, apoiado por Adhemar:

Senhoras e senhores ouvintes, meus amigos, muito boa-noite. Aqui estamos com o programa *Vozes da terra*, e alguns anos se passam desde que os homens de rádio têm apresentado programas ao microfone. Este é um programa, notadamente, de propaganda política, se assim quiserem admitir, dentro do plano da propaganda, a propaganda política especializada. Entretanto, os ouvintes têm notado uma profunda diferença: em vez dos comícios tão longos, tão compridos, tão cediços, tão maciços, tão cansativos, está apresentando um rádio moderno e ágil, com uma propaganda ágil e moderna. E um rádio assim vem respirando, transpirando e deixando bastante clara uma orientação superior. Deixando bastante claro que os candidatos que animam este programa são candidatos que vão ao encontro do povo desde já. Os amigos ouvintes que neste momento sintonizam a *Rádio Record* e as emissoras da *Cadeia da Democracia* nunca fizeram, por certo, um teste para locutor. Não saberão, por certo, que há um tema constante, quase monótono, em todos esses testes. E depois que o ambicioso aspirante a um cargo de microfone, enfrentando todas as provas tão difíceis, que lhe parecem, pelo menos, das pronúncias e das dicções perfeitas, tem sempre um tema para o seu improviso. Um improviso que nunca acontece, porque aquela banca examinadora lhe envia pelo alto-falante interno do estúdio uma ordem: "Faça de conta que você está recebendo a visita do governador do estado e prepare um elogio!". Então, de supetão, de improviso, o candidato deve trazer ao microfone tudo aquilo que sente e tudo aquilo que não sente. Depois de dez longos anos, eu encontro no rádio a oportunidade daquele teste feito dez anos atrás. Porque o microfone da *Record* e da *Cadeia da Democracia* me atira agora a ordem imperiosa: está presente o governador de São Paulo. Mas quase o governador de São Paulo! Porque nós estamos anunciando ao povo, nos estúdios da *Rádio Record*, acompanhados pelos amigos e pelos populares que aqui estavam postados e que, espantados, estupidificados com a presença do candidato do PSP, não acreditam que o candidato, neste momento, tenha saído dos trabalhos de uma campanha afanosa exclusivamente para prestigiar o rádio com a sua presença, exclusivamente para prestigiar os profissionais do rádio que, através da propaganda, levam pelos microfones todo o trabalho cerebral dos programadores, o trabalho artístico dos intérpretes, o trabalho musical de regentes, de maestros e dos músicos. Nós temos o prazer e a satisfação de anunciar aos nossos ouvintes a presença de Lucas Nogueira Garcez no nosso auditório e vamos aqui pedir para que ele compareça ao nosso microfone para que, ao vivo, se dirija aos nossos ouvintes e a todos os presentes para transmitir a sua palavra cálida, a palavra que nós podemos antecipar de um homem honesto, de um homem consciente da sua responsabilidade, de homem que, portanto, vem ao microfone, como tantas vezes já terá vindo, por tantas vezes se apresentará, para dizer coisas que somente o seu coração e o seu espírito bem formado podem lhe dar. Vamos receber com a nossa tão radiofônica, tão espontânea, tão sincera, tão simpática salva de palmas o candidato do Partido Social Progressista, Lucas Nogueira Garcez.

E seria justamente no PSP, por meio de um convite feito por Adhemar de Barros, que Blota Jr. se tornaria candidato pela primeira vez. Uma complexa conjunção de fatos criou condições sem igual para isso.

Em 1947, Manoel de Nóbrega foi eleito deputado estadual, também pelo PSP, com o recorde de 38 mil votos. Desde então, os partidos passaram a cortejar os radialistas mais populares de São Paulo, desejosos em tê-los como seus candidatos. Além disso, os donos de emissoras estavam profundamente interessados em ter elementos de confiança, como Blota Jr., dentro do Legislativo, seja federal, seja estadual, para enfrentarem o período de tensão pelo qual o país e seus negócios passavam.

Depois que voltou à presidência nos braços do povo, Getúlio Vargas decretou que as outorgas de televisão, sem regulamentação até então, também ficariam sob a égide do Executivo. Além disso, as concessões de radiodifusão tiveram sua validade reduzida para três anos. Ou seja, o destino de todas elas seria decidido ainda dentro do mandato de Vargas, "podendo, a juízo do governo, serem cassadas em qualquer tempo, sem que coubesse às permissionárias direito a indenização alguma". Uma das vítimas nessa época foi a *Rádio Club do Brasil*. Ela tinha sido comprada pelo jornalista Samuel Wainer, que passou a conduzi-la antes mesmo de a transação ser aprovada pelo Ministério de Viação e Obras Públicas. Por esse motivo, teve a estação cassada em 30 de julho de 1953. Logo, se nem Wainer, getulista de marca maior, havia sido poupado, qualquer outro empresário poderia ser o próximo alvo do Palácio do Catete.

A Associação das Emissoras de São Paulo, AESP, entidade que reunia os radiodifusores, liderou uma reação. Resolveu aproximar-se do povo e pavimentar o caminho para o lançamento de candidatos apoiados por ela e outras entidades, como a Associação dos Radialistas do Estado de São Paulo, ARESP, a Associação Beneficente dos Trabalhadores da Rádio Bandeirantes, ABETERB, a AFEU e a ACEESP.

Em 1954, a capital paulista completou 400 anos. Aproveitando essa efeméride, a AESP preparou megaeventos populares. Mas, ao contrário do que se poderia esperar, eles não aconteceram em 25 de janeiro, dia do aniversário, e sim entre 9 e 11 de julho.

Blota Jr. foi um dos apresentadores do *pool* realizado para a ocasião pelas TVs *Record*, *Tupi* e *Paulista*. Diretamente do antigo Cassino Colonial, ele abriu as transmissões do Canal 7 nos últimos minutos do dia 8. À zero hora, diante das câmeras, comemorou, junto com outros artistas, o início dos festejos e, conforme indicava a programação, convocou os telespectadores com carro a buzinarem durante o primeiro minuto do dia 9 e manterem acesas por 5 minutos todas as luzes de suas casas que dessem para a rua. O povo ficou tão entusiasmado que, conforme registrou a *Folha da Manhã*, essas manifestações, pensadas para serem rápidas, acabaram se estendendo por cerca de uma hora. As ruas foram tomadas pela alegria e iluminadas pelos rojões e morteiros.

Naquela madrugada, Blota quase não dormiu. Às 8h, ele já estava de novo no ar, transmitindo a *Alvorada solene* no Pátio do Colégio, ao som dos clarins do Conjunto Musical da Força Pública, e a missa campal celebrada na Praça da Sé. Durante a tarde e a noite, narrou os desfiles de militares e civis que partiram do Túnel 9 de Julho.

No dia 10, às 21h, o Doutor subiu ao palco da concha acústica do parque D. Pedro II para apresentar, diante de milhares de pessoas, os principais cartazes do rádio e da televisão, acompanhados de orquestra sinfônica e balé, no chamado *Grande show*, que só acabou depois da meia-noite.

O maior espetáculo, entretanto, ficou para 11 de julho, um domingo de sol e céu azul. Desde 9h da manhã, Blota Jr., Hélio Ansaldo, Homero Silva e Renato Corte Real animaram as mais de 70 mil pessoas, a maioria crianças, espremidas nas arquibancadas do estádio do Pacaembu. Sob o patrocínio da Cia. União de Refinadores, oito circos se apresentaram, simultaneamente, em cinco picadeiros: quatro montados dentro do campo e outro do lado de fora, no espaço que se tornaria a Praça Charles Miller. Bandas de música, três globos da morte, cães amestrados, demonstrações de ginástica rítmica e até uma partida de futebol entre dois times de palhaços completaram a programação, que terminou às 18h com uma grande queima de fogos Caramuru, "os únicos que não dão chabu".

Milhares assistiram aos eventos pessoalmente e milhões acompanharam através do rádio e da televisão. Pelo fato de todas as principais estações paulistas terem transmitido em cadeia, a audiência foi total. Agora era chegada a hora de capitalizar sobre tanto investimento.

Em 10 de agosto, exatamente um mês após as comemorações que pararam São Paulo, a AESP promoveu grande almoço de confraternização, reunindo radialistas e radiodifusores de todo o estado. Edmundo Monteiro, presidente da associação, anunciou oficialmente quais eram os três candidatos "do rádio livre de São Paulo". Neste caso, "rádio livre" era sinônimo de rádio comercial e sem vínculo com o governo. Para deputado federal, Enéas Machado de Assis, famoso diretor de *broadcast* que presidiu a comissão executiva dos festejos pelo IV Centenário. Para deputado estadual, Homero Silva, animador da *Tupi* e vereador paulistano, e Blota Jr.

Sua vontade de cumprir integralmente a vontade do pai ficava evidente até no material de campanha que circulou durante os dois meses que se seguiram. Em vez de escrever Blota Jr., nome pelo qual era conhecido pelo público, assinava as peças com o nome completo: José Blota Junior. Foi a forma que encontrou para mostrar que o candidato era "o filho do José Blota", e não apenas o artista famoso.

Essa corrida eleitoral foi marcada pela substituição de parte da agenda em cima de palanques e coretos pelos chamados *TV comício*: programas eleitorais pagos transmitidos em rede por diversas emissoras. Através de pesquisas que encomendou, Adhemar de Barros viu que alcançaria muito mais pessoas através da televisão do que indo de bairro em bairro, de cidade em cidade. Além disso, o ambiente controlado de um estúdio convinha muito mais do que a imprevisibilidade de uma plateia de populares reunida em praça pública.

Como já havia acontecido em campanhas anteriores, o PSP contratou a *Record* para fazer sua campanha. Blota Jr., candidato do partido e principal nome da emissora, foi o mestre de cerimônias dos seus comícios eletrônicos. Discursava, explicava as plataformas de governo, defendia seus correligionários dos ataques adversários e conversava com os principais nomes do partido, a começar pelo próprio Adhemar. Numa dessas oportunidades, os telespectadores assistiram a uma cena curiosa protagonizada pelo então candidato a governador, ocorrida depois de relacionar vários nomes que apoiava naquela eleição.

– E a par deles, também convidamos alguns jovens que vão despontar para a política e que poderão fazer muito, porque eu quero exatamente cruzar o sangue novo com esse sangue experiente, para a gente ter um partido com todas as tendências. Inclusive esse moço – disse Adhemar, voltando-se para Blota – que está aqui ao meu lado é nosso candidato.

Em seguida, falou para a câmera e, com toda simplicidade:

– Simpático, não é? Até eu sou capaz de votar nele...

Era a *deixa* perfeita para um comunicador experiente como Blota Jr. aproveitar. Naquele tempo não havia a cédula única. Por isso, cada candidato era obrigado a carregar consigo um bolo delas para distribuir aos eleitores. Sem pensar duas vezes, Blota tirou do paletó uma das suas, dizendo:

– Pois não, doutor Adhemar, aqui está a sua cédula!

Com um ar matreiro, ele recebeu a cédula, guardou numa carteira e pôs no bolso. Só esse movimento simples, sugerindo que fosse votar em Blota, já foi comemorado pelo aspirante a deputado como um golaço.

O último *TV comício* do PSP foi em 30 de setembro, data limite para comunicação eleitoral nos meios eletrônicos. Após três horas no ar, Blota Jr. improvisou, precisamente às 23h57, um discurso que emprestou entusiasmo para o fim daquela campanha que tinha sido tão agitada.

Senhoras e senhores telespectadores, meus amigos, senhores ouvintes desta grande cadeia radiofônica, no momento em que encerramos uma campanha política que, já disse, foi difícil, áspera, árdua, trabalhosa, quero apenas pedir, em nome de todos aqueles que vão, pela primeira vez, para a sublime aventura política. Em nome, talvez, de todos aqueles que fazem política há muito tempo. Mas, principalmente, estou certo, em nome do povo, em nome de São Paulo, em nome das mães, das esposas, das irmãs, dos filhos, de todos aqueles que vão em 3 de outubro para uma definição popular, que Deus ilumine todas as consciências. E que possamos nós, todos, genuflexos nesta hora tão simbólica da meia-noite, nesta hora tão carregada de sortilégios e de fascinações, possamos, nós todos, nos iluminarmos com a nossa paisagem interior para, sem ódio, sem distensões, sem rancores de ordem pessoal, nós candidatos pensando no povo, para, de verdade, servir, e o povo pensando naquele que irá eleger, naquele em quem irá colocar o seu voto, a quem confiará todos os seus sonhos, todas as suas melhores esperanças. Eu diria, encerrando este comício de rádio e de televisão de Adhemar de Barros e do Partido Social Progressista, que Deus nos abençoe a todos, nos ilumine e nos carregue para dias melhores. Muito obrigado, muito boa-noite e até o dia 3 de outubro, se Deus quiser.

O dia 3 de outubro chegou, e com ele veio a consagração nas urnas: José Blota Junior foi eleito deputado estadual, recebendo 8.276 votos. Homero Silva também conseguiu uma vaga na Assembleia Legislativa. Já Enéas Machado de Assis, apesar de todo o esforço da AESP, não conseguiu tornar-se deputado federal. Adhemar de Barros também não se elegeu, perdendo para Jânio Quadros por uma diferença de apenas 18 mil votos.

Além de cumprir a vontade do pai e apoiar os interesses da radiodifusão, Blota impôs a si mesmo outra missão como parlamentar: a de vencer o preconceito que os profissionais de rádio e TV sofriam naquele tempo.

– Eu fui um homem vocacionalmente de rádio, de televisão e de jornal – ressaltava Blota –, a política foi acidental. Em todas as funções que exerci, procurei ser o homem de televisão lá dentro da política, lá dentro do plenário.

Nós somos recebidos sempre com algum preconceito, porque parece que o popular, alegre, dinâmico animador de auditório não tem capacidade ou competência para ser um líder, para ser um grande deputado, mas todos aqueles que saíram de São Paulo, levados pelo rádio e pela televisão, marcaram a sua presença como deputados de projeção, de capacidade e de categoria.

* * *

Em meio à tristeza pela perda do pai e às lutas dos primeiros tempos na política, Doutor e dona Sonia viveram um momento de imensa alegria: o nascimento, na noite de 3 de junho, da filha Sonia Ângela. Ao saber que sua esposa daria à luz, Blota bateu todos os seus recordes de velocidade para estar a tempo na maternidade. De tão rápido, chegou antes até do médico e, de tão ansioso, teve sua única recaída com o cigarro: fumou trinta em menos de uma hora.

Desde o berço, a menina encantava a todos com a sua vivacidade. Quando ela completou um mês de vida, a *Revista do Rádio* vaticinou: "Está assim enriquecido o rádio paulista. Resta saber se a recém-chegada será cantora, radioatriz ou locutora. Blota Jr. e Sonia Ribeiro resolverão em comum acordo com a Sonia Ângela...".

Ao começar a dar seus primeiros passos, os pais repararam que a pequena Sonia não mantinha os pés retos, e sim virados para os lados. Foi isso que lhe rendeu o apelido carinhoso de Pata, como ficou conhecida entre familiares e amigos.

* * *

Assim como a própria *Record*, Blota Jr. completou seu primeiro ano de atividades na televisão em 1954. Aprendizado ainda era palavra de ordem. Buscava lições, inclusive, com os erros e acertos das emissoras concorrentes, que estavam no ar há mais tempo. Um exemplo disso foi o programa *Adivinhe o que ele faz*. Ele era inspirado no *What's my line?*, sucesso da *CBS*, que já era feito pela *Tupi* carioca, com apresentação de Madeleine Rosay.

Blota tomou o avião e foi ao Rio conhecer o formato. Eram postas duas mesas, uma diante da outra. Numa delas ficava o apresentador ao lado do seu convidado naquela rodada. Na outra ficavam quatro jurados, figuras conhecidas do público. Através de vinte perguntas, eles tentavam descobrir a profissão do participante, que só podia responder dizendo "sim" ou "não". Eram feitas indagações simples, como "Você usa as mãos?", "Trabalha de noite?", "Tem contato com o público?". Cada vez que respondia negativamente, crescia o prêmio em dinheiro para o convidado da vez.

Mesmo sendo uma brincadeira simples, os telespectadores se empolgavam. Quando faltavam poucas perguntas para terminar, surgia na tela, sem que os jurados vissem, a profissão a ser descoberta. Nesse momento, os telefones da *Record* começavam a tocar. Do outro lado da linha, pessoas irritadas pediam para que parassem de revelar antecipadamente, pois estragava as apostas que faziam com os amigos e familiares.

Por conta dos seus bons resultados, *Adivinhe o que ele faz* viria a ser usado como arma nos primórdios da guerra pela audiência. A *Tupi* alcançava índices espetaculares com *O céu é o limite* – programa de perguntas e respostas que ia ao ar às sextas-feiras, por volta de 21h30. Seu horário nunca era preciso porque o bloco comercial apresentado antes do programa começar era imenso: durava até 40 minutos, ou seja, mais do que o próprio *quiz show*. Enquanto isso, para tentar ganhar o público, a *Record* começava a atração com Blota Jr. mais cedo, a partir das 20h30.

Essa estratégia não surtiu o efeito esperado e acabou substituída por outra mais arriscada: o lançamento de uma atração do mesmo gênero, e no mesmo horário, do sucesso da *Tupi*.

Ao vivo do auditório que ficava no prédio da Federação Paulista de Futebol, Blota Jr. comandou *O dobro ou nada*, transmitido simultaneamente pelo Canal 7 e pelos 1000 KHz da *Record*. A dinâmica era semelhante à de sucessos como o italiano *Lascia o raddoppia*, o francês *Quitte ou double*, o estadunidense *The $64,000 question* e o próprio *O céu é o limite*. Até os desfiles de modelos vestindo tecidos Votorantim, que também patrocinava o concorrente, foram incorporados pelo *O dobro ou nada*. Mesmo assim, a audiência continuou no canal de Chateaubriand e o novo programa saiu do ar. A *Record* ainda faria mais uma tentativa de emplacar um programa de perguntas e respostas: lançou *Do zero ao infinito*, com J. Silvestre, mas que também teve vida curta.

Outra atração desses tempos pioneiros foi *A TV visita o seu bairro*. Com a direção de Tuta e o auxílio de um caminhão-palco, o Canal 7 levava os seus artistas para as praças da cidade de São Paulo, repetindo em toda a capital o sucesso que a rádio já fazia com iniciativas parecidas pelo interior do Estado. Uma multidão se espremia para ver Blota Jr. apresentar os principais cantores das *Emissoras Unidas* e comandar divertidas brincadeiras com os populares. Nos estúdios, Blota comandava ainda *Pergunte para responder*, *Bazar musical* e *Grandes espetáculos União e Caboclo*, considerado líder de audiência, coapresentação de Sandra Amaral.

Apesar de caminhar para quase duas décadas de carreira como comunicador, Blota sabia que atuar diante das câmeras era algo completamente diferente de animar um auditório de rádio, defender argumentos diante de um juiz ou comandar uma multidão num comício. Tinha profundo interesse em se adaptar aos novos tempos, mas sofria com a ansiedade de querer encontrar logo o tom certo. E ele não era o único: seus colegas de emissora também lutavam para ficar mais íntimos da telinha. Todos ali estavam começando junto com a televisão brasileira e com a própria *Record*. Doutor Paulo, aliás, fez questão de compor praticamente toda a equipe do Canal 7 com jovens sem passagem por nenhuma das emissoras existentes na época. Queria criar algo sem vícios, com cara própria. Para isso, cerca de cinco meses antes da inauguração, promoveu um curso nas instalações do antigo Cassino Colonial. Foram ministradas aulas de operação de câmera, direção de TV, iluminação e montagem para uma turma de garotos. Um deles, então com apenas 19 anos, era Nilton Travesso, que se revelaria um dos nomes mais brilhantes da área artística.

Depois do término dos seus programas, Blota fazia questão de chamar Nilton para uma conversa de coxia, reservada. Mesmo sendo experiente, renomado e ocupando um cargo de direção nas *Unidas*, ele fazia questão de ouvir daquele jovem uma avaliação sobre o seu desempenho. Buscava, assim, descobrir eventuais falhas para logo corrigi-las e aperfeiçoar a sua *performance* no vídeo.

– Olha, Blota, eu também estou começando uma vida, uma carreira, agora estou entendendo melhor tudo... – ressalvava Travesso.

O assunto mais recorrente nesses papos era a diferenças entre as dinâmicas no rádio e na televisão. Sobre isso, Nilton alertava:

– Acho que você tem um ritmo, mas tem também certa ansiedade que não está cortando. Sabe que o rádio tem um tempo e uma respiração próprios, não pode ter *buraco*, mas o tempo da televisão é completamente diferente. Você pode se expressar num ritmo mais amigável.

Blota Jr. tinha que se acostumar a falar diante de lentes, não de pessoas. Nos primeiros anos de *TV Record*, eram raros os programas de auditório. A maioria era produzida em estúdio, sem plateia. E quando havia público presente, geralmente era algo feito em cadeia com a rádio, ou seja, o Doutor era obrigado a misturar a linguagem dos dois meios para atender tanto os que podiam ver a cena quanto aqueles que só podiam escutá-la.

Foi ouvindo os conselhos de Travesso e trabalhando sua postura no ar que o Doutor conseguiu formar o seu próprio e inconfundível estilo.

* * *

O ano de 1954 havia sido muito intenso para Blota Jr. e Sonia Ribeiro, e seus amigos perceberam isso. Terminada a campanha eleitoral, Paulinho de Carvalho e Odete convidaram o casal de amigos para uma viagem que duraria um mês. A ideia veio bem a calhar, afinal, raras foram as vezes que o Doutor tirou férias na vida. Enquanto isso, a rádio ficou sob os cuidados de Thalma de Oliveira, Vicente Leporace, Randal Juliano e Alvino Monteiro do Amaral.

Partindo da casa do filho do dono da *Record* e a bordo do seu Pontiac amarelo, os quatro foram até a Argentina, passando pelo Uruguai. Era tanta a bagagem necessária para essa aventura que ela não coube no porta-malas. O jeito foi improvisar e amarrar o estepe no teto do carro.

Blota e Paulinho revezaram-se ao volante durante as semanas que permaneceram na estrada, lutando contra a falta de sinalização, iluminação e asfaltamento durante boa parte do trajeto. A lama foi uma companheira constante. A situação só melhorou quando cruzaram as pistas argentinas, que consideraram muito melhores que as brasileiras.

Tendo vivido tantas emoções novas e diferentes, Blota fez, para a *Revista do Rádio*, um balanço da sua história até então. O saldo lhe pareceu positivo.

> Minha vida tem sido boa, graças a Deus. Casei-me dentro do rádio e a senhora Blota Junior ainda tem a voz doce e gostosa do tempo de noivado e ainda fica preocupada quando me resfrio. Meu filho já tem sete anos e pintou um quadro, na escola, que se chama *O sol pregou lá em casa*, que é a coisa mais linda deste mundo. Tive uma égua de corrida, a Artuélia, que me deu um carro Simca muito corredor, apesar da falta de diplomacia e de deferência com que os seus representantes me dizem que não tem peças para ele.

Julgava que havia razões para comemorar o réveillon daquele ano. Os Blota, então, decidiram passar as festas na capital paulista.

Mal sabiam que os tempos seguintes mudariam os rumos da família.

Capítulo sete

No início de 1955, Sonia Ribeiro teve de suportar uma carga inimaginável de sofrimento. Faleceram sua mãe, dona Adelia, sua irmã, Janette, e seu cunhado, José Coelho Leal. Mesmo assim, junto com o marido, Sonia conseguiu reunir as poucas forças que lhe restavam para ter um gesto pleno de amor. Eles não se esqueceram do filho de Janette, sobrinho de Sonia, José Francisco Coelho Leal, então com 4 anos de idade. Imediatamente decidiram adotá-lo, dando-lhe o mesmo afeto que Blota Neto e Sonia Ângela recebiam.

Ao entrar em sua nova casa, na Rua Rio Grande, Vila Clementino, Quico, como passaria a ser chamado, encontrou um ambiente feliz, enriquecido pelos muitos animais de estimação. A família chegou a ter 28 canários belgas e hamburgueses; um sagui; o *fox terrier* doutor Frutti; o papagaio Katu, vindo do Araguaia; o corrupião baiano doutor Oscar, dado de presente pelo Trio Nagô e que assoviava o Hino Nacional; e a tartaruga dona Serafina. Cuidando de tudo e de todos ficava o sempre alegre tio solteirão de Blota: Joaquim Queiroz, mais conhecido como Tatu.

Na garagem, o carro mostrava outra característica daquela família e, principalmente, do dono da casa: a predileção pelo 7. O Doutor fazia questão de que as placas de todos os seus automóveis terminassem com esse número. Era uma influência natural da supersticiosa família Carvalho, dona da PRH 7 e do Canal 7, inaugurado num dia 27.

Em tempo: Blota Jr., dessa forma, como costumava assinar, tem sete letras.

* * *

Bem no fundo da casa, num pequeno quarto reservado, junto com alguns livros e bem longe do alcance das crianças, ficava um dos grandes orgulhos de Blota: a sua *pingoteca*, considerada pela revista *Realidade* como a maior do Brasil.

Ela começou num dia de 1952, quando o Doutor reparou na enorme quantidade de garrafas de pinga que tinha acumulado. Era o tipo de presente que mais recebia durante as viagens pelo interior para narrar partidas de futebol. Resolveu, então, transformar tudo aquilo em uma coleção organizada.

Separou as cachaças em duas grandes coleções: a de alambique, guardada em garrafões, e a de rótulos, com mais de 800 itens diferentes, que compunham, ao mesmo tempo, um retrato de todas as regiões e uma exposição permanente de trocadilhos, como Whisky de Pobre, Amansa Sogra, Consola Corno, Cura Veado, Chora no Pau e Nabunda. A graça delas, porém, ficava restrita às embalagens: Blota Jr. detestava o sabor dessas marcas, geralmente mais baratas e de qualidade inferior. Nada neste mundo conseguia fazê-lo bebericar alguma delas.

No caso das cachaças de alambique, a catalogação envolvia um ritual que o Doutor tinha enorme prazer em cultivar. Com cuidado, tirava a rolha do vasilhame e passava o líquido num funil com algodão, a fim de extrair os pedaços de cana que vinham naqueles produtos artesanais. Delicadamente, punha pouco mais de um dedo de bebida numa taça de licor. Observava atentamente a coloração contra a luz e, pelo escorrer das lágrimas formadas no bojo, já sabia se a pinga era pura ou não. Segurando pela haste, fazia movimentos circulares com a taça até levá-la ao nariz. Nesse momento, Blota Jr. salivava: era apaixonado pelo aroma suave de uma boa cachaça. Finalmente, dava um primeiro e pequeno gole, saboreando o momento. Terminada a degustação, escrevia, com o auxílio de um rotulador Rotex, a cidade de origem, a safra, e fazia a classificação de qualidade. Se fosse muito boa, para evitar que alguém mais a tomasse, colava na garrafa a seguinte mensagem: "Cuidado: veneno de cobra!".

Essa paixão rendeu muitas histórias. Uma das mais curiosas se passou durante uma viagem que fez pelo interior de São Paulo. Cansado, Blota pediu para fazerem uma parada num bar situado dentro de um posto de gasolina, à beira da estrada. Precisava tomar o seu sagrado cálice de aguardente. Ao entrar, deparou-se com uma placa cujos dizeres lhe causaram estranheza: "De acordo com este Decreto-Lei, é proibido vender cachaça neste estabelecimento". Jurista, legislador e pingófilo, não se conteve e foi falar com o proprietário:

— Onde o senhor arrumou esse decreto-lei?

— Ah, essa lei existe, sim! – respondeu o dono da birosca, pensando que conseguia enganar.

— Mas o que é aquilo ali? – perguntou Blota, apontando para a prateleira de bebidas.

— É rum.

— E o senhor sabe o que é rum? Rum é pinga cubana! E aquilo ali, o que é?

— Uísque.

— E uísque, sabe o que é? É pinga escocesa! Por que o senhor não vende pinga nacional?

— Sabe o que acontece? É que junta muito cachaceiro...

— Olha, eu tomo cachaça todo dia e não sou cachaceiro! O senhor tem todo o direito de se recusar a vender bebida alcoólica, mas se tem cachaças do mundo inteiro, tem que ter também a nacional! Portanto, vou fazer o seguinte: por conta dessa placa, o senhor está preso!

Ao receber voz de prisão de Blota Jr., com seu vozeirão já inflamado, o dono do bar começou a tremer. A situação só se acalmou quando, finalmente, uma purinha surgiu no recinto.

Disciplinado ao extremo, o Doutor nunca foi visto bêbado. Em seu dia a dia, se permitia tomar apenas um pequeno cálice de cachaça no almoço e outro no jantar, para abrir o apetite. A bebida, inclusive, ocupava um espaço de destaque dentro da verdadeira cerimônia em que se transformaram esses seus almoços em casa, especialmente aos domingos.

A posição de Blota Jr. como referência da família ficava evidente à mesa. Ele sempre se sentava à cabeceira, com dona Sonia à sua direita e os filhos à esquerda, por ordem de idade: Blota Neto, Quico e Pata. Depois deles, ficavam os eventuais convidados.

O Doutor era o primeiro a se servir. Nessa hora, entrava a empregada e punha ao seu lado um grande carro de serviço de dois andares repletos de salada, como ele gostava. Obrigatoriamente, tinha que ter tomate, pepino, rabanete cortado em flor e pelo menos cinco variedades de folhas, como alface crespa e lisa, agrião, rúcula, salsão, mostarda e almeirão, além da sua tão adorada alcachofra, que mantinha estocada em casa para o ano todo. Blota fazia questão de escolher, comprar e se servir com cada um desses vegetais, compondo um prato de rara qualidade.

Para a mesa, trazia uma das garrafas da sua *pingoteca* e punha uma pequena dose de aguardente no cálice. Tinha sempre um limão galego, que ele próprio cortava, e um punhado de sal que distribuía sobre o indicador e sorvia antes de tragar a bebida.

Na hora do almoço, as lembranças da infância com a família em Ribeirão Bonito e da juventude solitária em São Paulo se misturavam. Por isso, preocupava-se em garantir fartura. Não queria ninguém passando fome, como ele, um dia, chegou a passar. Fazia questão de ver se todos estavam satisfeitos e sem nada sobrando no prato.

Terminado o banquete, o Doutor seguia para o quarto, onde tirava a sesta. Apenas 30 minutos de cochilo eram suficientes para deixá-lo revigorado e disposto pelo resto do dia.

* * *

Foi durante os anos 1950 que os artistas de rádio tiveram seus rostos definitivamente conhecidos. Até então, as revistas eram quase que os únicos meios para os ouvintes matarem sua curiosidade, visto que os jornais traziam poucas fotos. Com a chegada da televisão e a popularização do cinema, tudo ficou mais fácil. As chanchadas fizeram uma costura perfeita entre o humor, a música, o Carnaval, o teatro de revista e o rádio.

Atento a esse fenômeno, Paulinho de Carvalho associou-se à Cinematográfica Maristela para produzir o seu primeiro e único longa-metragem: a comédia *Carnaval em l'A maior*, cujo título destaca o *slogan* da *Rádio Record*. A direção ficou a cargo do experiente cineasta Adhemar Gonzaga e o roteiro foi assinado por Osvaldo Moles, grande nome do rádio, mas pouco afeito à sétima arte. Todo o elenco da *Record* foi convocado a participar, inclusive Blota Jr., que fez o papel de diretor da estação, ou seja, dele mesmo.

A rotina de gravações era extenuante. Para não deixarem os compromissos na rádio, os artistas eram obrigados a gravar de madrugada nos estúdios da Maristela, no bairro do Jaçanã. Além disso, tudo tinha de ser feito às pressas: entre a pré-produção e o lançamento, passaram-se menos de três meses.

Carnaval em l'A maior estreou em 16 de fevereiro de 1955 para 5 mil pessoas que lotaram o Cine Piratininga, no Brás. Apesar desse começo alvissareiro, o resultado de bilheteria acabou não sendo o esperado durante o mês em que seguiu em cartaz.

Essa não foi a primeira experiência do Doutor no cinema. Dois anos antes, ele atuou em *O craque*, da Multifilmes. Escrito por Hélio Tys e Alberto Dines, o filme fez história ao trazer o futebol brasileiro para a telona. Nessa produção, Blota também fez o papel de si próprio, mas em outra situação: a de narrador de futebol no estádio do Pacaembu.

Blota irradiou a partida entre o Corinthians e o fictício Carrasco, que acabava derrotado por 3 a 2. Para essa produção, foram captadas imagens de um jogo real: a vitória por 5 a 2 do time do Parque São Jorge sobre o Olimpia do Paraguai, em 7 de junho de 1953, pela Taça Rivadávia Corrêa Meyer.

* * *

Dentro das *Emissoras Unidas*, apesar de abarcar tantos negócios, a *Rádio Record* continuava sendo prioridade. Era ela, inclusive, a vaca leiteira que financiava a entrada no mundo da televisão. Como diretor artístico da emissora, Blota Jr. ainda passava parte importante do seu tempo nos corredores do palacete Tereza Toledo Lara. Estava envolvido em diversas promoções de grande repercussão na época: *Concertos da música popular brasileira*; *Festival da velha guarda*, com Almirante, a "maior patente do rádio"; *Noite dos choristas*; *Concurso de fanfarras colegiais*; *Concurso de resistência carnavalesca*; *Prévia eleitoral Record*. Entre tudo isso, vinha dedicando especial atenção ao projeto mais ousado da empresa: a formação da *Rede Brasileira de Radiodifusão*, uma iniciativa pioneira na história do rádio nacional.

Às quintas-feiras, de 22h05 às 22h30, Blota Jr. entrava no ar pelos 1000 KHz de São Paulo e em diversas outras rádios pelo país, alcançando mais de vinte milhões de pessoas. Já na estreia, em 1º de setembro de 1955, treze estações importantes formavam a rede junto com a *Record*: *Globo* do Rio de Janeiro; *Gaúcha* de Porto Alegre; *Jornal do Commercio* de Recife; *Diário da Manhã* de Florianópolis; *Clube Paranaense* de Curitiba; *Atlântica* de Santos; *Inconfidência* de Belo Horizonte; *Cultura* de Salvador; *Nordeste* de Natal; *Difusora* de Mossoró; *Timbira* de São Luís; *Iracema* de Fortaleza, Sobral e Juazeiro; e *Clube* do Pará.

Todas as edições eram geradas dos estúdios, na Rua Quintino Bocaiúva, exceto nas últimas quintas de cada mês, quando Blota Jr. ia para Pernambuco apresentar o espetáculo diretamente do auditório da *Rádio Jornal do Commercio*.

Para a *Record*, a *Rede Brasileira de Radiodifusão* era grandiosa. E cara. Além de apresentar, Blota também respondia pessoalmente pela produção. O maestro Gabriel Migliori cuidava do arranjo e da orquestra. Para levar tudo isso aos outros estados, a infraestrutura de transmissão custava a fortuna de 100 mil cruzeiros por programa. Paulinho, idealizador da rede, confiava no caráter estratégico da iniciativa e, por isso, cobria todos esses gastos, tendo ou não o auxílio de um patrocinador.

As outras emissoras não pagavam nada para entrar na rede. Tinham apenas que retransmitir as mensagens comerciais geradas pela *Record* durante a atração. Em troca, as *Unidas* cediam gratuitamente parte do seu famoso elenco de cantores para apresentações exclusivas nessas afiliadas.

Ao mesmo tempo que se dedicava a projetos dessa envergadura, Blota Jr. via, com orgulho, sua família ganhar cada vez mais espaço no rádio.

De segunda a sexta, Sonia Ribeiro comandava um dos maiores sucessos da PRB 9: *O clube abre às cinco*, que chegou a ter Gonzaga Blota como operador de áudio. Lançado em 1954 e permanecendo mais de dez anos no ar, era um espaço nobre para entrevistas com estrelas do rádio, do teatro e do cinema, e para apresentação de novos valores da música, como Carlos Galindo, Esterzinha de Souza, Luiz Vieira e Roberto Amaral.

Dona Sonia aproveitava a força do seu programa, especialmente entre o público feminino, para promover várias campanhas beneficentes. Foi o caso, por exemplo, do especial que apresentou diretamente do Instituto Meninos de São Judas Tadeu, então orfanato, construído pelo padre Gregório

Westrupp, conselheiro espiritual de toda a família Blota. Foi o Doutor quem idealizou o evento, que arrecadou inúmeras doações ao vivo. Tempos depois, *O clube abre às cinco* gerou um clube de verdade, com direito até a emissão de carteirinhas, cujas mensalidades pagas pelos ouvintes eram revertidas para obras sociais. Anos mais tarde, Sonia se tornaria presidente de honra da Sociedade Pestalozzi de São Paulo, dando grande impulso para o auxílio às pessoas com deficiência intelectual.

Enquanto isso, Geraldo Blota se consolidava no rádio paulista, depois de uma temporada no Rio de Janeiro. Foi lá que conheceu sua esposa, a radioatriz Haydée Vieira. Após uma passagem pela *Tupi*, transferiu-se para a *Bandeirantes*, alcançando sucesso, tanto como sonoplasta quanto como homem de microfone. Fazia de tudo um pouco, inclusive comédia. Em 1955, por exemplo, atuou no *Câmara dos despeitados*, que satirizava a Assembleia Legislativa. Nesse programa, GB imitava o próprio irmão mais velho em sua atividade parlamentar.

Foi o Doutor quem conseguiu trazer Geraldo Blota para a *Record* no início de 1956. Voltavam a trabalhar juntos, algo que não acontecia desde os tempos da *Cruzeiro do Sul*, quando o jovem GB fazia as vezes de *office boy* de Blota Jr. Por ser menor de idade, não podia entrar nos estúdios, tendo que ficar sentado na sarjeta da Praça do Patriarca até tarde da noite, quando seu irmão terminava o trabalho e os dois, juntos, tomavam um bonde para chegar em casa.

Durante o seu primeiro ano na PRB 9, Geraldo Blota atuou em vários programas, como *Record dá a nota, Grandes espetáculos Luiz Ferrando, Show para milhões, Grito de Carnaval* e *Enquanto o disco roda*.

* * *

Mais do que uma empresa familiar, a *Record* dos Machado de Carvalho era uma família. Nela, doutor Paulo era pai não só dos seus filhos de verdade, Paulinho, Alfredo e Tuta, mas também de todos os empregados. O clima era tão agradável que muitos passavam na emissora até nos dias de folga, querendo bater papo com os colegas que seguiam trabalhando. Daquele tempo, ficaram marcadas na memória as comemorações que a empresa promovia. Duas datas eram sagradas: os aniversários da *TV Record*, em 27 de setembro, e da *Rádio Record*, em 11 de junho.

Em 1956 foi comemorado o jubileu de prata da PRB 9. Apesar de ter sido fundada em 1928 por Álvaro Liberato de Macedo, dono da casa de discos Record, na Praça da República, os Machado de Carvalho consideravam a fundação a partir de 1931, quando seu patriarca comprou a então pequena estação musical. Blota Jr., Paulinho e os outros diretores da *Record* planejaram uma série de ações de grande impacto, mobilizando o público e, claro, atiçando a concorrência.

No dia 25 de abril, diretamente de Campinas, Blota comandou o primeiro programa da história da televisão no interior paulista. As imagens e sons do Doutor e do elenco das *Unidas* venceram 100 quilômetros e chegaram perfeitas aos receptores da capital.

Já em 26 de maio, a *Record* superou a si própria ao transmitir Silvio Luiz e Hélio Ansaldo conversando com banhistas nas areias da praia de Copacabana, a quase 500 quilômetros de distância da cidade de São Paulo. O feito mereceu até um show comemorativo, *Conquista histórica*, produzido no antigo Cassino Colonial.

Durante o mês de junho, promoveu-se de tudo: de apresentação de frevo até corrida de garçons, passando por missa, procissão, musicais e festival com novos cantores. Transmitiram corrida de motos e automóveis, torneio de boxe, o Luvas de Prata, e hóquei sobre patins. Ganharam edições especiais os programas *Rede Brasileira de Radiodifusão*, apresentado por Blota Jr., *O crime não compensa* e *Teatro Manoel Durães*, que completava 21 anos, quase a mesma idade da emissora. No dia 11, data do jubileu de prata, o Canal 7 e a PRB 9 entraram em cadeia para transmitir uma maratona de dezesseis horas ininterruptas, e totalmente ao vivo, em que se revezaram todos os artistas da *Record* e convidados vindos de outros estados. Um grande esforço de produção, que envolveu dezenas de profissionais.

E as comemorações entraram pelo mês de julho. No dia 1º, foram feitas transmissões do mar, do ar e da terra. A bordo do navio Uruguay Star, na Baía de Guanabara, Murilo Antunes Alves entrevistou o então governador Jânio Quadros. Depois, direto de um Convair 340 da Cruzeiro do Sul, César de Alencar mandou uma mensagem aos seus ouvintes de São Paulo. Por fim, graças ao *pool* entre as TVs *Record* e *Rio* e ao patrocínio da Eletroradiobraz, foi transmitida a vitória da seleção brasileira sobre a Itália por 2 a 0 no Maracanã. Era a primeira vez que cariocas e paulistanos viam, simultaneamente, uma mesma partida de futebol.

Durante os dias de festa, a *Revista do Rádio* promoveu a escolha da Rainha do Jubileu de Prata. Ao contrário do concurso Rainha do Rádio, essa votação não foi aberta ao público: apenas os empregados das *Emissoras Unidas* e alguns cronistas especializados receberam as cédulas, que tinham de ser depositadas numa urna, no palacete Tereza Toledo Lara.

A eleição agitou os corredores da emissora. Todos tinham sua favorita e, cada dia que passava, crescia a expectativa pelo momento da premiação, que foi transmitida ao vivo pela rádio e pela TV, marcando o fim das comemorações pelos 25 anos da PRB 9.

Isaurinha Garcia e Vera Lúcia foram as princesas e Sonia Ribeiro sagrou-se rainha. Quando recebeu a coroa e a faixa, a senhora Blota Jr. sentiu enorme orgulho, não pelo título em si, mas pelo fato de seus colegas de trabalho terem aproveitado a oportunidade para demonstrar o carinho e a admiração que sentiam por ela, exemplo de classe e elegância.

Terminada a coroação, chegou o momento de atender os repórteres. Nessa hora, o fotógrafo da *Revista do Rádio* penou. Foram necessárias quatro chapas, pelo menos, para conseguir que Blota e Sonia dessem um beijo sem cair na gargalhada. Isso porque, em volta, os amigos da *Record* brincavam de dirigir a cena. Queriam ensinar a melhor forma de beijar justamente para um casal que tinha acabado de completar 10 anos de matrimônio. Quando, finalmente, o fotógrafo se deu por satisfeito, todos aplaudiram, deram vivas e ainda mais risadas.

O que se viu numa página inteira da edição 361 da *Revista do Rádio* foi a foto de um singelo beijo de Blota Jr., segurando o riso, no rosto de Sonia Ribeiro, que ostentava um largo sorriso.

* * *

Durante a segunda metade dos anos 1950, Blota Jr. exerceu a sua função de animador numa intensidade bem menor do que a de outros anos. Ainda assim, entre 1956 e 1957, comandou um grande show de auditório aos sábados, das 15h às 18h. Era parte da sua estratégia de popularizar ainda mais a grade da *Rádio Record* e mantê-la viva na briga por uma audiência continuamente atraída pelas imagens da TV. A produção ficava a cargo de Oswaldo Orlando Amirabile, com assistência artística de Armando Mirabelli, orquestra de Luís César e regional de Miranda.

Inspirado na fórmula consagrada por César de Alencar na *Nacional* carioca, o *Programa Blota Jr.* era composto por uma sequência de quadros com identidade bem marcada, todos eles com 25 minutos de duração: *A vida é um show*, humorístico com Pagano Sobrinho e Zé Fidelis; *Campeonato musical*, com votações que procuravam descobrir o gosto popular; *Cartazes em revista*, sempre com quatro artistas que receberam grande destaque da imprensa durante a semana; *Visita da semana*, em que o artista procurava a emissora para participar, e não o contrário; e o *Acerte o ritmo*, repleto de jogos, roletas, sorteios e prêmios, do jeito que Blota mais gostava de animar.

Outro segmento era o *Reunião de brotos*: entre 16h e 16h25, Oscar Ferreira, considerado "o broto de São Paulo", apresentava seis novos artistas, entre cantores, solistas e humoristas. Sempre antes de essa parte entrar no ar, Blota Jr. fazia questão de falar com cada um dos calouros, a fim de tranquilizá-los e transmitir-lhes confiança. Num daqueles sábados, entre os participantes ansiosos por subir ao palco da *Record* pela primeira vez, estava um jovem de 16 anos que mostrava especial talento para cantar e fazer imitações.

– Muito prazer! Qual seu nome? – perguntou Blota, enquanto estendia a mão para o cumprimento.

– Raul. Eu trabalho numa empresa de transportes... – apresentou-se, tímido, Raul Gil, o então calouro que, um dia, viria a revelar muitos artistas.

– Ah, é? E é a primeira vez que vem?

– Sim... – respondeu Raul, que aproveitou aquela chance única para matar uma curiosidade de fã.

– Eu soube de um negócio do senhor e gostaria de saber se é verdade...

– Sobre? – interpelou Blota.

– O senhor faz coleção de cachaça?
O Doutor não se conteve.
– Sim, faço coleção de cachaça! Tenho mais de mil marcas em casa!
– Ah, é? Porque lá na empresa, os motoristas rodam o Brasil inteiro. Eu posso pedir para eles trazerem umas cachaças para o senhor?
– Claro! Vou receber com o maior carinho! – respondeu Blota. Por algum tempo, ele viria a receber muitas garrafas em casa, cada uma com o nome mais engraçado e esquisito que o outro.

Naquela tarde, por pouco, Raul perdeu o concurso da *Reunião de brotos*. Ele errou o tom na segunda parte da música que cantou. Mesmo assim, aquele dia foi tão marcante que Raul nunca mais se esqueceu do exemplo de simpatia dado por Blota. Tanto que prosseguiu com a tradição de também cumprimentar, um a um, todos os calouros antes de subirem ao palco do *Programa Raul Gil*.

* * *

Mesmo apresentando algumas atrações no rádio e na televisão, é certo afirmar que Blota passava muito mais tempo no plenário da Assembleia Legislativa que nos estúdios da *Record*. Ele havia se entregado de corpo e alma à política.

Assumiu as difíceis tarefas de ser vice-líder e líder da oposição a Jânio Quadros, justo quando o futuro presidente da República estava no auge da sua popularidade. Além disso, integrou diversas comissões: foi suplente e, mais tarde, efetivo na de Constituição e Justiça; efetivo na de Educação e Cultura; efetivo na de Divisão Administrativa e Judiciária; suplente na de Serviço Público e Civil; e suplente na de Assistência Social. Liderou a criação da Comarca de Suzano, em 1958. Foi autor das leis que criaram o grupo escolar e o subposto de saúde de Guarapiranga, distrito de Ribeirão Bonito, e da lei que transformou em colégio o ginásio estadual que funcionava junto à escola normal de sua terra natal. Também foram de sua autoria as leis que declararam de utilidade pública a Associação dos Cronistas Esportivos do Estado de São Paulo, o Centro Espírita Nosso Lar, a União Assistencial Espírita André Luiz e a Federação Espírita do Estado de São Paulo, mesmo sendo um católico fervoroso. Trabalhou pelo auxílio a diversas instituições, inclusive o Orfanato São Judas Tadeu.

Na tribuna da Assembleia pôde exercitar como nunca a sua paixão pela oratória: discursou 193 vezes. Tratou de assuntos que iam desde a construção de escolas em todo o estado até homenagens ao jornal *A Gazeta Esportiva* e à *TV Tupi*, passando pelo desmentido de uma possível candidatura de Paulo Machado de Carvalho ao Senado.

Tudo que era relacionado à comunicação, como não poderia deixar de ser, mereceu grande atenção do deputado Blota Jr. Ele condenou a ação da Confederação das Famílias Cristãs, através da Orientação Moral dos Espetáculos, pela censura de filmes, repudiando o que considerou uma intromissão que poderia se estender até a atividade das emissoras de rádio e televisão. Além disso, conseguiu impedir a aprovação do projeto de lei nº 472/56, que, de acordo com *O Estado de S. Paulo*, instituiria "a censura prévia em programas de rádio e televisão, proibindo inclusive o improviso, a pretexto de fixar atribuições da Divisão de Radiodifusão da Secretaria de Segurança Pública".

Após um mandato tão profícuo, Blota tinha plena confiança na sua reeleição como deputado estadual. Seria uma questão de justiça, pensava ele. Mas Paulo Machado de Carvalho, no alto de sua sabedoria, já lhe alertava há tempos:

– Nós temos tantos planos e você vai se meter em política?! Isso é uma porcaria!

Em meados de 1958, depois de liderar o Brasil na conquista da sua primeira Copa do Mundo de Futebol, doutor Paulo pôs Thalma de Oliveira como diretor artístico interino da *Rádio Record*. Assim, Blota Jr. conseguiu o que queria: mais liberdade para dedicar-se à sua campanha em todo o estado de São Paulo, sempre acompanhado de Sonia Ribeiro. No fundo, ela também era contra a entrada do marido na política, mas, a partir do momento em que a decisão tinha sido tomada, ficava ao seu lado e empenhava-se ao máximo na busca por votos.

Blota Jr. empolgou-se tanto com a sua nova condição de homem público que se esqueceu de um detalhe: os meios de comunicação, fundamentais durante a primeira eleição, seriam ainda mais imprescindíveis para a reeleição.

Sua demasiada dedicação aos meandros da Assembleia tinha feito uma parcela dos seus muitos ouvintes e telespectadores pensar que ele tivesse abandonado o rádio.

Tudo isso teve um preço, que ele pagou nas urnas em 3 de outubro. Com 4.880 votos, o Doutor não conseguiu preservar a sua cadeira no Palácio das Indústrias. Foi um duro golpe em seu orgulho, mas que lhe valeu uma lição para o resto da vida: nunca mais voltaria a abrir mão da carreira de comunicador em benefício de qualquer outro tipo de atividade profissional. Finalmente compreendeu que tudo que fazia em paralelo, inclusive a política, só era possível graças à fama alimentada nos programas que comandava, conforme o próprio Blota reconheceria muitos anos depois:

– A televisão e o rádio elegem ou, vou usar, mas não sei se é um neologismo, *deselegem* da mesma maneira. Tanto quanto podem fazer alguém se eleger, eu cometi o erro de me dedicar demais à parte política, esquecido de que isso deveria refletir na parte radiofônica e na televisão.

Como se não bastasse a vergonha pela derrota, ao voltar para a Rua Quintino Bocaiúva, Blota ainda teve que encarar o doutor Paulo, que bradou, com a voz ainda mais estridente que o normal:

– Eu avisei! Eu avisei!

Na direção de *broadcast*, o Marechal da Vitória efetivou Thalma e tirou Blota de vez. Depois, deu-lhe uma missão que poderia ser vista como uma espécie de rebaixamento dentro das *Emissoras Unidas*: o comando da *Rádio Panamericana*, a menor estação do grupo na época, que enfrentava uma série de problemas. Somente alguns anos mais tarde, sob a batuta de Tuta, ela se transformaria numa grande rede nacional e ganharia outro nome: *Jovem Pan*.

Após receber as novas ordens do patrão, Blota Jr. respirou fundo. Precisava se acalmar, pois sentiu que teria de começar tudo outra vez.

Sob as bênçãos de São Judas Tadeu

Desde Ribeirão Bonito, a fé sempre foi uma marca dos Blota. Em São Paulo, esse aspecto da vida ganhou o reforço de São Judas Tadeu, que já era muito popular na capital paulista e ganharia devotos em todo o Brasil. O Doutor e sua família passaram a integrar essa legião de fiéis muito por influência do padre Gregório Westrupp, catarinense que, em 1950, passou a trabalhar pelo orfanato instalado atrás da paróquia de São Judas, no bairro do Jabaquara.

Em casa, no carro, na carteira e no escritório, Blota Jr. sempre punha uma imagem do santo das causas impossíveis. Guardava até uma relíquia dele, reconhecida pelo Vaticano. Sempre que, numa hora difícil, seus parentes e amigos lhe pediam algum conselho, encerrava sua fala lembrando que também era importante rezar para São Judas:

– Ele espanta qualquer olho gordo!

Fazia questão de reunir toda a família para rezar antes de dormir e meditar sobre passagens da Bíblia. Mais tarde, Blota e Sonia se tornaram assíduos frequentadores dos chamados Cursilhos de Cristandade: retiros espirituais católicos que ficaram muito conhecidos no Brasil, principalmente entre o final dos anos 1960 e início dos anos 1970.

Geraldo Blota também teve diversas passagens relacionadas com a religiosidade. Uma das mais marcantes aconteceu enquanto esteve desempregado e não tinha dinheiro nem para comprar cigarro, algo muito difícil de suportar para quem fumava até seis maços num só dia. No auge do vício, sua esposa chegava a recolher as guimbas que sobravam no cinzeiro, esquentava-as numa frigideira para que GB as enrolasse num papel e tornasse a fumá-las.

Blota Jr. o ajudava, mas sempre com a preocupação de não humilhá-lo. Dar dinheiro, por exemplo, poderia parecer esmola e GB, certamente, recusaria.

Por isso, era obrigado a inventar maneiras mais sutis. Certo dia, sabendo que a despensa do irmão já estava quase vazia, Blota apareceu, de surpresa, carregando várias sacolas abarrotadas de comida e encenando um lamento para a cunhada:

– Haydée, você não vai acreditar! A Sonia foi à feira e comprou tanta coisa que eu nem tenho onde pôr! Dá pra você ficar com um pouco, por favor? Senão, eu vou ter que brigar... Ela errou tudo, esquece que tem pouca gente em casa!

Outra forma que tinha de ajudar era fazendo vista grossa para uma impressionante capacidade demonstrada por Geraldo: a de imitar a assinatura do irmão. Aliás, a dele e a de qualquer pessoa. A de Pelé, por exemplo, GB fez para um amigo que sonhava em ter uma camisa autografada pelo *rei do futebol*, mas que nunca saberia como esse sonho se tornou realidade.

Certa vez, GB usou esse seu *talento* para descontar um *papagaio*. Foi num momento de desespero: precisava pegar logo o dinheiro de joias que havia posto no prego, algo que, por sinal, fazia com certa frequência. Como avalista, assinou "Blota Jr.", mas se esqueceu de avisar ao irmão, que estava longe naquela oportunidade. Tempos depois, quando se viram, fez questão de falar:

– Zezy, já paguei aquele *papagaio*...

– Mas eu não assinei *papagaio* nenhum!

– Assinou, sim! Tá aqui!

Geraldo tirou a nota promissória do bolso e, ao ver sua assinatura nele, Blota sacou uma de suas armas favoritas: a ironia.

– Ô, Geraldo... Você podia ter feito um pouco melhor, não é? Esse *B* está muito fechado!

Também com o intuito de ajudar GB, o Doutor usou seus contatos na prefeitura de São Paulo, a fim de lhe arranjar um emprego.

– Geraldo, não se anime muito, mas disse lá que a primeira coisa que aparecesse...

– Mas eu não sei fazer nada...

– Não sabe? Então vamos aprender!

O desespero falava cada vez mais alto e GB acabou se entusiasmando com a ajuda do irmão. Ansioso para que a tal oportunidade aparecesse, qualquer que fosse, Geraldo chegou a fazer uma promessa forte:

– Zezy, se sair essa merda, eu vou da Praça da Sé até a Igreja de São Judas a pé, vou fumar o meu último cigarro na porta da igreja e nunca mais vou fumar na minha vida!

Três meses depois dessa conversa, Blota foi até a casa de GB levando a notícia tão aguardada:

– Vamos amanhã tomar posse! Você será lançador da prefeitura! – disse, falando de um cargo que equivaleria ao de fiscal do ISS.

Promessa feita, promessa cumprida. Os dois andaram da Praça da Sé até o Jabaquara. À beira da escadaria do santuário, Blota viu o irmão dar sua última tragada. Juntos, foram até o altar. Aos pés da imagem de São Judas, GB depositou o maço e o isqueiro. Dali em diante, nunca mais fumou.

Aquela não foi a única vez que o Doutor fez esse tipo de caminhada, pelo contrário: ele a repetia todo dia 28, indo além da data dedicada ao santo, que é comemorada em outubro. Mais do que cumprir uma mera promessa, ele usava esse momento como uma forma de agradecer pelas graças recebidas e pedir proteção para si e sua família.

De carro, Blota Jr. chegava junto com alguns parentes e amigos à Praça da Sé. Antes de iniciarem a jornada, sempre fazia questão de lembrar as três penitências que ele mesmo havia instituído:

– Não pode beber, não pode falar palavrão e não pode olhar pra mulher!

O grupo de peregrinos foi crescendo com o tempo, atraindo colegas de trabalho, assessores e conhecidos. Eles seguiam pela Praça João Mendes, Praça da Liberdade, Avenida da Liberdade, Rua Vergueiro, Rua Domingos de Morais, até chegarem à Avenida Jabaquara.

Durante os quase 15 quilômetros de trajeto, geralmente cumpridos em duas horas, todos procuravam se comportar conforme as regras estabelecidas, mas a tentação parecia crescer em épocas de calor. Alguns tentavam escapar da procissão para tomar uma cervejinha. Quando Blota via alguém entrando num bar, perguntava, sério:

– O que é isso?

Daí vinha a tentativa do desertor de se explicar:

– Nada não, Doutor! Tô só comprando uma bala...

Quando alguém cedia à tentação, Blota Jr. era implacável: repreendia severamente e expulsava da procissão.

Ao chegarem à igreja, faziam questão de cumprir as tradições, como passar por trás do altar com a imagem do santo e acender uma vela do tamanho do devoto e outras velas para os filhos e familiares.

Com o tempo, a imprensa passou a se interessar por essa rotina tão peculiar de Blota. Inopinadamente, elas deram maior visibilidade ao Instituto Meninos de São Judas Tadeu, da mesma forma que as campanhas no programa *O clube abre às cinco*, o que motivou o Doutor a manter essas caminhadas por vários anos.

* * *

Ao entrar no 13º andar do edifício na Rua Riachuelo, 275, Blota Jr. encontrou a *Rádio Panamericana* repleta de problemas. Há muito que seus números estavam longe do satisfatório, seja em audiência, seja em receita. Cinco anos antes, a *Publicidade & Negócios*, anuário do rádio, apontava que a PRH 7 havia tido o menor faturamento entre todas as emissoras de São Paulo. Claro que muito disso se devia à opção por fazer uma grade segmentada, cem por cento esportiva, desconsiderando outros gêneros mais populares naquela época, como as novelas e os programas de auditório. Mas havia diversos fatores internos que impactavam o desempenho da empresa: os equipamentos eram velhos, a equipe estava desorganizada e a programação precisava de reforços.

Na estação da Rua Quintino Bocaiúva, o Doutor era diretor artístico. Já na "Emissora dos esportes" ele ficou um degrau acima, ora chamado de diretor superintendente, ora chamado de diretor-geral, o equivalente a *chief executive officer*, CEO. O título era melhor, mas a estrutura com que contava, não. Para alguém que estava acostumado com "a maior", a *Panamericana* mais parecia um enorme abacaxi a ser descascado.

Para virar esse jogo, Blota tinha como braço direito Narciso Vernizzi, então diretor administrativo da emissora e futuro *homem do tempo*. Nenhum outro empregado conhecia mais a PRH 7 do que ele: estava na rádio desde 1948, quando os estúdios ainda eram na Rua São Bento, 279, 2º andar. Começou de baixo, como secretário de programas e auxiliar de locutores. O salto na carreira veio quando se tornou o primeiro responsável pelo *Plantão esportivo permanente*, serviço de radioescuta implantado por Paulinho de Carvalho no final dos anos 1940.

Com Narciso, o *Plantão esportivo* se transformou no centro nervoso da *Panamericana*, servindo de referência não só para o ouvinte, como também para as estações concorrentes e os jornais, especialmente *A Gazeta Esportiva* e *O Esporte*, parceiros da emissora. Quando Blota assumiu a rádio, o setor contava com oito receptores: um RCA; dois National, um grande e um pequeno; um Farnsworth preto; e quatro Hallicrafters. Na escuta de um desses aparelhos estava o jovem Milton Parron, que se tornaria o *repórter da cidade* e apresentador do programa *Memória*, primeiro na *Pan*, depois na *Bandeirantes*.

O *Plantão* era chamado de permanente porque ficava no ar durante quase toda a programação: começava às 9 horas da manhã e terminava depois da meia-noite. Mas a emissora tinha que ir além do registro dos resultados: precisava reforçar também as transmissões das partidas. Por isso, poucos dias depois de tomar posse em seu novo cargo, Blota Jr. trouxe para a *Panamericana* um locutor nascido em Barra Bonita, revelado na *Rádio Clube de Lins,* e que desde 1952 estava na *Bandeirantes*: Fiori Gigliotti.

Foi sob a direção de Blota que Fiori fez a maior excursão internacional com um time de futebol em toda a sua carreira. Em meados de 1959, acompanhou o Santos nas vinte e duas partidas que disputou na Europa. Foi uma verdadeira e cara epopeia: cada transmissão era orçada em 140 mil cruzeiros, quatro vezes mais que um evento semelhante numa cidade como Medellín, por exemplo. Mas tanto investimento valeu a pena: através da *Rede Brasileira de Esportes*, liderada pela PRH 7, os torcedores puderam ouvir jogos históricos, como a goleada de 5 a 1 em cima do Barcelona e o tão aguardado duelo contra o Real Madrid. De um lado, Pelé, que havia encantado o mundo na Copa da Suécia; do outro, Di Stéfano, liderando o time que era considerado o melhor do mundo. Mesmo perdendo por 3 a 2, culpa do cansaço pela maratona de jogos, os brasileiros impressionaram a torcida europeia com um futebol espetacular.

Fiori permaneceu na *Panamericana* até outubro de 1963, onde se firmou no *hall* dos maiores locutores esportivos e criou bordões que ficaram na memória dos torcedores. Ao seu lado na cabine, contava com "o melhor craque de ontem, o melhor comentarista de hoje". Com essa frase, ele anunciava Leônidas da Silva, ídolo do São Paulo e do Flamengo, que chegou à emissora no mesmo ano em que Blota, atendendo a um convite de Paulo Machado de Carvalho. O *Diamante Negro* também entrou para a história do rádio por suas opiniões diretas e polêmicas e sua valiosa participação como atacante no time que o Doutor formou com os colegas de estação.

Com Leônidas, Blota Jr. fazia comentários diários no programa matinal da *Panamericana*, o *Parada de notícias*, que ia ao ar às 7h30. Nessa época, Blota também fazia comentários no *Pan na TV*, quadro dentro do *Última edição*, do Canal 7. Além de levar informações e análises esportivas para os telespectadores, sua participação servia para divulgar a emissora de rádio.

* * *

Mesmo em meio a tanto trabalho, ainda havia espaço para o Doutor continuar a revelar talentos. Um dia, foi procurado por um jovem dono de uma voz de barítono e de um topete que fazia sucesso entre as meninas. Seu nome era José Magnoli. Transmitindo uma determinação rara de se encontrar, não se sentiu intimidado por Blota Jr., a quem afirmou:

– Vou vencer no rádio, custe o que custar!

Eles foram ao estúdio e fizeram um teste. O desempenho do garoto impressionou tanto o Doutor que, ao chegar em casa, fez questão de comentar com a esposa, entusiasmado:

– Sonia, tem um moço com uma voz linda de locutor. É inteligente e, além de tudo, canta bem!

A partir de então, Sonia Ribeiro assumiu o papel de madrinha profissional de José, que começou participando como cantor do *Clube abre às cinco* e locutor comercial na *Panamericana*. Além de ensinamentos e oportunidades, Sonia lhe passaria outra coisa: o seu sobrenome artístico. Foi quando José Magnoli virou Hélio Ribeiro, que se tornou um dos principais nomes do rádio paulistano entre os anos 1960 e 1980, com o *Correspondente musical*, *O poder da mensagem* e suas famosas traduções livres de músicas. Tudo isso, aliás, serviria de inspiração para Chico Anysio criar o locutor Roberval Taylor, um de seus personagens mais famosos.

* * *

Nem só de futebol vivia a "Emissora dos esportes". Em parceria com *A Gazeta Esportiva*, eram transmitidas provas de diversas modalidades, especialmente a Corrida de São Silvestre. Também mereciam destaque o basquete, o automobilismo e o boxe, que vivia uma época de ouro. Em sociedade com Abraham Katzenelson, Paulinho de Carvalho realizou lutas históricas, na esteira do fenômeno Éder Jofre. Foram eles que trouxeram, por exemplo, Danny Kid e Don Jordan para combates que lotaram o ginásio do Ibirapuera em dezembro de 1959. A PRH 7 e a *TV Record* desfrutavam de privilégios nesses eventos, mas não podiam se descuidar diante da concorrência. Uma semana antes da chegada dos pugilistas ao Brasil, Narciso Vernizzi entregou a Blota duas folhas datilografadas. Nelas, detalhava como seria a cobertura das lutas. Ao final, pôs um alerta:

> Concluindo...
> Este plano foi elaborado para facilitar os trabalhos. Todavia, muitas iniciativas poderão surgir e serão introduzidas no decorrer. O que é certo, bem certo, é que não devemos esquecer que se trata de uma promoção DA RÁDIO PANAMERICANA E DO CANAL 7, e não deixar ninguém tomar a si as honras da parada! Outros tencionarão tomar conta dos pugilistas e desfrutar perante o público como os promotores ou idealizadores. Portanto, "olho vivo" em todos os momentos. [grifos do autor]

"Olho vivo", aliás, era uma das coisas que a *Panamericana* mais precisava naquele momento. O Doutor mantinha-se a par de todos os problemas no dia a dia da emissora graças a Narciso, seja através de reuniões, seja por meio de mensagens confidenciais. Foi por meio de uma delas que ficou sabendo, inclusive, do inusitado caso do locutor que não foi trabalhar e, ao tentar se explicar, se atrapalhou mais ainda. No texto abaixo, os nomes foram trocados.

Antônio telefonou às 20h15 dizendo que estava adoentado e que, se houvesse jeito, queria ser dispensado. Falei que nesse horário seria difícil encontrar substituto e para tentar um contato com o Baltazar. Ele disse que não poderia fazer o horário, pois tinha sabatina na manhã seguinte.

Novamente o Antônio telefonou e comunicou-me que nada havia conseguido e, assim sendo, viria fazer o horário. Pedi a ele então que desse o número do telefone onde estava, pois no caso de aparecer algum locutor comercial, eu o avisaria. [...] Às 21h35 telefonei ao citado número e conversei com o Antônio. Disse-lhe que não havia chegado ninguém, mas que, tendo programa *Desfile de esportes*, ele poderia repousar um pouco mais, já que havia dito que estava adoentado, e, em vez de chegar às 22h, poderia chegar às 22h50. Agradeceu bastante e ficou de vir.

Às 22h30, o Baltazar me avisou que havia recebido outro telefonema do Antônio pedindo que ficasse até meia-noite e meia, pois ele chegaria sem falta nesse horário.

Às 23h45 telefonou uma pessoa falando francês, aliás pessimamente, o que me chamou a atenção. Disse ser o dr. Pierre Werneck, que estava falando do SANDU da Santa Cecília e avisou que o sr. Antônio estava internado naquele local com "atrito (???) na vesícula". O caso estava complicado: primeiro, o péssimo francês; segundo, o atrito... Perguntei-lhe então o número do telefone para saber posteriormente o estado de saúde do Antônio e, após alguma demora, foi dado o número [...]. Já desconfiado, telefonei ao citado número e atendeu uma pobre senhora que estava dormindo, dizendo ser casa de família e que nem sequer conhecia aqueles nomes.

Imediatamente lembrei-me que tinha o número anterior [...]. Atenderam e à pergunta "de onde falam", responderam incontinente: "é do CLUBINHO". Perguntei então pelo Antônio, dizendo que era da *Rádio S. Paulo*. Após alguma demora, apareceu o Antônio "com voz modificada" e, logo depois do meu cumprimento, disse que estava ruim, que havia recebido a visita de um amigo médico, que estava esperando um carro para o SANDU e mais uma porção de explicações desconexas. Isto tudo depois de saber que era eu quem falava. Falou-me então que viria até a rádio trabalhar, que fazia questão de mostrar que, de fato, estava doente e perguntou até que horas eu ficaria na rádio. Disse-lhe que ficaria até 1 hora, e fiquei à espera dele. Todavia, não compareceu.

Havia outros casos de gente de estúdio e de reportagem que não ia trabalhar; de um programa que foi gravado com apenas 22 minutos de duração quando deveria ter 90; do uso descontrolado de recursos técnicos da *Panamericana* por outras *Emissoras Unidas*, como a *Guarujá* e a *Santo Amaro*; ou de funcionários que se recusavam a fazer certos serviços e resistiam às novidades que Blota tentava implantar para dinamizar a programação.

Era difícil transformar uma empresa controlada por um homem centralizador e paternal como Paulo Machado de Carvalho. Nessa árdua missão, Blota Jr. contava com o apoio de poucos. Além de Narciso, tinha ao seu lado Wilson Fittipaldi, o Barão, pai de Emerson e pioneiro das transmissões de automobilismo pelo rádio. Com Casimiro Pinto Neto, trabalhava no comercial da *Panamericana*, setor que dirigiu por 12 anos. Certa vez, preocupado com a situação da rádio, doutor Paulo lhe perguntou:

– Fittipaldi, o que é que a gente precisa fazer para reerguer a *Panamericana*?
– Coloque um dos seus filhos como diretor, com autoridade.

O Marechal da Vitória riu. E tudo continuou como estava. Mudança de verdade só viria a acontecer em meados de 1960, quando doutor Paulo reuniu seus empregados e mandou que cada um fizesse uma escolha drástica:

– Ou é rádio ou é televisão!

Foi a forma que encontrou para reduzir as despesas. Blota Jr., como outros, ganhava tanto na *Panamericana* quanto na *TV Record*. Acabou optando pela última e teve que abandonar a direção da rádio. Em seu lugar, assumiu Waldir Buentes.

As bases do contrato do Doutor foram alteradas. Em 1º de agosto de 1960, ele passou a ganhar um salário para seguir sendo artista exclusivo das

Emissoras Unidas e produzir uma crônica diária de cinco minutos. Tanto no rádio quanto na televisão, passou a ser remunerado por obra, sendo que, no Canal 7, tinha a obrigação de produzir e apresentar pelo menos um programa por semana, garantindo um cachê por edição.

Ao deixar a "Emissora dos esportes", já transferida para a Avenida Miruna, 713, Blota praticamente se despedia do rádio, meio para o qual havia devotado metade de sua vida. Dali em diante, faria raras participações na *Rádio Record*, na forma de boletins que durariam até meados daquela década.

Como se pressentissem que esse momento chegaria, os amigos de Blota promoveram, em 5 de dezembro de 1959, um almoço para comemorar suas duas décadas de carreira radiofônica. Ele ganhou o abraço fraterno de figuras como Flávio Iazzetti, Lauro Gomes e Vicente Leporace. Das mãos de dona Amélia recebeu um troféu dourado na forma de Nike, a deusa da vitória. E para a *Revista do Rádio*, deu a seguinte declaração sobre o meio que logo iria deixar: "O rádio precisa cuidar de outros mundos, porque este vai ser dominado totalmente pela televisão, que dia a dia ganha mais campo. Por esse motivo é que as cabeças têm que começar a 'bolar' novas bossas para muito breve".

* * *

Independentemente de como estivesse a sua carreira no rádio, na televisão ou na política, Blota Jr. não abandonava uma área em especial: o Direito. Quase ao mesmo tempo em que comemorava seus 20 anos ao microfone, o Doutor celebrava também 10 anos como advogado. Após sua passagem pela Secretaria de Negócios Internos e Jurídicos da Prefeitura de São Paulo, ele acabaria se dedicando à área criminal. Sua estreia no tribunal do júri foi em 1953, na sua Ribeirão Bonito. Primeiro, defendeu uma mulher acusada de matar o marido; depois, um marido acusado de matar a mulher. Blota conseguiu a absolvição de ambos.

Essas vitórias o estimularam a querer advogar na capital paulista. Para isso, juntou-se ao amigo Paulo José da Costa Jr., que, seguindo os passos do pai, já se destacava no meio jurídico. Era com ele que o Doutor dividia a paixão pelos cavalos puro-sangue. E seria justamente o primeiro caso defendido pela dupla que mereceria uma posição de destaque dentro do mito construído em torno de Blota.

Foi levada a júri uma senhora chamada Maria Campos Rondon, viúva, casada pela segunda vez. Ela era acusada de ter assassinado, a machadadas, o marido, um sargento da antiga Força Pública, enquanto ele dormia. Teria sido uma reação às constantes brigas do casal.

– Você é uma velha enferrujada! Não presta pra nada, nem mesmo para me dar filhos!

Maria havia tido filhos, mas do primeiro marido. Aliás, já era avó. Mesmo assim, por conta das reclamações do novo parceiro, chegou a fazer exames no Hospital da Cruz Azul para tentar descobrir as causas da infertilidade. Diagnóstico: o problema não estava com ela, e sim com ele, que não aceitou isso e se tornou cada vez mais agressivo. Parecia usar a bebida e a violência contra a esposa e o pequeno enteado para extravasar a frustração por sua impotência *generandi*.

– Aonde vou esta noite? Vou procurar com outras mulheres aquilo que você não pode me dar, sua velha enferrujada!

Numa dessas noites, como já tinha virado rotina, o homem chegou tarde em casa, completamente embriagado. Maria estava na cama do casal com seu netinho, filho de uma filha do primeiro casamento, quando ouviu o marido chegar. Ela rapidamente se levantou e pôs a criança no berço. Logo começou uma intensa discussão, que só terminou com o homem morto, a golpes de machado.

A Polícia Técnica fez um minucioso levantamento do local do crime. Registrou cada gota de sangue espalhada nos cômodos, nas paredes, nos móveis e até nas frinchas do assoalho. Na cama, porém, não encontraram nenhuma mancha sequer. Isso ia contra a tese levantada pelo promotor público Walter Simardi: de que o marido havia sido assassinado no leito do casal, enquanto dormia. Foi em cima dessa brecha que a defesa baseou sua argumentação, com toda convicção e confiança naquela pobre senhora que tanto sofrera nas mãos de um verdadeiro crápula.

Por cinco votos contra dois, Blota e Costa Jr. conseguiram a absolvição. Terminada a sessão, lá foram eles e mais um amigo para a casa de Simardi.

Os quatro entraram madrugada adentro jogando buraco. Entre uma cartada e outra, o promotor confessou:

– Sabem de uma coisa? Estou com pena daquela senhora... O marido era realmente cruel. Mas não posso deixar de recorrer ao tribunal, diante dessa absolvição. Se, ao menos, ela tivesse sido condenada a um excesso culposo...

Enquanto o processo seguia tramitando, Costa Jr. foi ao presídio feminino falar com sua cliente. Toda satisfeita, Maria logo perguntou:

– E então? Quando vão me soltar?

O advogado lhe explicou que a promotoria havia entrado com um recurso, mas a conversa não ficou só nisso. Curioso, resolveu perguntar como realmente o seu marido havia morrido. Com uma voz pausada e grave, começou a contar:

– O senhor se lembra que o meu netinho estava deitado na nossa cama, não é? Como medida de prudência, tinha colocado, por cima do lençol, um plástico. Quando ouvi o barulho do meu falecido marido chegando, tirei correndo a criança. Só que não tive tempo de tirar o plástico. Meu marido veio e deitou-se sobre esse plástico.

Por um instante, Maria parou de falar e suspirou. Costa Jr. também, mais fundo ainda. Maria prosseguiu:

– Pois é, realmente matei o meu marido enquanto ele dormia. Dei vários golpes de machado, nem sei quantos! O sangue todo correu para o vazio que se formou com o peso do corpo. Depois, foi só retirar o plástico, pegando em suas quatro pontas, e jogar tudo dentro do poço. Quando a polícia veio, não encontrou sangue nenhum.

O advogado ficou sem reação ao ver tanta frieza. Até saiu sem se despedir. De tão chocado, não se conteve e contou tudo para Blota Jr., que ficou igualmente perplexo. Se antes ambos confiavam na causa daquela mulher, agora sentiam-se completamente descrentes. E o novo júri percebeu isso. Não adiantou suarem o paletó para encontrar argumentos convincentes, nem o fato do promotor ter mudado e, na opinião de Costa Jr., ser "menos eficiente" que Walter Simardi. No final, acabaram perdendo por quatro votos a três.

Dessa história, Blota e Paulo José da Costa Jr. tiraram uma lição. Dr. Paulo viria a explicitá-la num artigo publicado pela *Folha de S. Paulo* em 22 de junho de 1976: "Moral da história: nunca mais quis saber da verdade verdadeira.

Contentei-me sempre com a verdade aparente. A menos que a versão real fosse deveras favorável ao acusado e que pudesse defendê-lo, com toda força do meu convencimento interior".

* * *

Depois que deixou a direção da *Panamericana*, a agenda de Blota Jr. se abriu para um novo desafio no campo político. E, mais uma vez, Adhemar de Barros tinha muito a ver com isso. Em abril de 1957, ele havia tomado posse como prefeito de São Paulo. No segundo semestre de 1960, quando seu mandato chegava ao fim e já passada a frustrada candidatura à presidência da República, empossou o Doutor como vice-presidente da Companhia Municipal de Transportes Coletivos, CMTC, que era responsável por operar todas as linhas de ônibus e bondes da capital paulista. Sua função principal seria atuar na esfera jurídica, além de cuidar da relação com os meios de comunicação.

Ainda como deputado, Blota havia subido à tribuna para fazer denúncias relacionadas à empresa, já afundada em grave crise. Em 14 de maio de 1957, *O Estado de S. Paulo* trazia em sua quarta página:

> Ocupou-se o sr. Blota Junior da situação da CMTC, com o objetivo de alertar o governo municipal sobre graves fatos que ocorrem na companhia.
>
> Citou estatísticas, que demonstram uma inexplicável queda da receita para afirmar que "duas quadrilhas" se locupletam a custo da empresa. Uma, constituída de altos funcionários que se revezam nos principais cargos, não obstante as mudanças do governo, e só se utilizam deles em proveito pessoal; outra, integrada por elementos das oficinas, que se dedicam ao desvio de peças.
>
> Concluiu mostrando-se de acordo com o aparte de um deputado que afirmou que a atual administração da CMTC deverá agir com presteza e energia, para eliminar esses inconvenientes.

Logo que assumiu o cargo, teve de lidar com algo extremamente impopular: o aumento das tarifas. Ao mesmo tempo, as empresas particulares foram autorizadas a reajustar seus preços em 40%, por conta de uma equiparação nos salários dos seus empregados aos que eram pagos pela CMTC.

Depois, outra bomba: o atraso no pagamento aos fornecedores de combustíveis, que, em março de 1961, chegaram até a suspender o suprimento. Isso obrigou os executivos da companhia a enviar um ofício ao prefeito Adhemar pedindo mais recursos. Para a imprensa, Blota definiu essa ação como "o caixão funerário da CMTC", pois o dinheiro da empresa vinha sendo rapidamente consumido pela alta do dólar, que impactava no preço do diesel, dos lubrificantes e de outros derivados de petróleo. O aumento de tarifas não se mostrava suficiente para cobrir essa elevação de custos. Como se não bastasse tudo isso, Blota teve que administrar greve de funcionários.

Apesar dessa experiência traumática na CMTC, fruto da desordem administrativa que já assolava a companhia há muito tempo e que continuaria pelas décadas seguintes, o Doutor não desistiu da vida pública. Pelo contrário, manteve a posição que havia declarado ainda no início de 1960.

– Bem, perdi a reeleição para deputado estadual por excesso de confiança, porém não perdi a confiança em mim e nos meus amigos. Por isso, pretendo voltar a me candidatar em 1962.

* * *

Na área artística, Blota Jr. podia ter optado pela televisão, mas sua família continuava no rádio, e com muito sucesso. Geraldo, por exemplo, consolidava-se como o animador mais popular de São Paulo, com o programa *Alegria dos bairros*.

Enquanto o sol nascia, um ônibus lotado de artistas partia do Largo de São Francisco rumo a um cinema de bairro, numa época em que as salas chegavam a ter milhares de assentos. Foi a maneira criada por Júlio Rosenberg de levar o rádio para mais perto do povo num horário até então considerado ingrato: o domingo de manhã. Quando ainda era diretor artístico da *Record*, Blota, junto com Paulinho de Carvalho, trouxe Rosenberg para a emissora em 1955, depois de ele ter realizado atrações semelhantes na *Nacional* paulista, com o nome de *Ronda dos bairros*, e na *Bandeirantes*, como *Carrossel dos bairros*. GB assumiu a apresentação do *Alegria dos bairros* em 1957, onde permaneceu até 1964.

Foi nesse programa que a história de Raul Gil voltou a se cruzar com a dos Blota. Já haviam se passado mais de quatro anos desde a primeira vez que ele falou com o Doutor, ao participar do concurso de calouros no auditório da *Rádio Record*. Apesar daquela oportunidade, sua carreira artística não havia deslanchado. Estava decidido, inclusive, a desistir de sua vocação para seguir trabalhando como auxiliar de escritório na Transportes Londrino. Mais do que nunca, precisava de dinheiro: ele acabara de se casar com Carmem e logo teriam sua primeira filha, Nanci.

Porém, em 8 de dezembro de 1960, uma quinta-feira, Raul teve o seu sonho resgatado. Naquele dia, o amigo Arlindo Trevisan foi encontrá-lo na transportadora. Entregou-lhe um cartão e pediu que procurasse Rubinho do Acordeon, integrante do regional da *Record*, que estava disposto a ajudá-lo. De início, o jovem cantor e imitador não se empolgou com a ideia. Estava cansado de tanto lutar e apenas receber negativas. Arlindo teve que insistir muito até que o amigo resolvesse tentar mais aquela vez.

Raul pediu ao chefe para sair mais cedo e foi até a sede da *Rádio Record*, na Avenida Miruna, 713. Ao chegar, foi apresentado por Rubinho e Carlinhos, que lideravam o regional da *Record*, para Sonia Ribeiro, pouco antes de ela começar mais uma edição do *Clube abre às cinco*. Mesmo sem nunca ter ouvido Raul Gil cantar, ela confiou na indicação e o pôs no ar. Ao interpretar o bolero "Esmagando rosas", a senhora Blota Jr. ficou impressionada, animando os integrantes do regional a encaixarem Raul também no *Alegria dos bairros*.

Seguindo a dica dos amigos, lá foi Raul Gil no domingo, 11 de dezembro, bem cedo, embarcar no ônibus da *Record* que seguiria rumo a um cinema de Utinga, em Santo André. Para um jovem em começo de carreira, não poderia haver glória maior do que passar alguns momentos ao lado de estrelas como Osvaldo Rodrigues, Roberto Amaral, Isaurinha Garcia, Dircinha Costa e Neyde Fraga. Tanta felicidade só foi abalada quando um servente da emissora resolveu barrar Raul na porta do veículo. Nem a solidariedade do elenco fez o funcionário rever seu erro, obrigando o novato a gastar uma nota de táxi.

Chegando a Utinga, Raul voltou a se animar quando avistou o cinema superlotado. Era uma multidão ansiosa para ver os artistas da *Record*. Agora, ele precisava apenas de um instante para entrar no palco e mostrar o seu talento.

Naquele domingo, a grande atração seria Carlos Gonzaga, mas, passadas mais de duas horas de programa, ninguém tinha sinal dele. Quando faltavam 20 minutos para o final, que seria ao meio-dia, e enquanto César Medeiros lia os reclames, Geraldo Blota, fora do microfone, gritou para a coxia:

– E aí?

– Não veio! – foi a resposta que GB ouviu.

– E quem é que tem aí?

– Não tem mais ninguém... Só esse garoto aqui – e apontaram para Raul Gil, então com 22 anos de idade –, que está vindo pela primeira vez...

– Então traga ele, pô!

Por sorte, Raul já tinha ensaiado com o regional. Ao voltarem dos comerciais, o garoto começou a cantar *"Ella"*, que fazia sucesso na voz do mexicano Pedro Infante. GB adorou, e o público também. Todos no cinema ficaram de pé para aplaudi-lo. Ainda ao som da claque, Geraldo demonstrava ao microfone todo o seu entusiasmo:

– Mas esse moleque canta muito! Se eu fosse rico, ia contratar esse menino pra cantar pra mim, só pra mim, todo dia! Vai cantar assim lá longe!

Ainda no palco, ao lado de GB, Raul Gil começava a sentir que tanto esforço, tanto sacrifício tinham valido a pena. Era o começo, mas ainda faltava conquistar o espaço definitivo no rádio. Naquela mesma semana, ele reencontraria Geraldo nos corredores da *Record*.

– Ô garoto! – exclamou GB, sem se lembrar do nome daquele jovem que tanto gostara. – Parabéns! Você deu um show!

– Obrigado, seu Geraldo – respondeu Raul, sem jeito.

– E aí, você já é contratado da *Record*?

– Nããããããããããão! Eu sou calouro, ainda *tô* batalhando, prefiro assim...

GB ficou indignado:

– Não?! *Peraí*. Senta lá!

De imediato, foi até Armando Rosas, que desde junho de 1958 ocupava o lugar de Júlio Rosenberg na produção e direção do *Alegria dos bairros*. A temperatura da conversa subiu rapidamente, ao melhor estilo Geraldo Blota:
— Armando, lembra daquele menino que cantou domingo no programa?
— Sei, sei...
— Então, contrata ele!
— Mas eu não posso contratar ele...
— E por que não pode?
— Porque o Paulinho Machado...
— Que Paulinho Machado coisa nenhuma! O Paulinho nem ouve esse programa, Armando! Põe o menino aí! Se não colocar o menino, eu não animo mais!
— Mas como, GB? Não pode fazer isso! Você é o maior astro do programa!
— Posso, sim senhor! Se vocês acham então que eu sou o maior astro desse programa, então quero esse garoto contratado!
— Então *tá* bom, eu contrato! Mas não vou poder te pagar muito...
Apesar da mixaria, o valor era o que menos importava. Com aquele contrato, conseguido por Geraldo Blota, Raul Gil tornava-se um artista profissional e iniciava sua longa trajetória na *Record*.

Tempos depois, Raul cruzou com Blota Jr. num dos corredores do prédio na Avenida Miruna e fez questão de dizer o quanto sua esposa e seu irmão o tinham ajudado. Relembrou também algumas passagens curiosas, inclusive sua participação no quadro de calouros e a pergunta sobre a *pingoteca*.
— Quem diria... Havia um cara que mandava muita cachaça para mim — recordou o Doutor.
— Pois então! Era eu! — exclamou Raul, marcando o início definitivo de uma amizade repleta de boas risadas e belas lembranças.

* * *

A opção artística que Blota Jr. fez pela televisão se mostrou acertada. Já estava totalmente à vontade diante das câmeras e recebia elogios do público e da crítica, exatamente como acontecia no rádio. Em sua edição de 31 de outubro de 1959, a *Revista do Rádio* trouxe a seguinte análise, por ocasião da volta ao ar do *Adivinhe o que ele faz*: "Blota Junior, como mestre de cerimônias, como sempre acontece, não tem problemas nesse mister, pois sabe o que diz, improvisa com senso de oportunidade, deslanchando inteligentemente em todo o transcorrer da movimentada audição".

Blota comandou mais de trinta programas diferentes na *TV Record* durante os anos 1950. Nessa época, a emissora construiu as bases para a liderança de audiência que seria consolidada na década seguinte, apesar da concorrência dura com a *TV Tupi* e a recém-fundada *TV Excelsior*, que era escorada pela fortuna da família Simonsen.

Nessa fase, o Doutor fez de tudo um pouco: de *game shows* a programas políticos, passando por entrevistas e biografias, como o *Sua majestade, o cartaz*, e até atrações num ringue de patinação montado ao lado dos estúdios da *Record*, com *Folias no gelo*.

Aproveitando a experiência adquirida em casa com seus três filhos, Blota Jr. fez sucesso inclusive como apresentador infantil com *O trenzinho*, *Da maior para o menor* e *Clube infantil Melhoramentos*. Em 1963, por pouco tempo, chegou a apresentar a *Grande gincana Kibon*, que marcou época sob o comando do amigo Vicente Leporace.

Uma curiosidade: a ideia original da direção da *Record* era colocar Sonia Ribeiro como titular da *gincana*, mas ela estava curtindo o final de suas férias quando o programa estreou. Em seu lugar puseram Leporace, que faria apenas as duas primeiras edições do programa, enquanto a senhora Blota Jr. não regressasse à emissora. O provisório, porém, virou fixo, quando notaram que o público adorava o jeito único que ele tinha de lidar com as crianças, tratando-as de igual para igual. Quando Sonia voltou, para surpresa de todos, preferiu não fazer o programa, que ficou com Leporace por nove anos.

Entre tantos trabalhos e tanta exposição, nada rendeu tanto prestígio para Blota Jr. na televisão quanto como apresentador das grandes estrelas internacionais trazidas por Paulinho de Carvalho, que se converteu no maior empresário brasileiro do *show business*.

Entre 1957 e 1963, foram trazidas em torno de setenta atrações do exterior. Quase todas foram apresentadas por Blota Jr., que era uma opção natural: o público já o reconhecia como a voz, e, agora, o rosto institucional da *Record*. Em todos os grandes acontecimentos, inclusive fora dos microfones e das câmeras, Blota era convocado para representar e falar em nome da emissora e até da própria família Carvalho. Além disso, sua retórica e capacidade de improviso eram indispensáveis para acalmar o público. O Doutor contava histórias e mais histórias a respeito da vida e da obra do astro da noite que, muitas vezes, nem havia chegado ao local do show. Foi o caso, por exemplo, de Louis Armstrong, o primeiro contratado dessa fase de ouro. O lendário saxofonista estava tão nervoso que teve de ser praticamente tirado à força da suíte onde estava no Hotel Jaraguá, e só foi pisar no palco mais de duas horas depois do programado. Apesar desse susto inicial, Armstrong ainda faria uma apresentação histórica, tendo Ângela Maria como convidada, para os milhares de pessoas que lotaram o ginásio do Ibirapuera e os outros milhares que assistiram pelo Canal 7.

Essa foi uma demonstração do sucesso que esse tipo de show fazia. Era algo que não cabia mais nem nos estúdios da *TV Record*, nem nos auditórios da *Rádio Record* e Federação Paulista de Futebol, que vinha sendo usado com mais frequência pela emissora. Além do ginásio do Ibirapuera, Paulinho chegou a alugar outros espaços, como o Cine Arlequim e o Teatro Paramount. Tudo isso o estimulou a inaugurar sua própria e grande casa de espetáculos: o Teatro Record, na Rua da Consolação, com 850 lugares.

Apesar do nome e da ligação familiar, o novo empreendimento nasceu com certa independência da televisão e das rádios. Para não prejudicar a venda de ingressos, nem todas as apresentações eram transmitidas pelo Canal 7. O videoteipe, assim que chegou, também foi integrado a esse esquema: os shows passaram a ser gravados e exibidos depois, buscando preservar a receita com bilheteria. Além disso, o teatro contava com equipe técnica completa, orquestra e até guarda-roupa próprios.

Blota Jr. apresentou, ao lado de Ruth Prado, a noite inaugural do Record Consolação, em 9 de março de 1959. O primeiro ato, marcado para começar às 22h10, teve a esquete *Telefone público*, de Pagano Sobrinho, e um musical do Carib Guiana Varieties, sob regência do maestro Reggie Simpson. No segundo ato, a atração principal: Roy Hamilton, *the golden boy*.

Naquele mesmo palco, Blota apresentaria outros grandes cartazes, como Yma Sumac, Marlene Dietrich, Sammy Davis Jr., Tony Bennett, Maurice Chevalier e Gene Barry, o ator que dava vida a Bat Masterson. Durante a temporada de Barry, o Record Consolação foi tomado pelas crianças, que ganharam chapéus coco fabricados pela Cury, de Campinas, e bengalinhas de brinquedo, marcas registradas do personagem. Um dos presenteados foi João Vicente, então com 5 anos de idade, filho do presidente João Goulart. Como não poderia deixar de ser, também aconteceram alguns fiascos, como a noite de estreia de Charles Aznavour: pouco mais de trinta pessoas foram assistir ao cantor francês, que a São Paulo do final de 1959 ainda desconhecia.

Entre tantas atrações, houve espaço para que a *Record* pregasse uma peça nos seus telespectadores e na imprensa. Durante um mês, incontáveis chamadas na TV e anúncios nos jornais revelavam as novidades do Canal 7 para o ano de 1963. Uma delas, por exemplo, era o *Convidados Bom Bril*, apresentado por Blota Jr. Em todas as peças dessa campanha, havia uma frase misteriosa: "Em fins de março, o 'astro' que você esperou por dez anos para poder ver!".

Afinal, quem poderia ser? Frank Sinatra? Yves Montand? Os jornalistas faziam suas apostas e se esforçavam para tentar descobrir antes de 31 de março, o domingo para quando estava marcada a apresentação.

Quando esse tão aguardado dia chegou, dezenas de repórteres se posicionaram em torno da sede da *Record*, mas nenhum deles conseguiu ver o tal "astro". O jeito foi esperar a noite chegar e ligar a TV.

Faltavam poucos minutos para a meia-noite quando Blota Jr. surgiu no vídeo, anunciando que, finalmente, seria desfeito o mistério que causou tanto alvoroço em São Paulo e no restante do Brasil. Em seguida, a câmera focalizou uma cortina translúcida. Projetada nela, estava a silhueta de um homem que começou a cantar acompanhado pela orquestra da *Record*. Quem estava vendo e ouvindo poderia jurar: era Frank Sinatra, *the voice*, em carne e osso.

Passava da meia-noite quando o cantor começou o segundo número. De repente, Blota invadiu a cena para fazer uma revelação. Logo as cortinas se abriram e surgiu Duke Hazlett, considerado o mais perfeito sósia de Sinatra em todo o mundo. Depois disso, só restou ao Doutor desejar um feliz primeiro de abril.

Muitos, a começar pelos jornalistas da época, não viram graça nenhuma nessa brincadeira, uma das situações mais inusitadas da história da televisão.

* * *

Juntos, Blota Jr. e a *Record* estavam próximos de completar a primeira década de atuação na TV, cujos aparelhos receptores ainda eram privilégio para poucos. Mesmo assim, em 1961, ano em que finalmente abandonou o fino bigode que ostentava já há quase vinte anos, o Doutor começou a experimentar o seu primeiro grande sucesso popular na telinha: o programa *Rapa tudo*, com produção de Souza Francisco.

Nas noites de segunda-feira, por volta das 20h40, São Paulo parava para ver o emocionante show de prêmios animado por Blota, tendo como cenário um espaço *sui generis*: o circo do Arrelia, permanentemente armado ao lado dos estúdios do Canal 7.

Sob a lona, junto ao picadeiro, havia um palco onde costumavam se apresentar números artísticos. Era lá que Blota recebia o participante da vez e o conduzia na brincadeira, cujo elemento principal era um dado gigante. Ele era lançado a cada rodada, indicando o número de casas a ser avançado ou regredido. Como num jogo de tabuleiro, o convidado poderia parar na cadeia, ser expulso e ganhar prêmios intermediários durante a sua peregrinação até a tão sonhada casa de número 21, onde o aguardava o prêmio máximo. Mas, para ganhar, não havia nenhum tipo de arredondamento: se o sujeito estava na 18, tinha que tirar 3 no dado para ganhar; se tirasse 4, por exemplo, não podia andar uma casa para trás.

Blota Jr. prendia a atenção do público do começo ao fim do programa, fazendo crescer o clima de suspense a cada rodada. Toda essa tensão se transformava em combustível para uma explosão de aplausos, gritos e pulos quando alguém conseguia chegar ao tão sonhado 21. O Doutor vibrava junto com o ganhador, que via surgir diante de si um mundo de prêmios nunca antes oferecido na televisão brasileira: uma casa nova com tudo dentro, do carro zero quilômetro na garagem aos móveis e eletrônicos instalados em todos os cômodos.

Mais do que a emoção naturalmente provocada por um jogo desse tipo, o público se emocionava com a história do participante, que via sua vida mudar de uma hora para outra. Sem querer, Blota acabava sendo visto pelo público como o grande responsável por tudo aquilo. Durante o depoimento que concedeu ao Pró-TV, em abril de 1997, o Doutor refletiu sobre esse fenômeno:

> Sempre que o programa de um apresentador não dá certo, o culpado é ele, embora possa não ter tido nenhuma culpa, mas quando ele dá certo, todos os méritos são dele: mérito da ideia que não foi dele, mérito da produção que não é dele, mérito da execução que não é dele, mérito da direção que não é dele, mas aquele... O programa do Blota Jr. teve sucesso e o Blota Jr. colhe todos os frutos, embora não seja o merecedor de tudo isso. Porém, o *Rapa tudo* era o retrato da generosidade. E na hora que eu abria o palco e colocava uma senhora de idade dentro de uma casa onde ela ganhara tudo, imediatamente ficava parecendo que aquela cornucópia generosa tinha saído das minhas mãos. Eu era a alma benfazeja, a fada que tinha feito o milagre, o feiticeiro bondoso que tinha feito aquela velhinha simpática ganhar tudo aquilo. E vá convencer que não...

Na verdade, quem permitia que tudo aquilo acontecesse era a Vulcan, patrocinadora do programa. Blota falava dos calçados com VulcaSpuma, que "evitam o aparecimento de calos, joanetes e calosidades", e das almofadas e encostos com VinilSpuma, que "respira através de pequeninas células de ar interligadas".

Também foi o dinheiro da Vulcan que viabilizou o lançamento de outra versão do *Rapa tudo*, nas noites de sexta-feira pela *TV Rio*, Canal 13. Com isso, o Doutor passou a embarcar toda semana na ponte aérea para fazer o programa ao vivo dos estúdios instalados no antigo Cassino Atlântico, na altura do posto seis da Praia de Copacabana.

Não era a primeira vez que Blota Jr. subia ao palco do então Estado da Guanabara. Além das várias edições do *Show da amizade* promovidas pelas rádios *Record* e *Nacional* no auditório do edifício A Noite, ele também apresentou, em 1956, um especial de fim de ano que levou Isaurinha Garcia,

Cidália Meireles, Trio Irapuã, Elza Laranjeira e Osvaldo Rodrigues aos telespectadores da *TV Rio*, cujo dono era Pipa Amaral, e, portanto, também estava ligada às *Emissoras Unidas*.

Durante a temporada carioca do *Rapa tudo*, Blota ficava hospedado no Miramar Hotel, onde costumava aproveitar o sol ao lado da esposa, que adorava calor. Foi lá que Sonia Ribeiro escorregou na porta da recepção e acabou quebrando o pé direito, justamente na semana em que iria participar do Prêmio Roquette Pinto. Resultado: quando ela entrou no palco, anunciada pelo marido, e foi receber o seu Roquette Especial das mãos de Idalina de Oliveira, chamou atenção do público tanto pelo bronzeado quanto pelo gesso que se revelava ao final do seu vestido.

* * *

Tanta popularidade acabaria dando ao Doutor uma certeza: a de que valeria a pena tentar novamente uma vaga na Assembleia Legislativa nas eleições de 1962. Como ele próprio dizia, "quem ganhou uma e perdeu outra, pelo sim ou pelo não, gostaria sempre de saber como é que desempata". E lá foi ele embarcar na sua terceira campanha política.

Depois de tantos jogos e tantas premiações, Blota Jr. acreditava que, agora, era chegada a sua vez de ganhar.

* * *

Quem entrasse na residência dos Blota, no Planalto Paulista, entre os meses de agosto e outubro de 1962, veria em funcionamento um verdadeiro quartel-general na batalha por votos. Estavam todos mobilizados, a começar por dona Sonia, que chegou a ser convidada para candidatar-se, mas, como nunca foi muito afeita à política, optou por manter-se apenas na posição de cabo eleitoral número um do marido.

Na sala de estar aconteciam reuniões quase diárias, além de todo o esforço necessário para fazer funcionar os 300 comitês familiares que foram criados e que funcionavam 24 horas por dia. Neles, pedia-se para que cada parente, amigo, vizinho, colega de escola, conhecido, ou seja lá quem fosse, conseguisse mais vinte e cinco pessoas para votar em Blota Jr. Esses nomes eram cadastrados em fichas de papel e todos recebiam em casa uma carta em nome do candidato. Era um trabalho hercúleo reunir tantos dados, separar o material de campanha e preparar, um a um, milhares de envelopes que teriam de ser postados.

Ao contrário do mandato anterior, muito dedicado aos assuntos relacionados à comunicação, Blota, dessa vez, resolveu ampliar o seu plano de ação, conforme anunciou em entrevista publicada na edição de 29 de setembro de 1962 da *Revista do Rádio*: "Defesa da mulher que trabalha, problema do menor abandonado, descentralização e modernização dos serviços públicos para facilitar a vida das classes trabalhadoras. Há burocracia demais, papel em excesso, comodismo e incapacidade no serviço público".

Além do boca a boca, os comícios eram outra ferramenta fundamental de campanha. Nessas horas, seu prestígio no rádio e na televisão fazia toda a diferença, inclusive para conseguir artistas para subir ao palanque. Raul Gil era um dos que jamais recusavam uma convocação do Doutor, dentro ou fora da política, e ia além: depois de tudo que os Blota fizeram por sua carreira, nunca teve coragem de cobrar-lhes cachê.

Uma das vezes em que isso aconteceu foi em Leme, cidade onde Blota Jr. contava com forte eleitorado. Lá, uma multidão se reuniu numa noite para assistir ao raro showmício animado pelo próprio candidato. Quando Alvarenga e Ranchinho tocavam uma das suas modas de viola e arrancavam risadas, a luz acabou na cidade inteira. Por sorte, a energia voltou rápido e a dupla caipira ainda pôde cantar mais duas músicas. Enquanto isso, no fundo do palco, Hélio Prado, colega da *Record*, grande amigo e factótum de Blota Jr., dono de um jeito efeminado que era sua marca registrada, foi falar com Raul:

– Agora é você, mas cuidado com as piadas que vai contar, porque o Doutor é muito considerado aqui, e dona Sonia está sentada na primeira fileira...

Raul Gil se posicionou diante do microfone ligado. Começou agradecendo todo o apoio que tinha recebido de GB e de Blota Jr., "meus padrinhos", e de Sonia Ribeiro, "minha madrinha". Vieram os aplausos. Em seguida começou um show de imitações, como se Mazzaropi apresentasse os cantores mais famosos da época. Entre uma música e outra, contava piadas inocentes, sem palavrões, exatamente como Hélio pediu.

De repente, a luz acabou outra vez. Logo se ouviu um enorme Aaaaahhhhh... Uma solução teve que ser rapidamente improvisada para que, pelo menos, a escuridão não fosse total: estacionaram um caminhão com os faróis acesos atrás daquela massa humana, ou seja, bem longe do palco.

Os novos fachos de luz ajudavam, mas não muito. E ainda faltava energia para religar os equipamentos. Apesar disso tudo, Raul gritou para a plateia que ele mal conseguia enxergar:

– Tá legal! Eu vou continuar o show no escuro mesmo!

Por mais 40 minutos, sem microfone ou caixa de som, ele segurou o público com as suas atrações, mas com uma diferença: resolveu subir o tom, contando piadas mais pesadas. A cada palavrão ou duplo sentido, o povo vinha abaixo. Parecia se divertir até mais do que quando tudo estava funcionando conforme o planejado.

Quando a luz voltou, Raul Gil foi aplaudido de pé pelos lemenses, exatamente como aconteceu no cinema de Utinga, durante o *Alegria dos bairros*. Blota Jr. rapidamente subiu ao palco, abraçou o seu afilhado artístico e o encheu de elogios. Ficou tão agradecido que, depois, também resolveu presenteá-lo com algo típico de Leme: um enorme peixe vindo do rio Mogi Guaçu.

Esse clima de festa se estendeu durante toda a campanha, culminando em 7 de outubro, quando 14.093 cidadãos paulistas deram o seu voto ao Doutor.

No dia 25 daquele mês, todos os jornais traziam os nomes daqueles que "podem se considerar eleitos". José Blota Junior estava entre deles. Foi o quinto mais votado da coligação PSP-PSD. A euforia tomou conta da casa no Planalto Paulista, anulando o cansaço que todos sentiam após meses de trabalho intenso. Em seu íntimo, o Doutor dedicou aquela vitória à sua mãe, Dona Amélia, falecida em 4 de março, aos 66 anos.

Tanta emoção, porém, estimulou uma situação inusitada. Em Ribeirão Bonito, morava uma tia, Isabel, que tinha o curioso hábito de fazer promessa para que os outros pagassem. Desta vez, ela determinou que, se fosse eleito, Blota, junto com seus familiares e amigos de São Paulo, deveria fazer uma supercaminhada da Paróquia de São Judas Tadeu até a Igreja da Penha.

Foram quase 20 quilômetros, passando pelo Ipiranga, Cambuci, Avenida do Estado e Avenida Celso Garcia. Durante todo o trajeto, continuaram valendo aquelas três penitências determinadas pelo Doutor, mas nem ele conseguiu resistir por tanto tempo. Bastou entrar na igreja, tomar a bênção e rezar para que fizesse o anúncio mais esperado pelos peregrinos:

– Vamos todos para o bar! Torresmo e cerveja à vontade!

A palavra é...

Entre 1963 e 1964, o Brasil era um barril de pólvora prestes a explodir: economia fraca, inflação descontrolada e radicalização política de todos os lados. Os movimentos do presidente João Goulart causavam pânico na oposição, no empresariado e na classe média urbana. Iam desde a tentativa de decretar estado de sítio, em outubro de 1963, até a aproximação com os sindicatos para compensar sua falta de apoio no Congresso, passando pelas chamadas reformas de base e o comício na Central do Brasil, que reuniu cerca de 150 mil pessoas em 13 de março de 1964. No comício falou-se de reforma da Constituição, encampação das refinarias de petróleo privadas e desapropriação das "áreas rurais compreendidas em um raio de dez quilômetros dos eixos das rodovias e ferrovias federais", conforme consta no art. 1º do decreto nº 53.700, assinado naquele dia.

Claro que Adhemar de Barros, então governador de São Paulo, era contra qualquer coisa que ameaçasse a propriedade privada. No dia seguinte ao ato liderado por Jango e Leonel Brizola, ele marcou sua posição na mensagem anual enviada à Assembleia Legislativa.

No dia 19, ao som de Paris-Belfort, 500 mil cruzaram o centro de São Paulo na "Marcha da família com Deus pela liberdade" contra o "comunismo ateu". À frente da multidão estava Leonor Mendes de Barros, esposa de Adhemar. Ele, Carlos Lacerda, governador da Guanabara, e Magalhães Pinto, governador de Minas Gerais, lideraram a trama que, com o apoio do Legislativo, do Judiciário, das Forças Armadas e de praticamente todos os maiores veículos de comunicação do país, desembocaria no golpe.

Às 14h de 31 de março, a Assembleia paulista foi declarada em regime de sessão permanente pelo presidente Cyro Albuquerque. Após uma interrupção durante a noite, os trabalhos foram reabertos à 1h do dia 1º de abril. No plenário, iniciou-se uma vigília de discursos que só se encerrou à tarde. Blota Jr.

foi um dos oradores naquela madrugada e, como bom adhemarista, exaltou "os militares que proclamaram a sua inquietação contra os que pretendiam a sovietização da nação".

O poder foi oficialmente parar nas mãos dos militares através do Ato Institucional nº 1, de 9 de abril, que também cassou os direitos políticos de centenas de pessoas.

Em maio, Blota tornou-se líder do PSP. Durante essa mesma legislatura, assumiu ainda a liderança dos blocos da maioria e de apoio ao governo. Tornou-se peça-chave na defesa de Adhemar e na aprovação ou veto de qualquer projeto, mantendo reuniões quase que diárias com o governador no Palácio dos Campos Elísios.

Blota Jr. nunca havia desfrutado de tanto prestígio político, mas logo teria que abrir mão de parte disso. Algo inesperado o faria mudar os rumos da sua carreira, principalmente na televisão, onde viria experimentar o sabor mais acentuado do sucesso.

* * *

O público e a classe artística foram pegos de surpresa na tarde de 23 de novembro de 1964. Às 15h faleceu Silveira Sampaio: autor, ator, diretor, produtor de teatro e televisão, cronista político e empresário. Ele cumpriu importante papel na renovação do humor brasileiro e foi pioneiro no gênero *talk show*, com os programas *Bate-papo com Silveira Sampaio* e *SS show*, sendo este um carro-chefe das TVs *Record*, *Rio* e de outras que o transmitiam em videoteipe.

A alta cúpula do Canal 7 sentiu o impacto dessa perda imediatamente. Além de registrar grande audiência às sextas à noite, o *SS show* também trazia faturamento e espaço na mídia para a emissora. O programa era exaustivamente elogiado pela crítica e, não raro, suas entrevistas serviam de matéria-prima para reportagens publicadas nos jornais. Por tudo isso, o show tinha que continuar, mesmo sem o SS.

Logo no dia seguinte ao falecimento de Sampaio, Blota foi convidado por Paulinho de Carvalho para assumir a atração, que, naturalmente, precisaria mudar de nome. Assim nasceu o *Blota Jr. Show*.

Entre as principais marcas do *SS show* e do seu astro principal, estava a capacidade de realizar críticas políticas e entrevistas técnicas de forma leve e divertida. Exportação, por exemplo, era um dos temas mais abordados. Chegou a se encarreirar uma série de programas a respeito disso. Blota, com toda sua cultura geral e vida pública, além da enorme experiência com programas populares, era o substituto ideal de Sampaio, mas havia um porém: como líder de Adhemar de Barros na Assembleia, seria obrigado a defender o governo sempre que comparecesse um convidado ligado à oposição, afinal, ainda não havia censura. Para priorizar a sua nova missão artística e ganhar mais liberdade no vídeo, o Doutor teve que ir ao governador e abrir mão da sua liderança no Legislativo paulista.

Alguns dias depois do falecimento de Sampaio, na sexta-feira, 4 de dezembro de 1964, por volta de 22h30, diretamente dos estúdios da *Record*, exatamente como era o *SS Show*, estreava o *Blota Jr. Show*, com direção de Nilton Travesso. Como primeiro convidado, foi anunciado Jô Soares, que começou na televisão trabalhando ao lado de Silveira Sampaio e, já naquela época, sonhava em estrelar um *talk show*.

Durante as primeiras edições, buscou-se preservar o formato antigo: uma crônica política na abertura, seguida de entrevistas.

Apesar do enorme desafio de dar sequência a algo já consagrado, a crítica elogiou o Doutor na sua nova função: "Como vai Blota Jr. no programa de Silveira Sampaio? Resposta: muito bem", publicou a *Folha de S. Paulo* em 18 de dezembro de 1964.

Mesmo assim, internamente, percebia-se que não seria possível continuar mantendo com outro apresentador, por melhor que fosse, um esquema tão ligado à personalidade de Sampaio. Por isso, aos poucos, modificações foram introduzidas.

Reportagens gravadas ganharam mais espaço. Uma das mais impactantes foi ao ar em 12 de fevereiro de 1965, quando o programa apresentou aos brasileiros as imagens dos funerais de Winston Churchill, num trabalho da *NBC* que contou com 62 câmeras ao longo do cortejo, em Londres.

No palco, os principais entrevistados passaram a ser artistas, não políticos. Claro que figuras como Roberto Campos, então ministro do Planejamento, ainda frequentavam o programa e despertavam grande interesse do público, mas nada se comparava à presença de ídolos como Agnaldo Rayol, que fez todos os telefones da *Record* soarem sem parar. Do outro lado da linha, fãs desesperadas pediam para que ele continuasse no ar, cantando e contando sua vida. Para a produção, quanto mais ensurdecedor fosse esse tilintar, mais alta estava a audiência, ainda longe de ser medida minuto a minuto.

Esse fenômeno fazia com que, muitas vezes, o programa fosse esticado indefinidamente e só acabasse ao raiar do sábado. Além de exausto, Blota saía fervendo do estúdio devido aos enormes tambores de luz incandescente. Em situações como essa, em que chegava a ficar mais de seis horas no ar, independentemente da temperatura que se registrasse na madrugada paulistana, sua ação imediata ao chegar em casa era mergulhar na piscina e só sair quando o dia clareasse e seu corpo esfriasse.

O *cast* musical da *TV Record*, boa parte dele empresariado por Marcos Lázaro, também marcava presença no último bloco do *Blota Jr. Show*, com números especialmente produzidos por Manoel Carlos.

Entre as muitas vozes que se apresentaram no programa, esteve mais uma revelação feita pelo Doutor: Miriam Batucada. A primeira vez que a viu foi em seu escritório particular, na Avenida Brigadeiro Luís Antônio, levada por Mirna Lavec, irmã da cantora, e que trabalhava como modelo na agência de publicidade London, instalada um andar acima da sala de Blota Jr. Ele ficou encantado, não só com a sua voz, com o típico sotaque da Mooca, como também com a sua incrível capacidade de improvisar o ritmo das músicas usando as mãos.

– O que você vai fazer sexta à noite? Gostaria de participar do meu programa? – perguntou Blota.

No início, não foi fácil fazê-la vencer a timidez, mas, incentivada pela irmã, Miriam acabou aceitando o convite do Doutor. Durante duas horas, ela impressionou o público ao fazer música com tudo o que havia no palco do *Blota Jr. Show*: dos instrumentos musicais até a mesa do apresentador e, claro, com as próprias mãos. A repercussão foi tanta que, já no dia seguinte, participou do programa *Sábado com você*, apresentado por Sonia Ribeiro desde maio de 1964 e produzido pela London. Logo depois Miriam assinou contrato com Marcos Lázaro e com o Canal 7.

Além dos artistas, havia espaço ainda para figuras que tivessem histórias espantosas para contar. Elas vinham de todo o país, graças às passagens oferecidas por Omar Fontana, amigo de Blota e fundador da Sadia Transportes Aéreos, posteriormente chamada de Transbrasil. Foi o caso do pai de santo Joãozinho da Gomeia e do médium Chico Xavier, que concedeu a Blota Jr. uma de suas primeiras entrevistas em São Paulo, com duração de quase duas horas.

Outro convidado marcante e que gerou muita polêmica foi Aladino Félix. Usando o pseudônimo Sábado Dinotos, ele tinha acabado de lançar uma versão para o português do *As centúrias de Nostradamus*. Numa certa altura da entrevista, interpretando o livro, resolveu fazer uma previsão:

– O homem de barro será expulso e dará lugar ao homem de Natal.

Blota logo decifrou a frase: "barro" era Adhemar de Barros e "Natal" era Laudo Natel, o vice-governador. Ou seja, Félix previa que Adhemar seria deposto. Imediatamente, o apresentador interrompeu a entrevista, chamou os comerciais e, nos bastidores, distribuiu bronca para toda a equipe.

Mal sabiam eles, o Doutor e sua produção, que essa profecia se cumpriria.

* * *

A audiência do *Blota Jr. Show* crescia a cada semana. Além de líder em seu horário, o programa chegou a ser o mais importante de toda a *Record*. Apesar dos inúmeros compromissos, inclusive na política, Blota fazia questão de ser mais que apresentador. Diferente dos que chegavam em cima da hora de entrar no ar e fugiam quando os créditos começavam a subir, ele participava de todas as reuniões de equipe, formada pelos produtores Haya e Lafayette Hohagen, José Guimarães e Blota Neto. Blota interferia na escolha dos convidados e nos mínimos detalhes de cada quadro. Tinha um nome a zelar e, no caso, seu nome estava emprestado ao programa, o que aumentava ainda mais a responsabilidade.

Apesar de tanta pressão, o Doutor conseguiu conciliar por alguns meses o *Blota Jr. Show* com outra atração semanal ainda mais elaborada: *Gentes*, uma revista nas noites de domingo dirigida por Manoel Carlos. Neste caso, pelo menos, Blota dividia a apresentação com dona Sonia.

Gentes foi um dos primeiros programas da *Record* a empregar os rudimentos do videoteipe. Este novo recurso revolucionou a indústria da televisão, facilitando a busca pela perfeição, quase impossível de ser alcançada quando se faz ao vivo. Tudo, porém, culminava num difícil processo de edição que mais parecia artesanato: tinham que ser verificados enormes rolos de fita, cortados os pedaços desejados com gilete e, delicadamente, emendados, um a um, usando fita adesiva.

Na hora de gravar, cada sequência era repetida incontáveis vezes até se chegar ao resultado esperado. No caso do *Gentes*, tudo era ainda mais complexo pelo fato de reunir quadros tão diversos, como entrevistas, musicais, competições e brincadeiras.

Blota nunca mais se esqueceu da trabalheira que deu o programa de estreia, um tipo de ocasião sempre cercada de cuidados especiais. Sonia e ele entraram nos estúdios às oito da noite e só saíram às sete da manhã do outro dia. Depois, ainda tiveram que voltar e fazer mais três horas de gravação, para algumas inserções e correções de detalhes. Foram produzidas catorze horas que viraram apenas uma.

Esse programa renderia momentos memoráveis para o Doutor. Numa semana, foi convidado o coral da Faculdade de Direito do Largo de São Francisco, do qual ele nunca fizera parte, mas, graças à magia do videoteipe, ele pôde mudar essa história.

Inicialmente, foram registrados alguns instantes do grupo se apresentando. Num dado momento, a produção pediu para pararem. Foi quando Blota vestiu uma toga e pôs-se no meio do coral, abrindo e fechando a boca, fingindo que cantava. Assim, pôde ser apresentador e atração ao mesmo tempo e ainda voltar à sua *alma mater*.

Houve também uma oportunidade de unir a televisão e a política através da arte. Blota Jr. tinha como colega de Assembleia o também deputado Esmeraldo Tarquínio, que se destacava na oposição ao regime instaurado em 1964. As diferenças ideológicas nunca impediram o Doutor de admirar a capacidade de figuras da oposição, pelo contrário: sempre gostou de convidá--las a participar dos seus programas. Foi o que fez com Tarquínio, que ainda tinha uma qualidade extra: era um excelente cantor, tanto que chegou a atuar como profissional por mais de uma década. Até seu biotipo assemelhava-se ao dos grandes cantores negros de jazz dos Estados Unidos.

Para esse número, Blota e sua equipe pensaram em um esquema especial. Primeiro, levaram as câmeras da *Record* até o Palácio das Indústrias, onde filmaram Tarquínio na tribuna defendendo, inflamado, um ponto de vista. Em seguida, gravaram outro talento escondido na Assembleia: o taquígrafo e pianista Nelson Racy, com seus dedos ágeis em ação, como se registrasse o discurso do deputado. Fundiram essas duas cenas e, aos poucos, elas deram lugar a imagens produzidas em estúdio: as mãos de Racy sobre o piano e Tarquínio cantando no palco. Ao fundo o telespectador ouvia *"Ol' man river"*, na potente voz do parlamentar.

Infelizmente, todas essas imagens não existem mais. Além dos sucessivos incêndios que a *Record* sofreria e que consumiriam parte importante da memória da emissora, várias dessas fitas, caríssimas para os padrões da época, foram reutilizadas, apagando-se os registros originais.

Grande parte do trabalho de Blota Jr. na televisão acabou fulminada pela força das chamas e da contenção de despesas.

* * *

No lado da televisão tudo parecia resolvido, mas no da política, não. Depois de tempo ocupando a liderança da maioria, Blota não se sentia à vontade com a possibilidade de voltar a ser um parlamentar como outro qualquer. Consciente disso, o deputado Orlando Zancaner, líder do PSP, ajudou a intermediar uma solução junto a Adhemar.

Ainda em 1964, o governador havia manifestado o desejo de abrir quatro novas secretarias. Uma delas seria dedicada ao turismo, setor que, a despeito da sua importância, nunca havia tido tal *status* dentro do Executivo paulista. Então, como condição para aprovar na Assembleia a criação dessa pasta, Zancaner indicou o nome de Blota Jr. para assumi-la como seu primeiro titular.

O Doutor já tinha experiência no assunto: entre dezembro de 1959 e janeiro de 1961, foi presidente do Conselho Municipal de Turismo da cidade de São Paulo, onde promoveu cursos de capacitação e editou o primeiro guia turístico da capital paulista.

Adhemar registrou sua aprovação numa carta de 5 de janeiro de 1965. Nela, o governador qualificou a escolha feita pelo líder do PSP como "a mais feliz possível", ao mesmo tempo que lamentou não poder contar mais com Blota em sua defesa na Assembleia:

> Eu só lamento é privar essa Casa de tão eficiente deputado e, sobretudo, privar o Governo do Estado de São Paulo de tão dedicado colaborador na liderança da maioria. Não sei se vamos nos arrepender no futuro. A impressão que tenho é que não será fácil substituí-lo nessa importante liderança.

A fim de se preparar para a nova função, Blota aproveitou um rápido recesso que tirou na televisão durante o mês de fevereiro para, ao lado de dona Sonia, conhecer o que de melhor se fazia em matéria de turismo na Europa.

A imprensa compareceu ao embarque do casal de famosos, no aeroporto de Viracopos. Antes de entrarem no luxuoso Boeing 707 da Air France com destino a Paris, ficaram parados na escada por alguns instantes, se deixando fotografar. Sonia Ribeiro feliz, carregando uma pequena bolsa e um casaco; Blota Jr. sereno, sobraçando jornais. Uma cena sem surpresas, típica do jornalismo cor-de-rosa.

Além da França, viajaram também para a Espanha, Portugal, Itália, Suíça e Alemanha. Quando retornaram ao Brasil, faltavam poucos dias para a posse de Blota, que era comentada pelos principais jornais e revistas desde as primeiras semanas do ano.

Finalmente, às 11 horas da manhã de 8 de abril de 1965, os portões do Palácio dos Campos Elísios se abriram para o mais novo secretário de Estado e para uma verdadeira multidão que foi assisti-lo assinar o livro de posse. Nunca um evento desse tipo havia reunido tantas autoridades federais, estaduais e municipais, militares, cônsules, membros do clero, além de inúmeros profissionais de televisão e rádio, entre eles o então jovem repórter Reali Jr. O Salão Vermelho, onde aconteceu a cerimônia, não foi suficiente e outros dois salões também acabaram completamente tomados pelos presentes.

Pouco antes de dar a canetada, Adhemar discursou. Usando a si próprio como exemplo, aproveitou para dirigir um pedido misturado com conselho, conforme transcreveu *A Gazeta*:

> Vamos dar posse a uma criatura que todos os presentes conhecem muito bem no rádio e na televisão. Estamos convictos de que o titular desta nova secretaria irá dedicar-se de corpo e alma às suas novas funções. Sabemos que Blota Jr. é um homem de sete instrumentos e, por isso, fazemos-lhe um apelo: deixe de lado seis instrumentos e cuide apenas deste último que lhe estamos confiando. Não se pode pôr, diz a sabedoria popular, dois proveitos num saco. Durante muitos anos quisemos ser médico e político. Verificamos, ao cabo de algum tempo, que não éramos nem médico e nem político. Concentração no trabalho é o segredo do êxito em qualquer atividade.

Blota ouviu as palavras do governador com todo respeito, mas jamais as seguiu porque sempre se lembraria da vergonha que sentiu em 1958: depois de se dedicar demais à política e de menos à comunicação, não conseguiu ser reeleito deputado estadual. Por isso, preferia continuar lutando para conciliar as duas atividades, junto com várias outras, usando o máximo da disciplina que lhe era peculiar.

Já falando como o primeiro secretário dos Negócios do Turismo da história de São Paulo, o Doutor frisou que sua gestão acolheria a participação de todos os segmentos da sociedade.

> Gostaria de dizer-lhes que esta secretaria, embora tendo à frente um homem da política, tende a ser uma secretaria dinâmica em todos os seus termos, com as suas portas abertas a todas as boas iniciativas, na expectativa de que todas as boas ideias e de que todas as pessoas, de alta representação ou não, sejam altos dignitários, sejam estudantes ou operários. Todos, enfim, homens e mulheres de boa vontade, terão sempre aqui alguém para escutar-lhes os seus planos e ideias em benefício do incremento do turismo em nossa terra.

Logo em seu 6º dia no cargo, Blota Jr. concedeu uma coletiva de imprensa para detalhar as prioridades da sua gestão. A maior delas seria a elaboração de um mapa geoturístico que apresentasse as características de cada região do estado. Para cumprir, ele e sua equipe de trabalho fizeram incontáveis viagens. Visitaram desde estâncias hidrominerais e balneárias, onde foi regulamentada a instalação de *campings*, até as celebrações mais populares, como o Corpus Christi de Matão, com seus belos tapetes coloridos, e a Festa do Peixe, em Piracicaba, cuja 1ª edição recebeu o patrocínio da secretaria.

Em todas essas ocasiões, Blota sempre se fazia acompanhar de uma câmera 16 mm. Assim, conseguia fazer o seu trabalho político e, ao mesmo tempo, produzir reportagens para o *Blota Jr. Show*, que mostraram várias cidades e atrações turísticas pela primeira vez na televisão. Foi o caso, por exemplo, da Caverna do Diabo, em Eldorado (SP), que recebeu a visita de uma comitiva liderada pelo secretário dos Negócios do Turismo e por Adhemar de Barros.

Pensando na divulgação das maravilhas do estado de São Paulo, o Doutor trabalhou também para sacramentar a azaleia como flor oficial, a manacá-da-serra como árvore oficial, o bauru como sanduíche oficial e, claro, a caipirinha como bebida oficial. Foi Blota Jr. quem conseguiu fazer com que ela passasse a ser servida em todos os voos da Vasp. Para isso, usou um argumento semelhante ao que disparou contra o dono de bar que se recusava a vender cachaça:

– Se vocês oferecem todas as outras bebidas, por que não a caipirinha, que foi criada aqui?

Uma das ações de maior vulto da secretaria foi a montagem, a pedido do governador, de um grande *stand* na Feira do Atlântico, realizada em dezembro de 1965 no pavilhão de São Cristóvão, quando este ainda tinha teto, como parte das comemorações pelo IV Centenário do Rio de Janeiro.

Adhemar determinou que fosse usado como cenário um belo vagão-restaurante, com 23 metros de comprimento, recém-adquirido da estrada de ferro Sorocabana. Dentro dele, folhetos, fotos, painéis e filmes passariam entre canapés, caipirinhas e virados à paulista. Na saída, seria afixado um cartaz com a seguinte mensagem: "Muito obrigado. São Paulo tem tudo isso e Pelé duas vezes por semana".

A instalação dessa estrutura até seria fácil se não fosse um detalhe: a bitola da Central do Brasil era mais larga que a da Sorocabana. Resultado: o tal vagão teve que ser levado de caminhão pela via Dutra! Um trajeto que, em geral, demora algumas horas transformou-se numa saga de oito dias, já que a inusitada carga só podia ser transportada de madrugada, demandava escolta policial e tinha que passar por inúmeros trechos problemáticos e ainda sem duplicação.

E por falar em rodovia, Blota Jr. foi um dos idealizadores da Rio-Santos, que seria aberta nos anos 1970. São mais de 500 quilômetros de praias entre a Costa Verde fluminense e o litoral norte paulista.

Todas essas iniciativas, das menores às maiores, estavam em linha com as diretrizes estabelecidas por Blota: posicionar São Paulo como opção de destino também para lazer, não apenas para negócios, e chamar atenção de turistas de outros estados, indo além das rotas interior-capital e capital-litoral, responsáveis por boa parte das viagens feitas em terras paulistas.

Além do turismo, educação física e esporte também eram da alçada da pasta. Para auxiliá-lo nesses assuntos, Blota Jr. convidou Narciso Vernizzi, lembrando os tempos da *Panamericana*.

Vernizzi trabalhava tanto no Campos Elísios quanto no campo de futebol: o Doutor o colocou como técnico do time da secretaria.

* * *

Em 24 de abril de 1965, dois dias antes de Roberto Marinho inaugurar o Canal 4 do Rio de Janeiro, chegava às bancas a edição 814 da *Revista do Rádio*. Escondida no canto inferior esquerdo da página 40 estava a frase: "A *TV Globo* quer levar Blota Jr. para os seus penates".

Blota Jr. começara a viver o auge na televisão. Ao mesmo tempo que o show que levava seu nome era campeão de audiência, Blota seguia sendo o mestre de cerimônias de todos os eventos especiais da *Record*. Na política, era um nome de destaque no poder paulista, com grande influência junto ao governador. Além disso, beneficiava-se de toda a experiência que acumulou durante a carreira, que completaria 27 anos em 18 de agosto. Era um profissional raro e valioso.

Enquanto isso, a *TV Globo* começava suas atividades também em São Paulo, mas ainda com programação local. Foi comprada a *TV Paulista*, Canal 5, que enfrentava uma situação lastimável. Num memorando enviado ao conselho de administração da Time-Life, Joe Wallach informou que "a *TV Paulista*, na verdade, passou por dificuldades desde sua aquisição, em dezembro de 1964, em virtude de crises políticas e operacionais que começaram no Rio, com a consequente falta de supervisão gerencial em São Paulo".

Blota Jr. foi chamado justamente para ser o gestor que faltava em São Paulo. Ele assumiria o cargo de diretor artístico, com um salário pelo menos duas vezes maior que o pago pela *Record*. Ficou balançado.

A boataria em torno da proposta durou dois meses. No fim, Blota resolveu declinar do convite global e continuar na emissora dos Carvalho, que concederam um aumento substancial para o seu principal artista.

Quem sabia do tamanho da proposta ficou impressionado com a decisão tomada pelo Doutor. Tuta, por exemplo, não conteve a curiosidade:

– Blota, vem cá: uma baita grana e você não vai nessa?

– Na *Record*, Tuta, eu tenho audiência. Como quero me reeleger deputado, vou conseguir mais facilmente estando aqui. Ainda tenho um ano inteiro para trabalhar pela minha candidatura – explicou Blota.

Outro dos benefícios oriundos dessa escolha foi poder continuar desfrutando do clima de camaradagem que pairava na sede da *Record*, próximo do aeroporto. Isso ficava ainda mais evidente nas festas da empresa, como a que comemorou o 12º aniversário do Canal 7.

Todos os empregados se reuniram sob a lona do circo do Arrelia para participar de uma série de sorteios oferecidos pela AFEU. Dentre os vários prêmios, um se destacava. Era o sonho de dez entre dez brasileiros naquela época: um Fusca zero quilômetro.

Como sempre acontecia em eventos assim, Blota Jr. e Sonia Ribeiro foram convocados para animar a confraternização e cantar os números, coisa que o Doutor, apaixonado por jogos, adorava fazer.

A turma já estava impaciente quando o casal começou a anunciar os primeiros ganhadores. Apesar de ninguém reclamar da possibilidade de ganhar tantos brindes, o fato é que todos só pensavam no fusquinha e já estavam ansiosos para que a hora dele chegasse.

Finalmente, Blota anunciou:

– E o automóvel zero quilômetro vai para...

Ao dizer o tão aguardado número, todos se entreolharam, procurando o felizardo. Mas, para surpresa geral, o grito de "ganhei!" veio mesmo do palco: Sonia Ribeiro foi a sorteada.

Logo começou uma enorme algazarra, com vaias e assobios misturando-se a gritos de "marmelada". De microfone em punho, o Doutor, que sabia bem como lidar com plateias nervosas, foi acalmar o pessoal.

– Amigos, acho justo que, como a Sonia ganhou o prêmio, que ela fique com ele, mas, para mostrar o quanto admiro os companheiros, prometo que sábado que vem, aqui mesmo, sortearei um de meus carros!

A euforia se instalou no ambiente, afinal, a primeira imagem que veio à cabeça de todos foi a do elegante Mercedes-Benz azul-marinho que Blota dirigia para ir trabalhar. Ele era o único da empresa a ter uma máquina dessas.

Na barbearia, no refeitório, no estacionamento, nos estúdios, nas salas e nos corredores da *Record*, todas as conversas, durante uma semana, tiveram um único assunto: o novo sorteio. Não houve limites para a criatividade. Muitos tentavam adivinhar "qual dos Mercedes o Doutor vai sortear?".

E o tão aguardado sábado chegou. Estavam todos novamente reunidos no circo do Arrelia, esfregando as mãos. Quando Blota Jr. anunciou a chegada do prêmio, o que se viu primeiro foi uma enorme fumaceira. Não se tratava de gelo seco para provocar suspense: era o óleo que Nelson Bruno, assessor do Doutor, havia acabado de colocar para queimar no carburador.

Logo que a densa neblina se dissipou, surgiu o prêmio: era um frustrante Oldsmobile 1941 em péssimo estado, muito distante do carrão que todos sonhavam. A gargalhada foi geral.

Para ajudar um funcionário da Secretaria de Negócios do Turismo que passava por dificuldades financeiras, Blota Jr. comprou dele aquela lata velha.

Mas o que parecia ser um presente de grego acabou vindo em boa hora para Lyba Fridman. Ela, que trabalhava na assessoria de imprensa das *Emissoras Unidas*, precisava pagar uma dívida de aluguel e tinha medo de ser despejada. Imediatamente após ser sorteada, Lyba foi a um ferro velho, vendeu o Oldsmobile e, com o dinheiro, conseguiu saldar a dívida.

A jornalista sentiu-se eternamente grata a Blota, que, com um mesmo carro usado, conseguiu ajudar duas pessoas.

* * *

Quase ao apagar das luzes de 1965, o presidente Castello Branco baixou o Ato Institucional nº 2, que deu a ele o poder de decretar estado de sítio por 180 dias sem consulta prévia ao Congresso Nacional, impôs a eleição indireta para presidente e vice e extinguiu todos os partidos políticos. No lugar deles, nasceram dois novos: o Movimento Democrático Brasileiro, MDB, reunindo a oposição, e a Aliança Renovadora Nacional, Arena, representando a situação.

Graças a Adhemar de Barros, a Arena já nasceu grande em São Paulo, pois contou com toda a base do antigo PSP, mas a relação entre o governador paulista e o regime militar logo se desgastaria. Sentindo-se isolado, ele começou a articular os descontentes e até mandou comprar armamentos para a Força Pública, para o caso de um confronto com tropas nacionais.

Em 17 de maio de 1966, Blota Jr. apresentou o seu pedido de demissão do cargo de secretário dos Negócios do Turismo. Foi integrar a liderança dos ex--pessepistas na Assembleia Legislativa, às vésperas de Adhemar sofrer o golpe de misericórdia: a cassação do seu cargo e direitos políticos, em 5 de junho.

No dia seguinte, Blota Jr. falou sobre isso à reportagem do *Jornal do Brasil*:

> Não há como fazer uma apreciação histórica da cassação dos direitos políticos do Sr. Adhemar de Barros em cima dos acontecimentos. É necessário esperar que esse ato, como os demais de igual teor que vierem a ser executados, seja para melhor.

No dia 8, foi lido no plenário um manifesto dos adhemaristas, que lançaram um apelo "para que permaneçam todos unidos em torno da certeza de que essa inquebrantável unidade nos permitirá continuar na luta altiva".

Durante os seus primeiros tempos na Arena, Blota, ao lado de Orlando Zancaner, trabalhou intensamente na articulação entre o bloco que era PSP e os vários outros setores do novo partido governista. Chegou até a ser cogitado para a vaga de vice-governador na chapa de Abreu Sodré, seu colega na Faculdade de Direito e que assumiria o governo em 1967. Por fim, esse posto acabou assumido por Hilário Torloni. Ao Doutor, restou a tarefa de buscar mais um mandato como deputado estadual.

Durante o seu segundo mandato, Blota Jr., além da intensa atividade como líder e secretário dos Negócios do Turismo, integrou as comissões de Constituição e Justiça, Educação e Cultura e Redação. Em 1963 e 1964, a imprensa especializada o apontou como "um dos dez mais eficientes deputados paulistas". Foi patrono da emancipação político-administrativa de Francisco Morato e Rafard, recebendo título de cidadão nessas cidades e também em Poá, Ferraz de Vasconcelos, Matão, Eldorado e Caraguatatuba, graças aos serviços que prestou e à projeção que deu a elas enquanto secretário e homem de televisão. Tornou-se, ainda, o primeiro cidadão honorário da história de Ribeirão Bonito. Foi o autor das leis que criaram o serviço obstetrício domiciliar na sua cidade natal, as escolas ginasiais na Vila dos Remédios e em Praia Grande e das que declararam de utilidade pública o Centro Acadêmico de Sociologia e Política, CESP, a AFEU e o Clube Atlético Indiano.

Também foi de sua autoria a Lei nº 9.008, de 7 de outubro de 1965. Através dela, estendeu-se o Prêmio Governador do Estado aos profissionais de rádio e TV. Antes, apenas o teatro e o cinema eram homenageados. Mais uma iniciativa de Blota no sentido de fazer os radialistas serem mais respeitados pela sociedade.

Além do troféu, que era entregue durante a cerimônia do Roquette Pinto, o laureado também recebia uma quantia em dinheiro. Por coincidência, Blota Jr. ganhou o primeiro prêmio Governador do Estado na categoria apresentador, o que lhe valeu 500 mil cruzeiros. Sem pensar duas vezes, tomou uma atitude comovente: dividiu o valor em partes iguais e as distribuiu entre toda a equipe do *Blota Jr. Show*, começando pelos empregados mais simples.

* * *

Onde quer que estivesse, as qualidades do Doutor eram facilmente notadas. Até seus adversários políticos reconheciam e admiravam o respeito que ele tinha pelas opiniões contrárias e todo o seu conhecimento, elegância, oratória, versatilidade e incrível capacidade de trabalho. Havia, porém, um aspecto na sua personalidade que, a princípio, parecia positivo, mas que acabava lhe roubando saúde e tempo em família: Blota Jr. era incapaz de dizer "não".

Blota sempre buscava ajudar, independentemente do problema que lhe apresentassem. Podia ser uma bolsa de estudos, algo que concedeu incontáveis vezes enquanto foi deputado, um estágio, um emprego, uma primeira chance ao microfone, um espaço para divulgar algum novo livro, uma orientação jurídica, uma doação para entidade assistencial ou pessoa em dificuldade, e tudo mais que se possa imaginar.

Certo dia, ouviu do amigo Bruno Caloi um pedido de ajuda. Sua indústria de bicicletas estava prestes a falir.

A história da Caloi havia começado em 1898, a partir do esforço do imigrante italiano Luigi Caloi. Após sua morte, em 1924, a segunda geração da família assumiu o negócio. Pelas mãos de Guido Caloi, a companhia deixou de ser uma mera importadora para transformar-se na primeira fábrica de bicicletas do Brasil, instalada no bairro paulistano do Brooklin. Em 1955, Guido faleceu e, em seu lugar, Bruno Antonio tornou-se diretor-presidente da Caloi. Ele era casado com Iracy Ambrosio, que cresceu ao lado de Sonia e Janette Ribeiro, sendo criada quase como uma irmã.

Desde o instante em que tomou posse no principal cargo da empresa fundada por seu avô, até o dia em que falou de negócios com o Doutor, Bruno devotou boa parte do seu tempo à luta para impulsionar as vendas e sanear as finanças da Caloi. Blota Jr., que era praticamente seu concunhado, poderia ajudá-lo tanto num assunto quanto no outro, afinal, era um homem de destaque na comunicação, desfrutava de grande credibilidade, tinha profundo conhecimento das leis e experiência em postos de comando.

Blota atendeu aos apelos de Bruno, que lhe deu a vice-presidência e a direção jurídica da companhia. Juntos, começaram a trilhar, de credor em credor, a via-crúcis da renegociação das dívidas. O passo mais difícil foi numa instituição financeira que não aceitava rever qualquer condição e estava decidida a pedir a falência da Caloi. Durante uma tensa reunião, o Doutor formulou a seguinte proposta:

– E se nós criássemos uma comissão para fiscalizar mensalmente os compromissos da fábrica e asseverar que estamos cumprindo com tudo aquilo que prometemos?

O banqueiro deu uma sonora gargalhada. Certamente pensando que de boa intenção o inferno está cheio, perguntou:

– Ah, sim! E quem o senhor pensa em pôr de presidente dessa comissão?

A resposta de Blota foi imediata:

– O senhor mesmo!

Surpreso, o credor aceitou a tarefa.

Ao mesmo tempo em que os compromissos foram sendo honrados, implantou-se uma gestão mais profissional na empresa, com um rígido controle das finanças. Graças aos espaços abertos por Blota Jr., especialmente na tela da *Record*, a marca Caloi voltou a ganhar força. Com a sensibilidade e a paixão de Bruno pelas duas rodas, foi lançada uma série de modelos inovadores, que se converteram em fenômenos de vendagem e símbolos máximos da infância e da juventude de milhões de brasileiros.

Por mais de uma década, o Doutor dedicou-se à Indústria e Comércio de Bicicletas Caloi S.A. como diretor vice-presidente. Durante esse período, ela deixou a falência para transformar-se na maior indústria do setor na América Latina.

* * *

Blota Jr. não gostava de acordar cedo, afinal, costumava trabalhar até muito tarde. Sobre isso, dizia brincando que só conseguia ler os jornais matutinos à tarde e os vespertinos à noite, pouco antes de ir para a cama. Às sextas-feiras, as chances disso acontecer ficavam ainda maiores, pois era quando apresentava o *Blota Jr. Show* e não tinha hora para sair do estúdio.

Porém, em 29 de julho de 1966, justamente uma sexta-feira, o Doutor levantou antes do horário normal. Foi acordado com a notícia que o rádio havia tratado de espalhar rapidamente por toda São Paulo: desde as 7h20, os estúdios das *Emissoras Unidas* estavam em chamas. O susto, apesar de grande, não paralisou Blota, que se colocou à disposição para ajudar em tudo que fosse necessário.

Esse mesmo sentimento também tomou conta das demais estrelas da *Record*. Hebe Camargo, por exemplo, chegou a ajudar na retirada de equipamentos do meio dos escombros e teve uma crise de choro ao saber que, da central técnica, coração da emissora, não havia sobrado nem um único fio. Entre equipamentos e instalações, o prejuízo total foi calculado em 2 bilhões de cruzeiros.

Enquanto mais de 200 bombeiros ainda lutavam contra o fogo, Blota Jr., seguindo as orientações da direção, partiu em disparada para o Teatro Record Consolação. Lá estavam as três velhas câmeras Dumont que, a partir daquele dia, passaram a ser as únicas de toda a emissora. De lá, às 11 horas da manhã, o Doutor abriu a programação do Canal 7. Num discurso de improviso, resumiu os acontecimentos, agradeceu todo o apoio recebido do público e, ao final, fez um anúncio oficial:

– A *Record* continua viva, continua com a sua programação que, a partir de agora, está instalada aqui, no Teatro Record!

As rádios do grupo também foram atingidas e tiveram que ser transferidas para instalações junto à torre de transmissão. Mesmo assim, elas ajudaram o Canal 7 a voltar ao ar. Além de pedir a colaboração dos que moravam próximo do local do incêndio, a *Jovem Pan*, por exemplo, entrou em rede com a *TV Record* durante o programa que Hebe comandava nos 620 Khz.

O que o telespectador passou a ver foi uma programação improvisada. Às pressas, os diretores buscaram compensar a ausência de atrações gravadas, afinal, todas elas haviam sido incineradas. Em seu departamento de videoteipe, a *Record* guardava mais de 300 rolos de filmes. Neles estavam registradas muitas preciosidades, como shows com estrelas internacionais apresentadas por Blota Jr., coberturas históricas e até uma série de gols de Pelé vendida para a italiana *RAI*.

À noite, o programa *Côrte Rayol show* foi integralmente refeito ao vivo. Nos intervalos, Agnaldo Rayol e Randal Juliano convidavam o público a prestigiar pessoalmente os programas da emissora no Teatro Record.

– O espetáculo continua. Com os programas sofrendo todos os riscos, sem videoteipe, iremos diretamente para o ar. Agradecemos os abraços, mas não queremos lágrimas do público – disse Randal, que passou o comando da programação para Blota Jr.

Ao Doutor, coube a missão de abrir e também fechar aquele dia histórico para a Record. Ele apresentou uma edição especial do *Blota Jr. show*, permanecendo no ar até 1h30.

Apesar da tristeza geral de ver anos de trabalho virar pó em questão de horas, não havia tempo para lamentações. Como uma fênix, a emissora precisava renascer das cinzas, e rápido. Caso contrário, os prejuízos seriam ainda maiores. Quando ainda via sua empresa fumegar, doutor Paulo reviveu o brio dos revolucionários de 1932:

– Só Deus pode abater um paulista, um incêndio, não. Mesmo debaixo de um telheiro, continuaremos no ar.

Mesmo angustiado com a suspeita de ter sido vítima de uma ação criminosa, ele procurava animar seus empregados, dizendo coisas como "recomeçar tudo", "para a frente!", "pra que chorar?". Rapidamente, a moral da tropa começou a se elevar. Cinco dias após o incêndio, a *Folha de S. Paulo* já definia o clima na emissora como sendo de "animação".

Para a reconstrução do Canal 7, outro aspecto fundamental foi a união. Primeiro, a união física: todos passaram a trabalhar espremidos no Teatro Record Consolação. Segundo, a união de forças: os diretores Tuta, Nilton Travesso, Manoel Carlos e Raul Duarte formaram a equipe A, na qual cada um contribuía com suas especialidades para a realização das atrações de maior sucesso da emissora. Eles passaram a se reunir semanalmente com Paulinho de Carvalho para decidir os rumos da programação, num clima de descontração e marcado por boas risadas. Sempre que possível, dada sua infinita agenda de compromissos, Blota comparecia a essas ocasiões e participava das decisões.

Por conta da luta contra as várias limitações impostas pela tragédia, ninguém teve condições de prever a resposta que a audiência daria a essa nova *Record* que o fogo fez nascer. Sem que ninguém esperasse, a obrigação de fazer tudo ao vivo e com grandes plateias acabou reenergizando o canal.

Os novos programas criados para preencher a grade viraram fenômenos de popularidade e as atrações que já estavam no ar viram seus índices dispararem.

Um dos exemplos disso foi a cerimônia de entrega dos prêmios Roquette Pinto e Governador do Estado, que se consolidou como o momento mais aguardado do ano na televisão. Todo artista da época sonhava com a noite em que seria chamado ao palco por Blota Jr. e Sonia Ribeiro para receber o seu laurel. Ângela Maria, por exemplo, não escondeu esse sentimento quando chegou a sua vez:

– Eu considero este papagaio um Oscar brasileiro. O artista só consegue se realizar totalmente quando recebe este papagaio.

Walter Foster, pioneiro da televisão, ao ganhar o Governador do Estado pelo programa *Paulistas e cariocas*, disse:

– Eu me sinto profundamente honrado e duplamente orgulhoso em receber este prêmio do maior apresentador de todos os tempos, que é meu amigo Blota Jr.

Entre discursos emocionados e grandes números musicais e humorísticos, era a verve do Doutor que dava o tom da cerimônia. Mesmo com toda sua elegância ao falar, trajando sempre um *smoking* impecável, ele jamais perdia uma piada.

Jacqueline, que havia sido eleita uma das certinhas do Lalau, foi receber o seu Roquette como revelação feminina da TV. Chamando a atenção do público com seu corpo escultural, ela dirigiu-se ao palco e pediu a palavra.

– Antes de mais nada, quero agradecer à minha mãe, que me fez como sou.

Ao ouvir tanta originalidade, Blota a interrompeu dizendo:

– Minha filha, isso você não precisa agradecer. Sendo como você é, nós é que agradecemos à sua mãe.

A amiga Nair Bello também foi alvo da fina ironia do Doutor quando ganhou o seu papagaio dourado:

– E agora, vamos chamar uma atriz que tem três filhos com nomes muito diferentes e inusitados: Zé, Mané e Maria!

Com essa brincadeira, Blota expôs ao público seu inconformismo com o hábito que o casal Nair e Irineu tinha de batizar seus filhos com nomes tão comuns. Ao ser convidado por ela para ser padrinho da sua quarta criança, impôs uma condição:

– Só se você botar um nome fora do convencional!

Por fim, foi ele quem escolheu o nome da bebê: Ana Paula.

Blota Jr. e Sonia Ribeiro apadrinharam muitos outros casamentos e filhos de amigos da televisão. Silvio Luiz, por exemplo, fez questão de tê-los como padrinhos da sua filha Andrea. Ele, assim como outros colegas na *Record*, tinha o Doutor como um exemplo de profissional e de chefe de família.

Tanta reverência ficava evidente no vídeo, principalmente quando Blota e Sonia se juntavam a todo o restante do elenco da *Record* num mesmo espetáculo. Era o que acontecia no *Show do dia 7*, que, todo mês, tinha um tema diferente, sempre permeado com muita música e humor. Além de fazer a costura entre os quadros, o Doutor tinha a árdua tarefa de preencher, com seus discursos improvisados, a ausência de atrações, afinal, a maioria dos artistas queria ter a honra de encerrar o programa, e não abri-lo. Foram inúmeras as vezes em que Blota começou o programa sem ter o que anunciar. Numa das edições, deixou isso subentendido ao público:

– Boa-noite, senhoras e senhores. Mais um *Show do dia 7* vai para o ar. E, pela primeira vez, venho apresentá-lo sem que as cortinas estejam abertas, para que o público conheça o que é que vai acontecer nesta noite. É verdade que todos os meses há certo suspense. Suspense do público para saber o que é que vai acontecer, mas muito maior suspense da nossa equipe de produtores para descobrir o que é que vai fazer.

Ele só parava de falar quando ouvia Nilton Travesso gritar, da coxia, o nome de algum cantor que havia chegado e já estava pronto para entrar. Em geral, os mais pontuais eram os da velha guarda. A partir daí, Blota tinha que ser muito criativo para costurar o assunto que abordava com o nome e o estilo do artista que teria de chamar.

Havia ainda outro agravante: a fragilidade da grade de programação da *Record*, que obrigava os programas de auditório, fontes certas de grande audiência, a serem esticados quase que indefinidamente. Algo que originalmente fora criado para durar duas horas, acabava tendo que virar quatro. Com suas falas, Blota também ajudava muito nessa tarefa.

Em suma, o talento do Doutor foi fundamental para viabilizar todo o precário modelo de funcionamento do Canal 7 em seus tempos pós-incêndio, marcado pela falta de atrações e de recursos técnicos. Em condições como essa, improvisar era lei. E ninguém sabia cumpri-la tão bem quanto Blota.

No *Show do dia 7* fez-se quase tudo: de versões de clássicos como *Romeu e Julieta* ao aniversário de Carlo Bronco Dinossauro, principal personagem da *Família Trapo* e da carreira de Ronald Golias. Nessa ocasião, Verinha, interpretada por Cidinha Campos, armou uma grande festa no quintal dos Trapo com todos os artistas do Canal 7. Blota Jr. e Sonia Ribeiro foram os primeiros a chegar. Tentando agradá-los, Otello Peppino, o patriarca nascido na Itália vivido por Otello Zeloni, falou com seu sotaque característico:

– Sem exagero, sou o fã número um do senhor! Pense que eu até votei no senhor!

Ele logo é interpelado pelo filho, Sócrates, interpretado por Ricardo Corte Real, que quase apanha:

– Mas estrangeiro não vota...

– Fica calado! Votei pra ele sim! O que é que tem? Sou italiano, votei pra ele na Itália, no Palmeiras...

Helena, a mãe vivida por Renata Fronzi, tentou explicar melhor:

– Venha cá! O negócio é o seguinte: quando seu pai diz que votou no Blota é que foi através do meu voto, entendeu? E do trabalho que ele fez angariando votos para Blota Jr., não é?

Num outro momento do show, já com Golias no palco, o Doutor voltou à cena. Como na tribuna da Assembleia Legislativa, proferiu um discurso inflamado, ressaltando as qualidades tidas, ou não, pelo aniversariante:

– Eu tenho feito discurso em lugares piores, mas mais movimentado que esse é difícil... Mas, como eu ia dizendo, em nome da *TV Record*, a Sonia e eu tomamos a iniciativa de trazer este show para o aconchego deste lar. E então, Bronco, para você, que é a representação máxima da família, aquele homem que ganha o seu sustento com o suor do seu rosto, o grande irmão, o grande cunhado, o grande tio, este show é dedicado. Porque muitos podem não compreender você, Bronco, mas nós compreendemos! E trouxemos esses artistas... É verdade que um pouco mais de homem do que de mulher, mas quem fez a lista foi a sua sobrinha, nós não temos culpa, ela só escolheu homem... Nós lhe dedicamos este show na expectativa de que, no próximo dia 7 de julho, você esteja em condições, ainda vivo, embora não esteja numa cadeira de rodas, para receber novamente este show. Era o que eu queria dizer. Pode usar da palavra.

Num misto de emoção com embriaguez, Bronco tentou responder, disparando frases a esmo, com uma voz pastosa:

– Obrigado a você, Blota... Estou realmente sensibilizado... É motivo de orgulho... São certas coisas que... Pelo amor de Deus, Blota!

A plateia riu junto com o Doutor. Bronco continuou:

– Dona Sonia, eu não a abraço por motivos óbvios...

Blota Jr., que estava ao lado, completou:

– Ainda bem! Para não amassar o vestido, não é?

Tentando retribuir as palavras do Doutor, o cunhado folgado começou a discursar também:

– O Blota é um homem inteligente. É um homem *curto*. Um homem preparado. Um homem que possui uma biblioteca na cabeça. É um homem com O maiúsculo!

Ao ouvir isso, Sonia não conseguiu se segurar e caiu na gargalhada, apoiando-se no marido, que virou o rosto para trás, numa tentativa de esconder o sorriso.

– E eu vou lhe dizer, dona Sonia: o Blota é um homem singular! E por que não dizer plural, adjetivo qualificativo? Portanto, a senhora me permita – disse Bronco, estendendo a mão direita para cumprimentá-la –, meus pêsames! Com a palavra, o nobre colega!

* * *

Conforme as piadas sugeriam, as figuras do artista e do político Blota Jr. estavam cada vez mais misturadas. Uma impulsionava a outra, numa simbiose que crescia a despeito até da própria legislação vigente. Um exemplo disso aconteceu em 1966, quando Solano Ribeiro e Paulinho de Carvalho trouxeram para a *Record* o *II Festival da Música Popular Brasileira*, seis anos depois de a emissora ter promovido a sua primeira tentativa nesse gênero, no Grande Hotel Guarujá.

Desde o início, estava certo que Blota e Sonia seriam os apresentadores. O público já estava acostumado a vê-los comandarem todos os grandes eventos promovidos pelo Canal 7, acumulando uma experiência que seria fundamental na hora de comandar uma plateia que se mostraria indomável.

O *II Festival* estreou na noite de 27 de setembro, instante exato em que a *TV Record* completava 13 anos no ar. O casal oficial comandou as três eliminatórias, mas a final reservou uma surpresa. Na noite de 10 de outubro, todas as acaloradas discussões sobre qual seria a música campeã, se "A banda" ou "Disparada", pararam por um instante. Foi quando a plateia viu entrar no palco Sonia Ribeiro acompanhada de Randal Juliano.

Diante do estranhamento geral, traduzido num estrondoso "oooooh!", Sonia explicou que Blota Jr. não poderia estar diante das câmeras apresentando aquela finalíssima por força da lei eleitoral. Bastou esse simples aviso para todos entenderem que o Doutor era candidato. Foi um enorme impulso para a sua campanha, afinal, a audiência registrada naquela noite foi imensa. Com o patrocínio do sabão em pó Viva, o *II Festival* estava em cadeia pelas televisões *Record*, *Paulista* e *Globo* do Rio de Janeiro, e pelas ondas curtas e médias da *Jovem Pan*.

Assim, com certa facilidade, Blota conquistou o terceiro mandato como deputado estadual. Foi eleito com 27.454 votos, seu melhor resultado nas urnas até então.

* * *

A necessidade de acomodar tantos programas num espaço como o Teatro Record acabava gerando situações inusitadas. Um dos que mais sentiram isso foi o *Blota Jr. Show*. Ele nasceu como uma produção de estúdio, cuja plateia, quando existia, era pequena e restrita a poucas figuras previamente convidadas. A partir do momento que se mudou para o palco na Consolação, passou a ter centenas de lugares disponíveis. Mesmo não sendo chamadas a comparecer, afinal, a atração entrava madrugada adentro, muitas pessoas que andavam pelas ruas de São Paulo viam a porta do teatro aberta e simplesmente entravam, fazendo do *Blota Jr. Show* o ponto final das suas noitadas. Algumas chegavam bêbadas, recostando-se nas poltronas como se tentassem relaxar vendo as entrevistas do Blota.

Com o passar do tempo, o formato desse programa sofreu alterações. As entrevistas mais festivas, com os grandes artistas da época, passaram, aos poucos, para o programa dominical de Hebe Camargo, lançado em abril de 1966 e que se tornou a grande sala de visitas do Brasil. Enquanto isso, o Doutor refugiou-se em temas mais jornalísticos, o que acabou originando uma nova atração: *Diálogo com Blota Jr.*, apresentado nas noites de terça-feira.

Isso marcou o fim do *Blota Jr. Show* na *Record*, mas estava longe de significar uma redução da presença de Blota no vídeo, que seguia à frente de todos os grandes eventos do Canal 7. Além disso, às quintas-feiras, a partir das 20 horas, São Paulo parava para vê-lo comandar um *game show* musical nascido durante as reuniões da equipe A e batizado por Manoel Carlos, inspirado num romance de Luigi Pirandello: *Esta noite se improvisa*.

O trabalho de produção começava com uma comissão de *experts* em música popular que incluía os próprios diretores do programa. Ela era responsável por escolher 52 palavras que constassem na letra de canções já gravadas. Cada uma delas era colocada dentro de um envelope numerado e lacrado.

No palco do Teatro Record, de frente para a assistência, sentavam-se os seis convidados daquela semana, todos contratados do Canal 7. Durante essa fase áurea, a emissora dispunha de um elenco fixo com mais de 80 músicos que reunia desde estrelas consagradas ainda no tempo do palacete Tereza Toledo Lara, caso de Elizeth Cardoso e Isaurinha Garcia, até jovens talentos que começavam a virar ídolos nacionais, como Roberto Carlos e Elis Regina. Em termos de música, tratou-se do maior e melhor elenco jamais reunido por uma emissora de televisão no Brasil em todos os tempos.

Cada participante escolhia a cadeira na qual gostaria de sentar. Todas elas dispunham de uma campainha que, quando acionada, além de disparar seu som característico, também fazia acender o número relativo ao seu assento.

Com todos em seus lugares, Blota pedia para que um deles escolhesse um número de 1 a 52. Feito isso, ele pegava o envelope correspondente, rasgava, tirando de dentro dele o papel com a palavra da vez, que poderia ser qualquer uma: "saudade", "luar", "esperança", "amor" etc. Ao anunciá-la, o competidor deveria bater na campainha, correr até o microfone e, em 15 segundos, cantar uma canção que tivesse a tal palavra. A pontuação variava: se interpretasse um trecho completo de alguma música bem conhecida, ganharia seis pontos; se cantasse apenas uma parte ou se a composição não fosse tão popular, poderia receber de um a quatro pontos; mas se fosse afobado para apertar o botão, corresse até o microfone e não soubesse ou não lembrasse o que iria defender, perderia seis pontos. Muitos incorriam neste último caso, o que fazia Blota passar a palavra para a plateia, onde escolhia, entre aqueles que levantassem o braço, alguém para ir até o microfone tentar a sorte. No mínimo, essa pessoa levaria um prêmio pela participação. Ou seja, apesar do "improvisa" presente no nome, esta não era propriamente a palavra de ordem do programa, todo baseado em músicas que já existissem.

A *avant-première* desse formato foi durante uma edição do *Show do dia 7*. Por causa da falta de estrutura, não havia tempo nem espaço para a gravação de *pilotos*, como são chamados os programas-teste que não necessariamente vão ao ar. A única saída era testá-los ao vivo e o *Show do dia 7*, espaço aberto para a criatividade da equipe A, tornava-se o campo de provas ideal.

Foi durante esse *piloto*, apresentado com Hebe Camargo, que Blota Jr. reparou na quantidade de apressados que, mesmo sem terem pensado numa música para cantar, apertavam o botão e partiam em disparada rumo ao microfone, numa tentativa de garantir algum ponto para si e/ou tirar a chance dos concorrentes. Por isso, desde o dia em que o *Esta noite se improvisa* entrou de vez na grade da *Record*, 4 de maio de 1967, o Doutor resolveu incorporar algo novo a sua fala. Em vez de abrir o envelope e imediatamente lançar o desafio, resolveu criar um suspense:

– Atenção! A palavra é... – dizia Blota, que, a partir daí, iniciava uma contagem regressiva mental, do 3 ao 1, para só então revelar o termo da vez.

A expressão "A palavra é" logo caiu na boca do povo, que passou a usá-la para referir-se ao programa, tornando-se até mais forte que o título original.

Outro sintoma do sucesso era verificado na bilheteria: os ingressos, vendidos a preço de peça teatral, se esgotavam rapidamente toda semana.

Era um evento social de alto nível frequentar a plateia do Teatro Record para assistir e brincar com Blota Jr.

Num dos programas, ele resolveu lançar um desafio para a plateia e, ao mesmo tempo, homenagear sua cidade natal:

– Atenção! A palavra é... Ribeirão Bonito!

O silêncio tomou conta do público. As câmeras tentavam encontrar algum movimento. Até que, finalmente, uma pessoa se levantou, foi até o microfone e começou a cantar repetidas vezes:

– Araraquara / Ribeirão Bonito...

Blota insistiu:

– Continue! O que mais?

Como o candidato não conseguia dizer mais nada além do nome dessas duas cidades, Blota só teve uma resposta a dar:

– Ah, sai daí! Chega!

Seja com os erros, seja com os acertos, todos sempre se divertiam.

Quando perguntado sobre como conseguiu construir essa ligação tão direta com o público, Blota Jr. expunha uma tese formulada durante os seus muitos anos de carreira nos palcos:

– Cada vez que o comunicador se preocupa demais com a câmera e, portanto, com o telespectador em sua casa, dificilmente ele alcança essa empatia que é altamente necessária para que se consagre nessa função de chegar junto ao coração do público. É paradoxo, mas como é que eu acho que procedia e que, acredito, os demais procedem? Você tem à sua frente um auditório. Você tem figuras em carne e osso. Na medida em que faz esse programa para o auditório, esquecido das câmeras, deixando apenas que os câmeras, na sua sagrada função, persigam você, e que o diretor de TV, apertando botões, pegue o seu melhor ângulo, o fato é que está conversando com aquelas pessoas, e, de certa maneira, o telespectador em casa fica sendo um participante privilegiado que está acompanhando uma festa sem necessidade de reagir ou de interagir com aquilo que está acontecendo. Ele fica, portanto, sentindo-se inteiramente à vontade porque aquilo está sendo feito para ele e não com ele.

Algo que também fazia toda a diferença era o alto nível dos artistas convidados, cada um emprestando a sua personalidade e compondo momentos únicos de rivalidade típicas do *Telecatch*.

Chico Buarque, por exemplo, tornou-se uma espécie de herói do programa. Era o participante que possuía o maior repertório e mesmo que não conhecesse alguma música com a palavra dita pelo Doutor, ele poderia inventar na hora, como de fato fez numa de suas participações.

– Atenção! A palavra é... *Não interessa*!

Assim que Blota Jr. terminou de falar, Chico apertou o botão e foi até o microfone. Para Caçulinha e seu regional, presenças fixas no programa, pediu dó maior. Logo começou a cantarolar uma música inteira, repleta de rimas. Para completar, disse qual teria sido o compositor, o intérprete e até o ano de lançamento: 1952. Apesar de tantos detalhes, os competidores desconfiaram e começaram a se entreolhar. Foi quando Blota lhe perguntou:

– Que nota você merece, Chico?

Puxando um cigarro, respondeu:

– Mereço menos seis. Essa música eu fiz agora mesmo...

Primeiro, vieram as gargalhadas. Depois, os aplausos efusivos ao ídolo que revelara um novo talento: o de repentista.

Muitos, como Nara Leão, apesar de gostarem da brincadeira, não eram tão expansivos quanto Jair Rodrigues ou Wilson Simonal, por exemplo. Para extrair o melhor desses participantes mais tímidos, a experiência do Doutor fazia toda a diferença. Ele conhecia a trajetória de cada um deles e sabia como gostavam de ser tratados, de forma a deixá-los completamente à vontade em cena. Por outro lado, para animar a festa, servindo de contraponto a tanta discrição, a equipe A contava com uma carta na manga: Carlos Imperial, que encarnava a figura do vilão.

Graças ao seu conhecimento e experiência acumulados como produtor musical e compositor de sucesso, Imperial se tornou um páreo duro para Chico. Foram várias as vezes que Blota lhe entregou o prêmio máximo do programa: um Gordini zero quilômetro. Apesar disso, o auditório manifestava-se contra o seu estilo, sempre polêmico, e explodia em vaias toda vez que ele implicava com os outros participantes. Nem Caçulinha, músico com qualidade e versatilidade raras, escapava da sua ironia:

– Mas isto está uma droga! Você não toca nada!

Numa das tantas vezes em que foi alvo de apupos no *Esta noite se improvisa*, disse, parafraseando Françoise Sagan:

— Prefiro ser vaiado no meu Mercury Cougar do que aplaudido num ônibus!

As vaias só aumentavam. A elas, respondia rindo e lançando beijos.

Outra forma que Imperial, botafoguense roxo, tinha de atiçar a plateia paulistana era encarnando o papel de corintiano apaixonado, para alegria da Fiel Torcida e ira dos palmeirenses, santistas e são-paulinos, como o Doutor, que era obrigado a ouvir todo tipo de provocação disparado pelo *rei da pilantragem*. Consciente da repercussão que ele gerava, Imperial resolveu, num dos programas, entrar no teatro Record acompanhado da banda da torcida do Corinthians, vestindo uma enorme camiseta alvinegra.

Além de Chico Buarque e Carlos Imperial, outro que se destacava pelo seu repertório era Caetano Veloso, cuja entrada no programa se deu quase por acaso. Depois de passarem a tarde às voltas com ensaios e acertos de luz, cenário e câmeras, Nilton Travesso e Tuta costumavam comer uma pizza ao estilo napolitano, acompanhada de bom vinho, na tradicional cantina Speranza, no Bixiga. Numa dessas ocasiões, Travesso saiu do teatro antes do amigo. Chegando ao restaurante, viu, encostada no balcão, Maria Bethânia, que seria uma das participantes do *Esta noite se improvisa* daquela quinta-feira, sendo treinada pelo irmão Caetano. O diretor ficou impressionado com o conhecimento que ele demonstrava: para qualquer palavra que a Bethânia dissesse, ele, de pronto, começava a cantar uma música. Nilton não se conteve e foi ao encontro dos dois, apresentou-se e interrogou:

— Por que você está se escondendo, Caetano? Por que você não participa do programa? Por que você não traz todo esse talento, toda essa musicalidade pra televisão?

A resposta veio tímida:

— Não, só estou acompanhando Bethânia...

Depois de muito insistir, Travesso conseguiu levá-lo a participar do *Esta noite se improvisa* na semana seguinte, quando aconteceu uma situação curiosa.

Para os presentes no teatro, ficavam disponíveis seis urnas, cada uma correspondendo a um participante. As pessoas podiam votar naquele que, em sua opinião, seria o vencedor da noite. Perto de encerrar o primeiro programa com a participação de Caetano, qual não foi a surpresa de Blota ao abrir a urna do estreante, que acabara de ganhar o jogo, e ver que só havia um papel dentro dela. Nem foi necessário fazer sorteio: o prêmio, passagens de ida e volta para qualquer lugar do mundo, foi direto para as mãos de uma senhora já na casa dos 70 anos. Ela havia sido a única pessoa entre as centenas que lotavam o Teatro Record a acreditar naquele jovem cantor baiano que, desde aquele instante, passou a ser mais conhecido do grande público.

Música, cultura, diversão, ídolos, heróis e vilões. Com tantos ingredientes, *Esta noite se improvisa* logo virou um fenômeno de massas, primeiro em São Paulo, depois no resto do Brasil, através do videoteipe. Os cariocas, por exemplo, assistiam ao programa às 20 horas do domingo pela *Tupi*, que, nesse horário, conseguia competir de igual para igual com Chacrinha, na *Globo*, e César de Alencar, na *Excelsior*. Em Recife, "A palavra é..." virou até frevo, composto por Nelson Ferreira:

> A palavra é...
> Frevo
> E a turma foi ligeiro no botão!
> Todo mundo quis mostrar
> Que sabia frevar
> Fechou-se o tempo
> Deu a louca no salão
>
> Frevo... Passo...
> Bloco... Momo...
> Riso... Alegria...
> No delírio da folia
> São palavras fáceis de improvisar
>
> Portanto Seu Blota
> Vencemos de barbada...
> Se a palavra é frevo
> Vamos "se esbaldar"!

Através de pesquisas encomendadas pela emissora, Blota e a equipe A descobriram que o formato do programa havia se transformado na brincadeira favorita de muitas famílias e grupos de amigos, que animavam seus encontros nos fins de semana pensando em músicas com as mais diversas palavras.

A crítica também viu a atração com bons olhos. Num artigo publicado pelo *Jornal do Brasil* em 2 de março de 1967, o jornalista Fausto Wolff disse que *Esta noite se improvisa* "prova que é possível fazer um programa popular sem cafajestismo".

> Que descobriram eles [os integrantes da equipe A]? Vejamos: além do futebol, qual o outro *appeal* sadio para o nosso público de cento e poucos cruzeiros de salário mínimo e um filho para cada vinte cruzeiros? A resposta é: música popular. Que fizeram eles, portanto? Participação através da música e criação de um programa que sem pornografia, sem tabus preconceituosos, sem abuso da ingenuidade do povo e tratado com categoria, consegue manter telespectadores das mais diversas condições sociais (infelizmente não posso fugir à realidade brasileira e daí essa classificação) de olhos presos ao vídeo.

Wolff definiu Blota Jr. como animador "veterano e elegante".

> Com ele [Blota Jr.] acontece um dos fenômenos raros na televisão brasileira: é bem educado, não diz bobagens, fala um português, pelo menos, correto e – pasmem – dá a impressão de que tomou banho antes de vir para o estúdio.

Nas mãos do Doutor, tanto prestígio e audiência também foram usados em favor da Caloi. Ao mesmo tempo em que o *Esta noite se improvisa* atingia seu auge, ele lançou a Berlineta, primeira bicicleta dobrável do Brasil. Participantes do programa, inclusive, foram presenteados com ela. A imagem de ídolos como Chico, Caetano e Imperial pedalando no palco da *Record* gerou um enorme impacto e fez as vendas dispararem, literalmente, da noite para o dia.

Duas décadas mais tarde, o programa continuaria tendo repercussão, inclusive no exterior. No México, a *Televisa*, através do *Canal de las Estrellas*, lançou o *Esta noche se improvisa*. Fazendo as vezes de Blota Jr. estava a atriz Verónica Castro, que protagonizou *Los ricos también lloran*, uma das novelas mexicanas de maior sucesso em todo o mundo. No lugar de Caçulinha e seu regional, uma orquestra de músicos do Sindicato Único de Trabajadores de la Música. Em vez de seis competidores, quatro. Duas coisas, porém, mantiveram-se iguais à versão da *Record*: o dia e o horário de exibição. Quintas-feiras, às 20h.

Para Blota Jr., porém, nenhum gráfico de audiência, nenhum balancete, nenhum reconhecimento internacional podem traduzir tão plenamente o sucesso que ele havia alcançado quanto uma cena passada em Ribeirão Bonito.

Certa noite estrelada, caminhando pelas ruas estreitas da sua terra natal, deparou-se com um grupo de crianças reunidas à beira de uma calçada, num movimento que lhe pareceu familiar. Sem que o notassem, resolveu parar para ver. Reparou que um menino, de pé, dizia aos seus amiguinhos, sentados na sarjeta:

– Atenção! A palavra é...

Em seguida, eles corriam para cantar alguma cantiga de roda.

Ao perceber que aquele pequeno ribeirão-bonitense brincava de ser Blota Jr., o Doutor se emocionou. Logo voltaram as lembranças da infância misturadas com as lutas que travou na cidade grande para alcançar a posição de destaque que, naquele momento, ele ocupava. Podia ter se tornado uma figura popular em todo o país, mas suas raízes caipiras continuavam firmes, sustentando os seus valores mais caros.

Naquela noite, Blota Jr. chorou de encantamento.

O homem da TV classe A

A decisão da *Record* de dividir o primeiro lugar do festival de 1966 entre "A banda" e "Disparada" não só agradou a toda a audiência, como fez crescer ainda mais a expectativa pelo certame do ano seguinte. Além disso, entre uma edição e outra, as jovens revelações da música brasileira haviam se convertido em ídolos populares, muito graças ao *Esta noite se improvisa*. Figuras geniais, como Chico, Caetano, Gil, Nara e Bethânia, foram humanizadas durante a brincadeira animada por Blota Jr. Ao vê-los errar, acertar ou mesmo esquecer músicas, perder ou ganhar prêmios, fosse um carro ou uma Caloi, o público pôde senti-los sendo "gente como a gente".

Por tudo isso, Blota sabia que seria muito importante apresentar todas as etapas do festival de 1967, o que seria possível, afinal, não haveria eleições. Para essa missão, mais uma vez, ele contaria com a parceria de Sonia Ribeiro, cuja classe e postura eram uma atração à parte. Ela chamava atenção com suas madeixas loiras cuidadosamente arrumadas e seus belos vestidos, todos assinados pelos principais estilistas da época, como Clodovil e Dener. Foi nessa época que Blota e Sonia passaram a ser tratados pela imprensa como *o casal real da televisão*.

Quando, em alguma festividade, vinham cumprimentá-la pela forma como se posicionava em cena com o marido, Sonia costumava agradecer com uma brincadeira cheia de modéstia:

– Aqui, eu sou a ajudante do mágico.

Para a revista *Manchete*, ela viria a declarar no final de 1972:

– Eu o conheço tão bem que sou capaz de adivinhar, sem que ele diga uma palavra, as suas menores contrariedades. E o nosso entendimento mútuo se baseia, antes de tudo, no esforço para vencer o egoísmo, que é um sentimento humano, mas estraga a maioria dos casamentos.

Já Blota dizia que, com a esposa, formava um "time de dois", no qual um secundava o outro, sem espaço para vaidades ou brigas de ego.

– Ela sempre se considerou ao meu lado, mas, de certa maneira, sentindo que o meu nome acabava aparecendo mais do que o dela. E nesta modéstia, nesta dedicação, neste desprendimento, nós nunca chegamos a perceber que, realmente, a grande força era a presença da Sonia – reconheceria o Doutor, anos mais tarde, numa entrevista para a *Rádio Bandeirantes*. – Nós éramos na televisão o que éramos na nossa vida de todos os dias.

Essa sintonia entre os dois se mostraria imprescindível durante o comando do *III Festival da Música Popular Brasileira*. Se, na edição anterior, o público já havia manifestado as suas preferências de forma muito intensa e barulhenta, agora ele seria definitivamente alçado ao posto de personagem do espetáculo. Mais até: protagonista. E daqueles bem histriônicos.

Conforme se aproximava a data de início do festival, os jornais, as revistas, as rádios e a própria *TV Record* inflamavam mais a audiência, despertando paixões e ódios só vistos antes em arquibancadas de estádios de futebol. Também se inseriu nesse contexto a passeata promovida em 17 de julho que, a princípio, seria para promover o *Frente única*, novo programa do Canal 7, mas acabou entrando para a história como a marcha contra as guitarras elétricas.

Blota e Sonia sentiram de perto toda essa efervescência desde a primeira eliminatória, na noite de 30 de novembro. A dificuldade em fazerem-se ouvir ficava ainda maior por conta do espaço escolhido para o evento: Paulinho de Carvalho havia arrendado o grande Teatro Paramount. Rebatizado de Record Centro, ele tinha 2 mil lugares, mais que o dobro do Record Consolação, completamente tomados pela estudantada histérica, distribuída em várias torcidas organizadas.

Num tempo de restrições políticas, o que era para ser apenas um bom programa de televisão virou uma ilha de liberdade e democracia, expressa na forma de cartazes, gritos, aplausos e, principalmente, vaias. Havia até a *mulher--vaia*: Telé Cardim, 21 anos, jornalista, que se destacava na plateia vestindo uma camiseta estampada com uma enorme letra *U*.

Ao longo das quatro noites do festival, praticamente todos foram alvo dos apupos. Cada artista reagiu a sua maneira. Caetano Veloso, por exemplo, conseguiu transformar vaias em aplausos enquanto interpretava "Alegria, alegria".

Já Sérgio Ricardo não demonstrava ter tanta paciência com a rejeição que vinha sofrendo. Quando o Doutor, próximo de encerrar a terceira eliminatória, anunciou que "Beto bom de bola" estava classificada, o público se enfureceu. As vaias foram tão ensurdecedoras que Sérgio mal conseguiu cantar novamente.

Prevendo que essa situação poderia se repetir, Blota Jr. fez uma fala especial, solitária e com voz ainda mais firme, para apresentar o artista na finalíssima do *III Festival*, em 21 de outubro. Começou assim uma das passagens mais marcantes da história da música e da televisão brasileiras.

– A ficha da música de número 8 faz com que eu solicite ao nosso público um minuto de especial atenção. A música vai ser apresentada com um arranjo inteiramente modificado...

Irromperam vaias no Record Centro. No vídeo, graças a uma câmera escondida instalada por Nilton Travesso no lado direito do palco, surgiu a imagem de Sérgio Ricardo na coxia, apreensivo, ouvindo o discurso de Blota, que subiu o tom.

– E, portanto, nestas condições, o autor, que é o compositor Sérgio Ricardo, solicita ao público que procure ouvir o seu arranjo no sentido de poder julgá-lo melhor.

A barulheira ficou ainda maior. Blota Jr. respirou fundo. Por quatro segundos, permaneceu calado. Tentou reiniciar a fala, mas resolveu calar-se por mais quatro segundos. Foi o suficiente para conseguir que, por alguns instantes, as vaias quase sumissem.

– Conforme eu acabo de dizer e fui ouvido perfeitamente, o autor solicita ao público apenas um gesto de compreensão para que ele possa mostrar a sua música.

Bastou dizer isso para os apupos voltarem com força total. Sérgio e o Quarteto Novo, que o acompanhava, riam de nervoso. Segurando o microfone preso ao pedestal, Blota concluiu, vencendo a algazarra.

– Ele quer apenas que o seu esforço seja válido e o seu respeito ao público e ao júri compreendido.

Assim que entrou no palco, a primeira coisa que Sérgio Ricardo fez foi abraçar Blota Jr. e agradecer pelas palavras de apoio.

Dali em diante, os telespectadores das TVs *Record* e *Rio*, que também transmitia o certame naquele ano, passaram a assistir a inglória luta de um cantor contra dois mil inflamados. Entre o instante que se sentou no banquinho até a hora que começou a cantar, Sérgio tentou estabelecer uma insólita e impossível conversa com a plateia, que respondia com vaias descomunais. Vendo tudo aquilo da coxia, Blota e Sonia foram tomados pela preocupação.

Os outros cantores e todos que estavam no fosso tiveram que insistir muito para que Sérgio Ricardo finalmente começasse a interpretar "Beto bom de bola", erguendo o braço e gritando um longo "Aaaaah!". Durante todo o tempo que tentou defender sua canção, Sérgio praticamente não conseguiu se ouvir, tamanha a histeria.

"Beto vai chutando pedra/ Cheio de amargura/ Num terreno tão baldio/ O quanto a vida é dura/ Onde outrora foi seu campo/ De uma aurora..." foram os últimos versos que ele cantou antes de simplesmente desistir. Furioso, sacou o microfone com a mão direita, levantou o violão com a mão esquerda e começou a gritar:

– Vocês ganharam! Vocês ganharam! Mas isso é o Brasil não desenvolvido. Vocês são uns animais! Vocês são uns animais!

Sonia e Blota imediatamente entraram em cena. Sérgio foi caminhando para a lateral do palco, onde o apresentador lhe tomou o microfone. Completamente alterado, quando caminhava em direção à coxia, o cantor surpreendeu a todos quebrando o violão contra um banquinho. Ao ver que o cantor iria atirar o instrumento na plateia, Blota Jr., num gesto rápido, tentou segurá-lo, esticando o braço direito, mas não conseguiu: o violão destroçado acabou acertando três rapazes sentados numa fileira próxima ao fosso e que, por acaso, o aplaudiam. Ao Doutor não restou outra coisa a fazer senão empurrar Sérgio Ricardo para fora. Em seguida, Blota voltou rapidamente ao palco e, preocupado com o público, foi perguntar, sem ser captado pelo microfone, se os atingidos haviam se ferido.

– Machucou ou não? Não machucou? Ainda bem! – disse o apresentador, erguendo e apertando suas duas mãos, como que cumprimentando os alvejados.

Nos bastidores, o Doutor externou sua apreensão com as consequências de tamanha confusão. Nilton Travesso, que naquela noite fazia a direção de TV, tratou de acalmá-lo:

– Blota, aproveitei e tirei a estação do ar. Estou entrando com um *break* comercial para ver o que está acontecendo – disse, enquanto o público em casa via voar na TV uma versão feminina do *National Kid*, armada com uma caixa do sabão em pó Super Viva, patrocinador do festival.

Quando voltaram as imagens diretamente do teatro, Blota Jr. anunciou a decisão da direção da *TV Record*, leia-se Paulinho de Carvalho, de desclassificar Sérgio Ricardo.

Ao final, Sonia Ribeiro anunciou Edu Lobo como o grande campeão, com a sertaneja "Ponteio". Ele recebeu a Viola de Ouro, superando a urbana "Domingo no parque", de Gilberto Gil, neste que foi muito mais que um bom programa de televisão. Foi o verdadeiro festival dos festivais.

* * *

O ano de 1967 foi intenso demais para Blota Jr. Ele sofreu o impacto de emoções muito fortes num curto espaço de tempo. Enquanto ganhava o Brasil através dos programas da *Record*, a Caloi começava a se reerguer e a vida política continuava movimentada. Seu corpo não iria resistir por muito tempo.

Passada a histórica noite musical de 21 de outubro, dona Sonia e os filhos repararam que o Doutor estava pálido e emagrecendo muito rapidamente. Essa imagem chocou sua família, que começou a sentir medo do pior. Foram a um consultório, onde ouviram o seguinte diagnóstico: hipertireoidismo.

– Olha, tem que tomar remédio e tirar o pé... Vá descansar em algum canto! Há quanto tempo você não tira férias?

Blota respondeu com sinceridade:

– Nem me lembro da última vez que tirei férias...

E seria mesmo difícil de lembrar. Tinham se passado 13 anos desde a viagem que fez de carro com Sonia, Paulinho e Odete até a Argentina.

Por algumas semanas, Blota teve que se desligar completamente do trabalho, algo que jamais imaginou ser possível. Na televisão, seu irmão Geraldo, com muito orgulho, o substituiu na animação do *Esta noite se improvisa*.

Na mansão em que morava, na Rua Caiubi, 382, dona Sonia deu uma ordem expressa para Nair, a governanta:

– Se alguém ligar para o Doutor – algo que acontecia com frequência durante todo o dia –, diga que ele não pode atender porque está em repouso absoluto.

Bastou o telefone tocar a primeira vez para Nair se confundir e disparar uma mensagem que soou fúnebre:

– Residência dos Blota, bom-dia! Doutor Blota não pode atender. Está em descanso eterno...

Logo se ouviu a voz grave do dono da casa invadir todos os cômodos:

– Nãããããããããão!

Depois disso, ninguém conseguiu segurar as risadas.

Durante essas férias forçadas, Blota também ficou alguns dias recluso na bela fazenda de um amigo em Ribeirão Bonito, onde sua rotina se resumia a ler e contemplar a paisagem. Nem comer, um dos seus maiores prazeres, pôde entrar neste *hall* de distrações, afinal, foi obrigado a seguir uma dieta bastante controlada. O Doutor estava indignado com essa situação:

– Como é possível estar com esses problemas de saúde se fiz um *check-up* há pouco tempo e não apareceu nada?

Os sintomas continuaram até o dia em que, ao urinar, saíram várias pedras, o que não havia sido apontado por exame nenhum, a começar por aquele que diagnosticou hipertireoidismo. Na mesma hora, passou a não sentir mais incômodos. Depois, matou a vontade de comer um belo prato de feijão, arroz e quase todas as partes que um porco pode oferecer. No dia seguinte, estava completamente recuperado.

Assim que voltou aos seus vários empregos, não perdeu a piada com os colegas:

– Amigos, fui curado por uma feijoada!

* * *

Na esteira do êxito nacional alcançado pelo *Esta noite se improvisa*, novos espaços se abriram para Blota Jr. na televisão. Um dos principais foi no Rio de Janeiro, onde o videoteipe do seu programa alcançava boa audiência e faturamento na *Tupi*. Graças ao *Esta noite...*, ele conseguiu atrair um público de maior renda e que rejeitava o *Buzina do Chacrinha*, exibido no mesmo horário pela *Globo*.

Estimulado por esses resultados, José Arrabal, recém-empossado por João Calmon como diretor-geral das *Emissoras Associadas de Televisão*, resolveu mudar o perfil de todo o Canal 6 carioca. Logo em seus primeiros dias no cargo, a primeira ação que tomou nesse sentido foi contratar Blota para comandar uma nova atração feita no Rio para todo o Brasil, exceto São Paulo, onde apenas a *Record* podia usufruir do trabalho do Doutor. Desta forma, Blota passou a acumular quatro empregos ao mesmo tempo: *Record*, Caloi, Assembleia Legislativa e, agora, *TV Tupi* carioca.

Às 20h de 19 de maio de 1968, um domingo, ao vivo do auditório do antigo Cassino da Urca, entrou no ar o novo *Blota Jr. Show*. Uma das chaves para o êxito dessa nova atração, dirigida por Armando Couto, era a variedade. Havia entrevistas num estilo semelhante ao que o Doutor usava em São Paulo, mas também havia espaço para musicais e brincadeiras, sendo que algumas delas lembravam sucessos do passado, como o *Adivinhe o que ele faz*. Numa das vezes que reviveram este jogo, Ciro Monteiro foi convidado a tentar acertar a profissão da vez. Uma só pergunta foi suficiente para que ele descobrisse que se tratava de um pescador. Além do raciocínio rápido, outro aspecto do cantor também chamou a atenção do público naquela noite: a sua generosidade. Mesmo merecendo o prêmio máximo, um par de brincos, Ciro fez questão de pedir licença ao pescador, descer até o auditório e oferecer a joia para a esposa do humilde homem do mar. A cena arrancou aplausos do público e foi coberta de elogios por Blota.

O jornalismo era outro ingrediente importante do programa. Na segunda-feira, era comum encontrar nas bancas cariocas vários jornais repercutindo informações levadas ao ar, em primeira mão, pelo *Blota Jr. Show*. Foi o que aconteceu, por exemplo, quando o Doutor entrevistou a primeira vítima de hidrofobia operada com êxito no Hospital Jesus e também quando ele conversou por mais de meia hora, sem seguir qualquer protocolo, com a primeira-dama Iolanda da Costa e Silva.

Desde a estreia, anunciada como "uma tentativa de elevar o nível de programação da televisão aos domingos", a imprensa do Rio recebeu muito bem o Doutor e sua nova atração na *Tupi*. Oziel Peçanha, do *Correio da Manhã*, escreveu:

> Domingo é dia de assistir ao programa de Blota Junior no Canal 6. Assiste-se, aliás, com prazer, porque, como o nome diz, trata-se de um show movimentado e atual, com bons números de música e boas entrevistas. Blota Junior conduz com exatidão o roteiro traçado para os seus entrevistados.

O *Blota Jr. Show* foi apontado pelo *Jornal do Brasil* como um dos melhores programas de 1968, enquanto os *Diários Associados* escolheram Blota como "o destaque da televisão". Para justificar essa decisão, os jornais de Assis Chateaubriand publicaram um resumo da carreira do Doutor, com uma foto dele ao lado do sambista Noite Ilustrada.

> Se você tem menos de dezoito anos e quer ser um grande entrevistador de televisão no futuro, você tem que fazer o seguinte: passe agora para a Faculdade Nacional de Direito, seja líder estudantil, ingresse numa emissora de rádio como locutor, tente dirigir o "cast" de uma emissora famosa, eleja-se deputado estadual, aceite o convite do governador para ser secretário de Turismo, estude muito as modernas técnicas de comunicação de massa, leia McLuhan e Marcuse e convença-se definitivamente de que não é preciso deixar de fazer nada para dedicar-se a coisas novas.
>
> Esta é uma receita que só foi testada uma vez. Os resultados, porém, foram os mais extraordinários possíveis. Ao fim de alguns anos de trabalhos, estudos e dedicação integral ao jornalismo, ao rádio e à televisão, apareceu um senhor magro, alto, de óculos, cabelos grisalhos e uma presença de espírito fora do comum, responsável por um dos mais respeitados horários da televisão brasileira: seu nome é José Blota Junior.

Para demonstrar o quanto o programa era bem aceito por um público mais qualificado, a *Tupi* mandou publicar anúncios que traziam os resultados de uma pesquisa feita pelo Movimento Artístico e Cultural Estudantil, MACE, com estudantes da zona sul, área nobre do Rio. O *Blota Jr. Show* foi apontado como o preferido pela maioria esmagadora dos jovens pesquisados, recebendo 13.892 votos. Isso serviu de base para uma grande campanha de reposicionamento da *TV Tupi*, cujo *slogan* passou a ser "A imagem viva do bom gosto". O Tupiniquim, pequeno índio símbolo do canal, aparecia segurando a "chave do segredo do bom gosto", que também virou pingente e foi distribuído como brinde ao público.

Como consequência de todo esse esforço, os cofres da emissora foram reforçados. Em *Minhas bandeiras de luta*, seu livro de memórias, João Calmon revelou que a gestão de José Arrabal, marcada pelo sucesso do *Blota Jr. Show*, "mostrara uma triplicação do faturamento".

Não tardaria para o Doutor ganhar outras atrações no Canal 6, como o *game show Vença o vencedor* e o *II Festival Universitário da Música Popular*, este apresentado ao lado de Maria da Glória.

* * *

Durante essa temporada no então Estado da Guanabara, além da fortuna que caía mensalmente em sua conta bancária, Blota Jr. podia desfrutar também de todo o conforto do Copacabana Palace. Era lá que sempre se hospedava, com diárias pagas pela *Tupi*.

Mesmo vivendo num mundo repleto de luxo, o Doutor não se esquecia dos seus verdadeiros amigos. Daqueles que ele conheceu no tempo em que mal tinha dinheiro para comprar um lanche no bar da esquina. Um desses camaradas tinha se mudado para o Rio havia quase vinte anos e fazia jus ao seu nome artístico: Alegria.

Apesar de nascido no Espírito Santo, Fernando Gouveia Maia, nome de batismo de Alegria, encarnava um estereótipo clássico do carioca: aquele que, apesar das dificuldades, nunca perde o bom humor e transforma qualquer coisa em matéria-prima para uma boa piada. Não por acaso, ele acumulava um arquivo com mais de 800 anedotas, que eram seu ganha-pão.

Alegria ingressou na carreira artística em São Paulo no ano de 1948, quando foi apresentado por Blota Jr. na *Rádio Record*. Ao pisar pela primeira vez no palco da PRB 9, ainda na Rua Quintino Bocaiúva, Blota o apresentou como "o cantor encapuzado". Fez enorme sucesso imitando a voz de Silvio Caldas, em canções como "Morena boca de ouro", "Falsa felicidade" e "A deusa da minha rua". Com uma carta de apresentação assinada por Hervé Cordovil, outro grande nome da *Record*, e endereçada a Floriano Faissal, conseguiu seu primeiro trabalho no Rio, na *Rádio Nacional*, onde atuou em humorísticos e novelas. Depois, ganhou as casas de espetáculo e as TVs com suas histórias engraçadas e músicas batucadas em qualquer lugar. Trabalhou ao lado de grandes nomes, de Altamiro Carrilho a Chico Anysio. Mas a vida de artista não é das mais estáveis e, associada a sua falta de disciplina no trato com dinheiro, Alegria acabou levando uma vida modesta, num pequeno quarto e sala em Copacabana. Blota sempre procurava orientá-lo para que não se envolvesse em problemas. Quando foi promulgada a lei da união estável, por exemplo, lhe fez um alerta:

– Alegria, estou preocupado com você. Sei que a sua empregada tem dormido sempre na sua casa. Corre o risco de restar configurada uma união estável. Vocês não podem ficar, todos os dias, dormindo sob o mesmo teto!

– Ih, Doutor, falou tarde... – lamentou o amigo. – Não estamos só dormindo sob o mesmo teto. Já estamos dormindo sobre a mesma cama...

– Aaaaaleeeeegriiiiiaaaaa! – gritou Blota, desesperado. – Você pode perder o seu apartamento!

O comediante não se preocupava com essas coisas. Acreditava que o melhor a fazer era encarar tudo com leveza e seguir trabalhando, ainda que lamentando a falta de novas oportunidades.

Em 4 de agosto de 1973, *O Globo* trouxe um texto, num estilo semelhante ao de anúncio de classificados, escrito pelo próprio Alegria. Nele, procurava se definir:

> Artista quase engraçado, lutando com as maiores dificuldades, mais parado que olho de peixe, oferece-se para shows em casa de caridade, velório, enterro e outras coisas. Note bem: este artista está segurando em fio desencapado e chamando mendigo de excelência.

Ele buscava compensar as frustrações fazendo os outros rirem e buscando aproveitar ao máximo os momentos simples da vida. Blota Jr. também valorizava a simplicidade, mesmo que toda a sua fama pudesse dar a impressão contrária. Transmitiu até certo espanto, por exemplo, uma nota que Cícero Sandroni publicou em sua coluna "Quatro cantos" no *Correio da Manhã* de 23 de abril de 1969: "Este excepcional apresentador de televisão que é Blota Junior almoçava tranquilamente em uma lanchonete, em frente à praia de Copacabana, na segunda-feira, acompanhado do cômico Alegria. Menu: dois mistos quentes e laranjada".

Comer, claro, era um dos prazeres que o Doutor gostava de compartilhar com o seu amigo. Certa vez, Blota quis levá-lo a um restaurante do Copacabana Palace. Alegria, porém, resolveu aproveitar a chance para exercitar a malandragem aprendida durante todos os seus anos de praia, bar e Maracanã:

– Doutor, pra que vamos entrar num lugar tão caro? O negócio é o seguinte: na beira da piscina, eles servem *club sandwich* de graça pra todo mundo! É só a gente ficar lá!

– Tem certeza, Alegria? – perguntou Blota.

– Claro! Pode confiar.

E lá foram os dois para a beira da famosa piscina do Copa. Passaram um dia inteiro refestelados, aproveitando o sol, dando risada e comendo *club sandwich* – uma das iguarias mais tradicionais do cardápio do hotel –, deliciosa combinação de bacon, peito de peru, tomate, alface, queijo e maionese entre fatias de pão de fôrma branco levemente tostadas, servido cortado ao meio, na diagonal.

Terminado o dia, Alegria despediu-se e foi para casa. Blota sentia-se plenamente satisfeito, tanto pela comilança quanto pela economia que acreditou ter feito. Tudo parecia acabar bem quando, no momento em que fazia o *check-out*, recebeu uma cobrança extra do hotel: eram dezenas de *club sandwiches*, todos rigorosamente contados e que deveriam ser pagos por ele, e não pela *Tupi*.

– Aaaaaleeeeegriiiiiaaaaa! – bradou Blota, exatamente igual a outras vezes, em pleno *hall*, como se quisesse que o amigo o ouvisse onde quer que estivesse.

O Doutor acabou obrigado a patrocinar a farra de sanduíches, o que, no fim das contas, não representava nada perto da alegria que sentia de poder estar perto do Alegria.

* * *

Blota Jr. havia se tornado, definitivamente, uma grife nacional. O sucesso alcançado com os programas que comandava no eixo Rio-São Paulo espraiava-se via videoteipe para todo o país. O bagageiro dos aviões que transportavam os pesados rolos de fita escura cumpria a função que logo as torres de micro-ondas e os satélites haveriam de tornar mais fácil. Um dos casos mais curiosos dessa época aconteceu em Pernambuco. A *TV Rádio Clube*, dos *Associados*, enfrentava a concorrência da *TV Jornal do Commercio*, que se consagrou por produzir programas com nível de qualidade semelhante aos da região Sudeste. Aos domingos, o canal de Chateaubriand perdia em audiência para o *Você faz o show*: um programa ao vivo da *Jornal*, repleto de cartazes locais, que era primeiro lugar de Sergipe ao Rio Grande do Norte. Para contra-atacar, puseram Blota Jr. gravado. Resultado: a *TV Rádio Clube* finalmente venceu a *TV Jornal do Commercio*, que, por sua vez, resolveu comprar outros programas também comandados por Blota, mas que não estavam no pacote adquirido pela TV Clube. Situações como essa também aconteceram em outros estados, como Paraná e Rio de Janeiro. O Doutor se divertia ao receber os relatórios com a audiência dessas praças. Adorava saber quantos pontos havia marcado contra si mesmo.

Outra consequência natural para qualquer artista com tanta popularidade é juntar-se a um forte patrocinador. Para Blota, isso aconteceu no momento em que aceitou uma proposta milionária de Eron Alves de Oliveira para que assumisse a parte de comunicação das suas empresas, tanto diante quanto por trás das câmeras. Seria o seu quinto emprego simultâneo.

Naquele tempo, o Grupo Eron era um dos maiores conglomerados empresariais do país, reunindo indústria têxtil, varejo e hotelaria. O carnê

Erontex concorria diretamente com o Baú da Felicidade, quando este ainda era a locomotiva que puxava os negócios de Silvio Santos.

Eron queria concentrar todo o seu investimento em comunicação numa *house agency*. A princípio ela atenderia somente as suas próprias empresas, mas acabou convencido por Irineu de Souza Francisco, amigo e parceiro de Blota nessa empreitada, a ampliar o leque e criar algo independente, que também cuidasse de outras contas que ele mesmo conseguiria atrair.

A promessa de Irineu se cumpriu e a carteira de clientes cresceu antes mesmo que a empresa fosse instalada. Entraram Aerolíneas Peruanas, Embratur, Financilar, BMG Corretora e Corema, que pertencia a Lélio Ravagnani, futuro marido de Hebe Camargo.

Nesse contexto, o Doutor não tinha apenas que falar na telinha das maravilhas da lã tropical ou dos fabulosos prêmios sorteados para os clientes do carnê: ele aplicava seus conhecimentos de advogado, gestor e comunicador também para tocar o dia a dia da nova agência, batizada como Dínamo de Propaganda S.A. O desafio era tentador e os valores envolvidos eram ainda mais: de acordo com a revista *Veja* de 11 de novembro de 1969, Blota receberia 1 bilhão de cruzeiros velhos por ano. Era um dos maiores contratos da história da TV brasileira até então.

Uma fortuna na conta, programas garantidos e o comando de uma grande agência. Blota recebeu tudo isso como uma espécie de recompensa pelo seu posicionamento profissional, conforme declarou para a *Veja*. A publicação o apelidou de "O homem da TV classe A".

– Eu me considero popular. Falando bom português e sabendo o que estou dizendo, pretendo atingir as raízes populares. É verdade que há uma faixa do público que se preocupa em sentir o apresentador mais desinformado que ela, para ter certeza de que ninguém pretende ensinar--lhe coisa alguma. Mas eu mantenho a minha linha e considero esse contrato que acabo de firmar um real estímulo para tantos outros interessados numa carreira sem concessões.

A abertura oficial da Dínamo aconteceu na noite de 10 de março de 1969. Repórteres e dezenas de convidados, entre clientes e parceiros, compareceram ao prédio de dez andares totalmente ocupado pela empresa no número 76 da Rua Gonçalves Dias, centro do Rio de Janeiro. Além de novo garoto-propaganda da Erontex, Blota compareceu ao evento na qualidade de vice-presidente da empresa, na qual logo assumiria o posto mais alto na hierarquia. E, claro, foi também o mestre de cerimônias da festa inaugural. Acompanhou o frei Leovegildo Balestieri, da Igreja Nossa Senhora da Paz, de Ipanema, na bênção aos novos escritórios. Em seguida, o general José Pires de Castro, então ocupante do posto máximo da agência, falou tanto dos projetos futuros quanto daqueles que já estavam em andamento. Depois, Blota pediu que Eron dirigisse algumas palavras aos presentes.

– A Dínamo é um bebê que já nasce bastante robustecido! Antes mesmo da inauguração, já contava com dez clientes e a eles já prestou serviços da mais alta importância – comemorou, ressaltando ainda a importância da publicidade no crescimento da economia brasileira. – Muito devemos aos processos de comunicação de massa – completou Eron com conhecimento de causa: na época, ele era um dos que mais gastavam dinheiro com propaganda no Brasil.

Aspergida a água benta e proferidos os discursos, finalmente os convidados puderam aproveitar as bebidas e canapés fartamente servidos no térreo, no terceiro, quinto e sexto andares do edifício. Passada a comemoração, o trabalho recomeçou normalmente no dia seguinte, tendo Irineu na superintendência e Blota Neto na gerência do escritório em São Paulo.

Logo os telespectadores e o mercado puderam ver mais claramente a presença da Dínamo. Exatamente doze dias depois da festa de inauguração, estreava na TV Record o programa *A pergunta é...*, patrocinado por Erontex Exportação Polizan Linha 69.

Com um nome que remetia ao bordão consagrado por Blota no *Esta noite se improvisa*, *A pergunta é...* seguia os mesmos moldes dos tradicionais programas de perguntas e respostas, ao melhor estilo de *O céu é o limite*. No lugar do "Absolutamente certo!" de J. Silvestre, o Doutor pronunciava pausadamente três palavras toda vez que o candidato acertava a resposta:

– Correto, exato, perfeito!

Os participantes eram sempre clientes da Eron, que iam ganhando dinheiro à medida que avançavam no jogo. O prêmio máximo: um Ford

Galaxie zero quilômetro, que chamava atenção tanto pela beleza, com seus charmosos frisos laterais e inconfundíveis lanternas traseiras, quanto pelo tamanho. Não era nada fácil estacionar ou manter o tanque cheio daquela banheira motorizada.

Ainda em 1969, e também sob o patrocínio da Eron, Blota Jr. conduziu outros *game shows*. Fez o *Olho vivo Erontex* na *Tupi* do Rio e, ao mesmo tempo, assumiu um dos maiores sucessos da *TV Record*: *Alianças para o sucesso*, um trocadilho com a Aliança para o Progresso lançada por John Kennedy. Criado pela equipe A, tinha um formato semelhante ao *The newlywed game*, lançado nos Estados Unidos em 1966. Através de perguntas sobre a vida a dois, buscava-se descobrir qual dos três casais participantes era o que se conhecia melhor. Alguns anos depois, surgiria outro programa muito semelhante, *He said, she said*, cuja versão brasileira ganhou uma tradução literal feita por Silvio Santos: *Ele disse, ela disse*.

Em seu auge, *Alianças para o sucesso* era comandado por Paulo Planet Buarque, considerado por Blota Jr. como uma das maiores forças a se consagrar definitivamente na televisão. Eles tinham muito em comum: ambos eram advogados, apaixonados pelo São Paulo, realizados no jornalismo esportivo, deputados estaduais e filiados à Arena.

Ao contrário do *The newlywed game*, a versão brasileira não era somente com recém-casados, tanto que Blota e Sonia, juntos há mais de duas décadas, chegaram a participar do programa ainda sob a condução do titular original. Numa das últimas rodadas, foi a vez dos homens saírem do estúdio principal para que as mulheres respondessem sem serem ouvidas pelos companheiros. Perguntou Paulo Planet:

– Dona Sonia, qual é o prato preferido do Blota?

Pergunta trivial, mas que mereceu uma resposta vinda diretamente das montanhas de Cosenza, Itália, onde os Blota embrenhavam-se na mata para caçar o jantar.

– Cabeça de cabrito ensopada!

Claro que o Doutor não foi capaz de adivinhar essa, que era mais uma curiosidade histórica do que uma comida frequente na mesa da família. Sempre tão competitivo, Blota só não ficou mais chateado com a dona Sonia porque eles acabaram ganhando o programa mesmo com esse tropeço no final.

A tal iguaria gerou reações diversas entre o público, e o Doutor sentiu isso nas ruas. Para uns, não caiu nada bem a tentativa de imaginar como seria cozinhar o conteúdo do crânio de uma cabra. Para outros, especialmente nos lares calabreses, foi uma grata referência às origens e, graças a isso, Blota nunca se serviu de tanta cabeça de cabrito ensopada quanto naquela época.

A repercussão do *Alianças para o sucesso* era tamanha que a produção nem precisava fazer muito esforço para encontrar candidatos. Até casais *socialites* chegavam a procurar Paulinho ou Alfredo Machado de Carvalho para participar do programa. Com isso, o grande desafio era analisar quais desses interessados realmente poderiam render uma brincadeira divertida.

Paulo Planet havia deixado o programa para acompanhar sua esposa, que lutava contra um câncer. Chegou, inclusive, a ser substituído por Hélio Ansaldo e Jô Soares. Na fase com Blota Jr., o nome da atração ficou maior: *Erontex dá sorte no alianças para o sucesso*. Além do Galaxie para um cliente da Eron, os casais participantes do jogo concorriam a um Corcel.

* * *

Blota Jr. ganhou fama de milionário num momento em que as programações estavam alicerçadas, principalmente, na força dos animadores de auditório. Além dele, Chacrinha, Dercy Gonçalves, Flávio Cavalcanti, J. Silvestre e Silvio Santos também viviam o auge das suas carreiras. Eles marcaram a transição definitiva da televisão, que deixou de ser restrita aos mais abastados para tornar-se o entretenimento favorito das massas.

Impulsionado pelo contrato com a Eron e por todas as outras atividades, além do prestígio político que tinha, o Doutor virou até garoto-propaganda de uma campanha da Receita Federal. A edição de 25 de março de 1969 dos principais jornais trouxe uma foto dele com o seguinte texto: "Blota Junior não escapará da visita do homem do Imposto de Renda".

Este encontro promete. De um lado, Blota Junior, um dos artistas mais bem pagos do Brasil. Do outro lado, Geraldo de La Rocque, uma sumidade em Imposto de Renda. Na briga entre o mar e a rocha, você pode aproveitar muita coisa. Hoje, às 22h25, na TV Tupi Canal 6 e na TV Globo Canal 4.

Blota não ganhou cachê algum para ajudar o contribuinte a entender melhor como o Leão mordia seu bolso. Ao receber o agradecimento de Delfim Netto, então ministro da Fazenda, por essa atuação voluntária, o Doutor brincou:

– Não foi nada, ministro, eu só deixei de receber a metade. A outra metade foi o senhor mesmo quem perdeu.

Essa foi uma das únicas ações relacionadas com o poder público que Blota Jr. pôde exercer em 1969. O Brasil vivia os efeitos devastadores do Ato Institucional nº 5, promulgado em 13 de dezembro do ano anterior. A Assembleia Legislativa de São Paulo permaneceu em recesso entre 7 de fevereiro de 1969 e 31 de maio de 1970. Meios de comunicação sofreram com a censura. Por se oporem ao regime, dezenas de parlamentares perderam seus mandatos e centenas de líderes políticos, sindicalistas, jornalistas, intelectuais e artistas foram presos.

Blota era solidário aos perseguidos e ajudou vários deles, sem se importar se eram da oposição ou se trabalhavam numa emissora concorrente. Um exemplo disso foi o que fez pelo então deputado estadual Jacinto Figueira Junior, *o homem do sapato branco*, filiado ao MDB e campeão de audiência da *Rádio Nacional* de São Paulo e da *TV Globo*. Em 1968, Jacinto foi preso pelo Dops, acusado de provocar baderna nas ruas. Na cela, sofria com as sessões de palmatória aplicadas diariamente pelo delegado Sérgio Paranhos Fleury, homem-símbolo da tortura durante o regime militar. Blota Jr. foi o único a visitar o colega radialista na cadeia. Ficou chocado com a situação que viu. Imediatamente, começou a usar toda a sua influência nos bastidores do governo para conseguir a soltura de Jacinto. Foi uma batalha intensa, porém bem-sucedida. Em vinte dias, o *homem do sapato branco* estava solto. Por isso, ele sempre demonstrou gratidão ao Doutor.

– Nenhum companheiro fez nada por mim! – lembrava Jacinto. – O único que me visitou e me ajudou foi o Blota, que é da Arena!

O próprio Blota também já havia sentido a pressão política daquele tempo. Foi quando não pôde ser vice de Abreu Sodré na disputa para governador. Como a eleição seria indireta, Sodré confiava que, com o prestígio de Blota Jr., seria mais fácil conseguir os votos dos outros deputados estaduais. Mas essa composição não seria possível: Luís Antônio da Gama e Silva, uma das figuras mais duras do regime, já havia convidado o Doutor para ser seu vice. Se não aceitasse e partisse para a chapa de Sodré, os dois corriam o risco de cassação. Blota, então, prometeu auxiliar o amigo, mas apenas no plenário, onde se destacou como líder do governo.

Nessa posição, o deputado Blota Jr. participou de todas as grandes ações daquele período. Por exemplo, a criação da Fundação Padre Anchieta e o relançamento da *TV Cultura*, que deixou de ser um canal privado controlado pelos *Diários Associados* para tornar-se um patrimônio dos paulistas e referência em educação pelos meios de comunicação. Também integrou as comissões de Constituição e Justiça, Redação e Reforma da Constituição Paulista.

* * *

Além dos programas patrocinados pela Eron, Blota Jr. continuava atuando na *Record* de forma direta, sem a intermediação da Dínamo. Seguia sendo o principal apresentador do Canal 7, apesar dos Machado de Carvalho se sentirem um tanto incomodados com o fato de ele também ser contratado das *Emissoras Associadas*.

Em 1968, ao lado de Sonia Ribeiro, Blota comandou a *I Bienal do Samba*, vencida por Elis Regina com "Lapinha", e o *IV Festival da Música Popular Brasileira*, que marcaria o início do fim desse tipo de programa na *Record*. Além do chamado júri especial, foi criado o júri popular, com votos vindos da capital e do interior paulista. Do Teatro Record Centro, o Doutor chamava Kalil Filho que, diretamente da "central de Congonhas", dizia os resultados diante de uma enorme lousa convertida em tabela graças ao poder da fita crepe. Criou-se uma profusão de números e também de ganhadores: foram 15 troféus distribuídos ao final de seis noites.

Durante todo o certame, o casal de apresentadores demonstrou estar prevenido contra possíveis confusões como as ocorridas em 1967. Logo na primeira noite, em 13 de novembro, ao anunciar Sérgio Ricardo e sua "Dia de graça", Sonia fez questão de avisar que ele iria cantar sem violão, não havendo perigo para a plateia. Já na final, em 9 de dezembro, Blota teve que intervir na apresentação de Taiguara, que, interpretando "A grande ausente", ficara em 6º lugar pelo júri popular. De repente, o cantor interrompeu-se para discutir com o público, que não parava de vaiar.

– Gente, eu tô surdo e não consigo escutar a orquestra! Então eu quero que vocês me escutem... Ei, vocês aí! – dizia Taiguara, apontando para o lado direito. – Tem uma plateia inteira querendo me escutar!

Blota Jr. entrou no palco, pegou na mão com que Taiguara segurava o microfone, tentando, discretamente, afastá-lo da sua boca. Em seguida, afivelando um sorriso, deu dois leves tapas no rosto do cantor, como que tentando demonstrar carinho. Pediu-lhe calma. Procurou afastá-lo da plateia, trazendo um pouco mais para trás, próximo ao pedestal.

– Tem gente querendo escutar! Tem gente querendo escutar! – repetia Taiguara para Blota.

Compreensivo com o cantor, o Doutor parou ao seu lado. Com a mão esquerda, segurava Taiguara pelo braço, como se tentasse evitar que ele partisse para cima de alguém. Com a mão direita, fazia sinal para o público parar. Blota voltou-se para a orquestra e pediu para que recomeçassem com mais força, de forma que o intérprete pudesse ouvir os instrumentos. Assim foi feito e Taiguara conseguiu vencer os apupos e cantar até o final, já sob os aplausos da maioria dos mais de 2 mil presentes ao antigo Teatro Paramount.

Era 1h40 de 10 de dezembro quando a cortina baixou de vez. Tom Zé, com "São, São Paulo meu amor", foi quem recebeu das mãos de Sonia Ribeiro a Viola de Ouro, provocando uma onda de euforia que tomou conta das ruas paulistanas.

* * *

O que o destino pode ter de generoso, pode ter de cruel. São como dois lados de uma mesma moeda. Em 29 de julho de 1966, o incêndio que dizimou os estúdios da *Record* se converteu no marco inicial de uma era de criatividade e liderança de audiência. Quase três anos depois, o fogo reapareceria. Não apenas uma, mas três vezes, num intervalo de apenas sete meses. Era como se, desta vez, as chamas não quisessem deixar dúvidas em sua intenção de fulminar o Canal 7.

Em 13 de janeiro, o edifício Grande Avenida, onde ficava a torre da emissora, sofreu seu primeiro incêndio. Em 28 de março, às 4 horas da manhã, labaredas nascidas no camarim de Roberto Carlos reduziram a pó o Teatro Record Consolação e todos os equipamentos recém-comprados. Em 13 de julho, foi a vez do Record Centro ser incinerado 20 minutos depois de Cidinha Campos encerrar o seu programa.

Alguns chegaram a pensar que essa sequência de fogaréus pudesse ser uma artimanha dos Machado de Carvalho para renovar o seu parque técnico, mas quem chegasse a essa conclusão talvez não soubesse que doutor Paulo não colocava nada no seguro. Ao falar sobre isso, Blota lembrava a vez em que um dos filhos do Marechal da Vitória ofereceu-se para segurar tudo o que a *Televisão Record* possuía, pelo mesmo valor que custava um conjunto musical que, na época, acompanhava Elis Regina. Mesmo assim, o patrão teria sido taxativo:

– Sempre que acontece um incêndio desses, inexplicável e inexplicado, não faltará quem diga que ele foi propositado, para receber o dinheiro do seguro e comprar uma emissora nova. E tanto quanto isso aconteceu uma vez, haverá de acontecer a segunda.

E aconteceu a segunda, e aconteceu a terceira...

Quase sem estrutura e com o dinheiro escoando pelo ralo dos gastos emergenciais, a programação que havia feito história no Canal 7 rapidamente começou a se esfacelar. Blota viu muitos dos seus colegas se despedirem e partirem para a concorrência, enquanto outros entravam na justiça contra a *Record* para receber os salários inevitavelmente atrasados. O constrangimento era total.

Para piorar, os musicais, especialidade da casa, não tinham mais o público de antes. Precisando fazer crescer a audiência rapidamente, a direção da *Record* resolveu partir para atrações mais polêmicas. O carro-chefe passou a ser o

Quem tem medo da verdade?, em que, a cada semana, um artista era sabatinado e, não raro, ofendido publicamente. Antes de também ser obrigado a acumular a apresentação desse programa, seu criador, o diretor Carlos Manga, ofereceu o comando para Blota Jr., que foi direto em sua resposta:

– Não vou fazer. Isso se trata de mundo cão.

Nem mesmo o *V Festival da Música Popular Brasileira* resistiu ao furacão popularesco que varreu o Canal 7. Diretamente do recém-alugado Cine Regência, transformado em Teatro Record Augusta, Blota Jr. e Sonia Ribeiro ficaram no meio de uma batalha não só entre cantores e composições, mas entre jurados também. Além do júri oficial, foram criadas duas bancas de debatedores que se digladiavam após cada número. A plateia, por sua vez, já não superlotava como nas edições anteriores. Os que vinham, muitas vezes pareciam vaiar por vaiar. Entre tantos aspectos frustrantes, houve, pelo menos, uma grande revelação: Paulinho da Viola, o ganhador daquela que seria a última Viola de Ouro, com "Sinal fechado".

Enquanto isso, a *Globo* fincava a sua bandeira no topo da montanha do Ibope, avançando com a centralização da produção e a conquista de novas afiliadas. O lançamento do *Jornal Nacional* foi um dos marcos dessa fase. Já as *Emissoras Associadas*, a despeito dos seus eternos problemas internos, revolucionavam a teledramaturgia com *Antônio Maria*, *Beto Rockfeller* e *Nino, o italianinho*, que faziam sucesso em todo o país. Os grandes anunciantes queriam a força dessas redes nacionais, algo que a *Record*, em crise e restrita a São Paulo, não podia oferecer.

Blota Jr. e Sonia Ribeiro foram dois dos únicos artistas que, mesmo entre tantos reveses, optaram por continuar na casa que ajudaram a construir. Além do senso de fidelidade, pesou também o receio de perderem os benefícios trabalhistas que acumularam após quase três décadas de serviços prestados às *Emissoras Unidas*.

De qualquer forma, o Doutor precisava encontrar uma saída para continuar a trabalhar na televisão e compensar aquilo que o Canal 7 já não conseguia lhe pagar. Seria nos escritórios da Dínamo onde estaria a solução.

* * *

O ano de 1970 chegou e, com ele, a Copa do Mundo. Aproveitando a euforia dos 90 milhões em ação, Blota e sua equipe bolaram a promoção "Erontex Copa 70". Para participar, o cliente deveria ir até uma loja da Eron e comprar o tecido que levava o nome da campanha. Enquanto quitava as prestações, concorria a milhões em prêmios, incluindo Galaxies, e o grande sonho de consumo de todo torcedor: uma viagem de 22 dias ao México com tudo pago e com ingressos para assistir a 10 jogos do Mundial. Os ganhadores embarcariam no dia 30 de maio, véspera do jogo de abertura, num Convair 990A das Aerolíneas Peruanas, fretado exclusivamente para transportar essa caravana de sortudos.

Os sorteios seriam realizados pela TV, num programa semanal que levaria o mesmo nome da promoção e ainda receberia vários artistas convidados. Tanto investimento assim merecia uma cobertura nacional. Por isso, as *Emissoras Associadas* foram escolhidas para levar ao ar essa iniciativa, cujo apresentador, claro, seria Blota Jr.

Para que tudo isso se concretizasse, o Doutor teve que, antes, conversar com Paulinho de Carvalho e convencê-lo a conceder uma autorização especial. Isto porque, ao contrário dos outros programas que já fazia na *Tupi* carioca, o *Erontex Copa 70* precisaria ser transmitido também para São Paulo, onde, até então, apenas a *Record* podia contar com a imagem de Blota Jr.

Tudo ficou acertado num documento de 10 de janeiro de 1970, pelo qual Blota declarava estar "de acordo em solicitar licença, sem vencimentos, pelo prazo de 6 (seis) meses". Havia vantagens para os dois lados. Blota conseguiu o que queria e, enquanto isso, a *Record* não tinha que lhe pagar salário, mas apenas continuar o recolhimento das contribuições do INPS, "de forma a manter válido e firme o vínculo empregatício". Além disso, o Canal 7 continuava podendo contar com o Doutor para a apresentação, junto com Sonia Ribeiro, da gincana *Cara ou coroa*, lançada no final de 1969 e que reunia novos e velhos cartazes, e da entrega do Prêmio Roquette Pinto, "o que não poderia se dar num domingo". Também assegurava o direito de distribuir o videoteipe desses programas para qualquer emissora brasileira.

No dia seguinte à assinatura da autorização, 11 de janeiro, um domingo, o público brasileiro ligou nas *Emissoras Associadas* às 18 horas para assistir ao primeiro *Erontex Copa 70*, no auditório do antigo Cassino da Urca. Foi o primeiro programa semanal da TV brasileira a ser transmitido ao vivo e via Embratel para diversos estados brasileiros, indo muito além do eixo Rio-São Paulo: alcançava 30 milhões de pessoas, em 11 capitais. Por esse motivo, ele conseguia escapar da censura prévia que, naquele tempo, ainda era mais rígida com as produções em videoteipe.

A estreia do *Erontex Copa 70* mostrou que o Doutor procurava manter-se alinhado com o gosto da maioria, sem perder sua sofisticação natural. Era um novo e ousado passo para ele: deixar para trás o *Blota Jr. Show*, que tanto sucesso fez entre as classes A e B, para tentar competir com o popularíssimo *Programa Silvio Santos*.

No palco, Blota recebeu Sérgio Britto, um dos diretores de *E nós, aonde vamos?*, da *Tupi*, escrita por Glória Magadan, recém-demitida da *Globo*. Cenas foram comentadas e o elenco, que incluía Leila Diniz como protagonista, apresentado. Essa produção seria a última, tanto de Glória, que nunca mais escreveria no Brasil, quanto de Leila, que morreria num acidente de avião dois anos depois. O Carnaval também foi destaque: participaram as Irmãs Marinho, passistas do Salgueiro, e Clóvis Bornay, que, entre pulinhos e beijinhos, cantou a marchinha "Dondoca", acompanhado pelo coral com o sugestivo nome de As Bonecas.

Ao longo das semanas, Blota Jr. também animou uma *Copa cultural*, disputada entre equipes apoiadas pelas embaixadas dos países presentes no Mundial. Era uma variante do *Cidade contra cidade*, como, aliás, o *SBT* viria a fazer muitos anos mais tarde, sob o título de *Nações unidas*.

Erontex Copa 70 ficou no ar até maio, quando a promoção se encerrou e a bola começou a rolar nos gramados mexicanos. Assim, Blota Jr. deixou a tela da *Tupi*. Pelo menos por enquanto.

* * *

Apaixonado por futebol, o Doutor assistiu, encantado, à mágica seleção brasileira, de Pelé e companhia, conquistar a taça Jules Rimet. Entre uma partida e outra, porém, o assunto obrigatório das conversas que tinha com familiares e amigos estava longe de ser o futebol.

Aproximavam-se as eleições de 15 de novembro e Blota Jr., após doze anos como deputado estadual defendendo com unhas e dentes a sua posição de líder, não sentia vontade de tentar um quarto mandato. Acreditava que sua função na Assembleia Legislativa estava mais do que cumprida e ainda não cogitava a hipótese de dar o natural passo seguinte: tentar uma cadeira na Câmara dos Deputados.

O Doutor nunca agiu como um político de carreira. Via-se como um radialista na política, e não o contrário. Um dos momentos em que ele teve a oportunidade de deixar clara essa posição foi quando terminou a sua licença não remunerada e voltou a atuar apenas no Canal 7 de São Paulo.

Quando isso aconteceu, os Machado de Carvalho temiam que Blota, mais uma vez, viesse a deixar a emissora, mas, agora, para entrar na disputa por um novo cargo eletivo. Se isso acontecesse, não só perderiam seu principal artista como tinham quase certeza de que não poderiam contar com as verbas publicitárias da Eron. Sem elas, seria quase impossível manter a *Record* no ar. Com medo de ver sua empresa fechar as portas, Paulinho de Carvalho fez um apelo:

– Blota, por favor, não seja candidato este ano! Não podemos ficar sem os seus programas!

O Doutor assentiu. Além do *Cara ou coroa*, fez mais uma atração: *Duelo de campeões*, um dinâmico *game show* dirigido por Carlos Manga, patrocinado pela Erontex e que conquistou boa audiência. Nessa fase, procurou-se preservar pelo menos parte da cobertura nacional com que Blota contava na *Tupi* através da recém-criada *Rede de Emissoras Independentes*, *REI*, formada pela *Record* em algumas de suas atrações.

O contrato com a Eron e o apelo de Paulinho também fizeram Blota desistir de ser candidato à suplência de Orlando Zancaner no Senado. Anos mais tarde, Blota viria a sentir até uma ponta de frustração por essa sua decisão: Zancaner elegeu-se e, em 1976, dois anos antes de completar seu mandato, renunciou para virar conselheiro do Tribunal de Contas do Estado de São Paulo. Ou seja, com pouco esforço, Blota Jr. poderia ter se tornado senador.

Blota ficou no ar com *Duelo de campeões* até janeiro de 1971, exatamente o mesmo mês que também marcou o fim do seu último mandato como deputado estadual. Em abril ele voltou ao vídeo apresentando, agora ao lado de Sonia

Ribeiro, um novo *talk show* diário: *Fim de noite*, produzido por Mário Wilson. De acordo com a revista *Veja*, as entrevistas feitas pelo *casal real* marcavam "16% de audiência", "índice elevado para o horário".

Já em outubro, Blota Jr. recebeu um presente da *Record*: voltar a comentar partidas de futebol. Após quase duas décadas afastado das cabines dos estádios, ele retornava ao lugar de onde gostaria de nunca ter saído. Ao seu lado, na narração, estava Raul Tabajara, outro pioneiro do esporte no rádio e na televisão de São Paulo.

Nada disso, porém, teve muita importância perto da alegria que sentiu exatamente às 17h11 do dia 2 de junho de 1971. Ele estava com Sonia Ribeiro na Pro Matre quando nasceu Sonia Helena, a primeira filha de Blota Neto e Ruth Tereza. O Doutor aos 51 anos, e dona Sonia, aos 41, tornavam-se avós.

Os fãs logo se encheram de curiosidade. Ansiavam conhecer a menina, cuja foto rapidamente ganhou as páginas de jornais e revistas. Às 19h de 27 de setembro, pouco antes de completar quatro meses de vida, ela fez sua estreia na televisão, surgindo no colo do vovô Blota e da vovó Sonia. Como cenário, os salões da residência do casal na Rua Caiubi, todos ricamente decorados em estilo clássico pela dona da casa.

– Eu, que apresentei tanta gente famosa, Marlene Dietrich, Yvonne de Carlo, Sammy Davis Jr., entre outros, vou ter a maior emoção da minha vida apresentando para vocês, em primeira mão, minha neta Sonia Helena! – anunciou Blota, mirando a câmera. Ao seu lado estava dona Sonia, com os olhos marejados de emoção e um imenso sorriso.

Essas cenas foram apresentadas dentro de uma série de cinco programas chamada *Vida de artista*. Ela foi ao ar pela *TV Bandeirantes*, justamente o canal onde a menina, 27 anos mais tarde, ingressaria como repórter e se tornaria correspondente internacional, assinando suas matérias com o sobrenome consagrado pelo avô paterno: Sonia Blota.

* * *

Havia mais de ano, desde o fim do *Erontex Copa 70*, que Blota Jr. não subia no ringue da luta pela audiência dominical, que já era disputada a socos. Em seu antigo horário, a *Tupi* colocou Flávio Cavalcanti, que logo se converteu no *senhor dos domingos*. Júri, musicais e, principalmente, temas quentes que tinham agitado a semana eram os ingredientes de um show sempre bombástico.

Em 25 de julho de 1971, assim que surgiu ao palco para apresentar o seu programa, Flávio anunciou que poria no ar "o depoimento do suicida". Seria dessa forma, inclusive, que o tal caso passaria a ser chamado. Ele traria Blota Jr. de volta ao centro das atenções nas noites de domingo.

Essa história teve início na cidade paulista de Mauá, onde vivia o bancário e ex-seminarista Mário de Sousa Melo. Desde menino, ele alimentava a esperança de, um dia, trabalhar na televisão. Dedicou boa parte dos seus trinta anos de vida buscando uma primeira chance, participando de programas de calouros e não saindo do encalço de produtores e diretores. Nada disso adiantou. Sofrendo de problemas nervosos, já tendo passado por várias internações em clínicas especializadas, Mário não suportou a angústia de sentir que não realizaria seu sonho de infância. Em 21 de julho, uma quarta-feira, resolveu se matar. Antes, porém, gravou um depoimento de 25 minutos explicando a sua decisão. Entre outras denúncias, teria acusado Blota Jr. de usar ideias suas sem citá-lo ou dar-lhe qualquer participação. Ao terminar de falar, apertou o botão de *stop* do gravador, pegou o revólver e deu um tiro na cabeça.

Ao palco da *Tupi* do Rio, Flávio levou Geraldo, irmão do suicida, para contar essa história dramática e confirmar a autenticidade do áudio e da denúncia apresentada contra Blota.

Essa trama macabra teria acabado aí se, logo no dia seguinte, Geraldo não tivesse procurado a produção do Chacrinha, concorrente direto de Flávio Cavalcanti, para dizer que mentira ao confirmar que a gravação transmitida pela *TV Tupi* era verdadeira. A voz não era de seu irmão Mário. Enquanto isso, Odilon Coutinho, repórter do jornal *Última Hora* de São Paulo, que disse ter sido o único, além da polícia, a ouvir o áudio verdadeiro, pediu providências ao Sindicato dos Jornalistas de São Paulo. E mais: o delegado de Mauá, Edson Chamelot, garantiu que a fita original estava trancada na delegacia e ninguém, nem mesmo a *Tupi*, havia tido acesso a ela. Como resposta a tudo isso, Flávio afirmou que, em 16 anos de profissão, nunca fora desmentido e completou:

– O Ibope, como o sol, nasce para todos.

A concorrência não perdeu tempo. Na quarta-feira, a *Rede Globo* começou a exibir uma chamada com o Velho Guerreiro anunciando "novas e sensacionais revelações sobre a gravação do suicida, criminosamente falsa". No domingo, 1º de agosto, no auditório no bairro do Jardim Botânico, o *Buzina do Chacrinha* reuniu Odilon, o irmão e a mulher do suicida e um diretor do Sindicato dos Jornalistas. Todos contestaram a veracidade da gravação apresentada por Flávio.

A briga entre os dois programas arrastou-se durante o mês de agosto inteiro. Blota Jr. assistiu a tudo com a mais absoluta indignação. Estava revoltado em ver seu nome no meio de uma mentira tão escabrosa. Sua família compartilhou desse mesmo sentimento. GB, por exemplo, fez questão de expor publicamente a sua ira contra Flávio Cavalcanti. Foi, inclusive, atrás do sujeito que emprestou a voz para a gravação falsa. Ao encontrá-lo, não perdoou: desceu o braço nele.

Após tentativas de se justificar, Flávio reconheceu o erro e pediu desculpas a Blota em seu programa. Foi difícil para o Doutor aceitá-las, conforme demonstrou numa declaração publicada pelo jornal *Correio da Paraíba* em 10 de agosto de 1973, ou seja, dois anos depois do "depoimento do suicida". Foi a primeira vez, e talvez única, que Blota criticou publicamente um colega de profissão.

> Interrogado sobre a suspensão, pela Censura Federal, do *Programa Flávio Cavalcanti*, Blota Jr. mostrou-se um pouco reticente, afirmando que já não fora bem tratado pelo sr. Flávio Cavalcanti, e assim "teria que entrar num terreno ético que Flávio nunca pisou".

* * *

Apesar de percalços como esse, Blota Jr. continuava com seu prestígio intacto. Seguia sendo a maior referência do Brasil quando se tratava da condução de grandes acontecimentos. Não faltavam convites para apresentar eventos de porte. Foi o caso, por exemplo, do "Show verão 70", promovido pela Intercoiffure Brasil, entidade que congrega os cabeleireiros. Toda a renda foi revertida para a Sociedade Pestalozzi, que Sonia Ribeiro presidia.

Outra atuação beneficente foi na *Campanha da esperança*. No palco do teatro Cultura Artística, diante das câmeras, Blota e Sonia, ao lado de vários artistas, de diversas emissoras, pediram doações aos telespectadores e a compreensão dos credores da *Excelsior*, cujos funcionários estavam sem receber salário havia vários meses. A campanha foi idealizada por Gonzaga Blota, irmão do Doutor, que assumiu a emissora para tentar minimizar o sofrimento dos colegas. Vários deles passavam fome, enquanto outros dormiam no estúdio por não terem dinheiro nem para voltar de ônibus para casa. Tanta mobilização, porém, não foi suficiente para impedir que a emissora, pioneira na formação de uma rede nacional, saísse do ar em 30 de setembro de 1970.

No início dos anos 1970, Blota Jr. e Sonia Ribeiro também foram os mestres de cerimônia oficiais dos prêmios Molière, o mais importante do teatro brasileiro, e Air France, de cinema. Essas ocasiões eram sempre revestidas da mais absoluta elegância: exigia-se traje a rigor de todos os convidados, escolhidos a dedo pela companhia aérea que patrocinava as duas premiações. Nelas, Blota e Sonia apresentaram os maiores nomes da arte brasileira. Foi das mãos deles, por exemplo, que Marília Pêra recebeu, em 1970, no palco do Teatro Record Augusta, o prêmio de melhor atriz pela sua atuação na peça *Fala baixo senão eu grito*, sendo este um dos marcos da sua carreira. Dois anos depois, já no Teatro Municipal do Rio de Janeiro, com transmissão pela *TV Tupi*, o *casal real* entregou, para Procópio Ferreira, o prêmio de melhor ator pelo seu trabalho no filme *Em família*, de Paulo Porto.

* * *

O ano de 1972 comemorou o sesquicentenário da Independência do Brasil. Uma efeméride como essa era prato cheio para os militares, que resolveram marcá-la com algo que mudaria para sempre a forma do brasileiro se entreter e se informar: o lançamento da televisão colorida.

A *Tupi* de São Paulo havia sido a primeira a transmitir em cores no Brasil, no dia 1º de maio de 1963. Desde então, outras tentativas ocorreram, mas a pré-estreia oficial foi mesmo em 19 de fevereiro de 1972, diretamente da XII

Festa da Uva, na cidade de Caxias do Sul, para satisfação dos gaúchos Hygino Corsetti, ministro das Comunicações e caxiense, e Emílio Garrastazu Médici, presidente da República e bageense.

Blota Jr. e Sonia Ribeiro apresentaram o evento, transmitido em cadeia para 18 emissoras em todo o país. As imagens foram geradas pela *TV Difusora* de Porto Alegre, com apoio da *TV Rio*, graças ao trabalho de vinte profissionais locais e ao uso de um ônibus adaptado e repleto de equipamentos. Apenas cinco mil privilegiados, os brasileiros que tinham receptores coloridos em casa, puderam desfrutar plenamente de tanto esforço e investimento.

Foi prometido aos telespectadores que a Festa da Uva entraria no ar a partir das 9h30, mas problemas técnicos provocaram um enorme atraso. Já passava das 15h quando a cobertura definitivamente começou. Na tela surgiu a movimentação dos repórteres e locutores do *pool* diante da arquibancada em que ficariam as autoridades. Trajando um terno azul-marinho, Blota Jr. falou da emoção que sentia naquele momento, sendo um dos primeiros apresentadores da história a aparecer em cores na televisão. Após explicar como funcionava o novo sistema de transmissão, com todas as suas nuances, justificou o motivo de estar falando de um ponto descoberto.

– No sol, a cor fica mais cor.

Num outro momento, enquanto os carros alegóricos desfilavam com belas jovens e artistas da telinha, o Doutor, posicionado a poucos metros de onde Médici estava sentado, trouxe outras informações:

– O presidente e sua esposa assistem também à transmissão em cores num aparelho colocado à sua frente, mas a luminosidade do local prejudica um pouco a recepção. É um problema ótico de refração de claridade que os telespectadores certamente encontrarão em casa.

Problema, aliás, foi o que não faltou nessa transmissão experimental. Além do atraso inicial, os jornais reclamaram que as imagens ficavam borradas ou claras demais, especialmente quando uma mesma câmera saía de um ambiente com alta luminosidade para outro mais baixa. Também foram várias as interrupções no *link* da Embratel.

– É uma pena que a televisão não tenha gosto, para que os telespectadores possam provar essas uvas deliciosas.

Bastou Blota terminar de dizer essa frase para o sinal desaparecer por dez segundos. Nessa toada, a transmissão seguiu até as 18h.

Nos jornais do dia seguinte, entre as matérias que repercutiam o acontecimento histórico, a *TV Record* mandou publicar um anúncio que registrava o feito da sua coirmã e do seu principal casal de artistas.

> TV Record, Canal 7 de São Paulo, unidade geradora, e as emissoras componentes da REI – Rede de Emissoras Independentes de todo o país congratulam-se com a sua integrante TV Difusora, Canal 10 de Porto Alegre, que gerou para o Brasil, pela 1ª vez em cores, via Embratel, os festejos da XII Festa da Uva de Caxias, Rio Grande do Sul. Apresentadores: Blota Junior e Sonia Ribeiro.

* * *

Foi dispendioso para a *Record* colorir a sua programação. O dinheiro para isso brotou graças à penhora de um terreno da empresa na Via Anchieta. Não havia outro jeito, afinal, a receita com anunciantes tinha fugido junto com a audiência. Durante a sua melhor fase, nenhum programa do Canal 7 alcançava menos de 40% da audiência. Em 1972, o melhor programa da casa não passava de 6%. Nem mesmo o último programa apresentado por Blota Jr., o *Quem sabe é rei*, teve bom resultado.

O prédio na Avenida Miruna já não tinha o movimento de poucos anos antes. Nos corredores, se falava abertamente: a *Record* não sobreviveria ao ano de 1973. Os poucos empregados que ficaram sofriam com o atraso de salários. Agnaldo Rayol, por exemplo, chegou a ficar um ano sem receber. Blota passou por problema semelhante: dono de um dos maiores contracheques da emissora, era um dos últimos a ver a cor do dinheiro. Os empregados mais simples, claro, tinham prioridade.

Para compensar esse desfalque financeiro, o Doutor não enxergou alternativa senão ouvir propostas de outras emissoras. Apareceram duas: da *Rede Globo* e da *Tupi* do Rio. Para a *Veja*, Blota explicou o motivo de ter descartado a emissora de Roberto Marinho, que já era líder absoluta de audiência em todo o país:

– Primeiro, teria que deixar a *Record* definitivamente, o que não faço, não só por questões sentimentais, mas também porque não vou abrir mão de um direito trabalhista, pedindo demissão. Depois, a intenção da *Globo* era a de me reservar para a apresentação de eventos especiais e eu ficaria numa posição chata, de *imortal*, não teria a possibilidade de mostrar semanalmente a alegria, a espontaneidade e o dinamismo que ainda acredito transmitir como apresentador.

Por isso, Blota Jr. resolveu voltar para a *Tupi* carioca, que lhe ofereceu um contrato em moldes semelhantes àquele que assinou em 1968: seus programas seriam gravados no antigo Cassino da Urca e exibidos pela *Rede Tupi*, exceto o Canal 4 de São Paulo.

O retorno do Doutor à rede *Associada* se deu na noite de sexta-feira, 11 de agosto de 1972. Às 20h30, depois de mais um episódio da novela *Bel-Ami*, ele entrou no ar apresentando uma atração cujo nome foi um dos mais compridos da história da televisão brasileira: *Essa maravilhosa gente brasileira e suas histórias espantosas*.

O programa contava com uma equipe de 15 pessoas, que incluía nomes experientes: produção e direção de Alcino Diniz, textos de Oduvaldo Vianna Filho e produção musical de José Messias. A intenção era clara: reeditar o sucesso do *Blota Jr. Show*, unindo a biografia de famosos com histórias curiosas de pessoas comuns.

Hebe Camargo, Elza Soares, Omar Cardoso, Zé do Caixão, Conde Belamorte e Katia Regina, a ex-chacrete que teve uma perna amputada e morreria de câncer no final daquele ano, foram alguns dos que tiveram sua vida contada por Blota, que também mostrou a história de um velho que aprendeu a ler aos 107 anos.

De acordo com a revista *O Cruzeiro*, as 12 primeiras edições do programa alcançaram "a média de Ibope de 20%". Esse resultado, bom em qualquer circunstância, ficava ainda melhor quando se reconhecia que a principal concorrente era, nada mais, nada menos, que *Selva de pedra*, a novela que ficou na história por ter cravado 100 pontos de *share*. Por isso, a *Tupi* aceitou entregar a Blota um desafio ainda maior: as tardes de domingo.

* * *

Em 8 de outubro de 1972, a *Rede Tupi* havia lançado, a partir de São Paulo, um programa chamado *Domingo total*. Eram quatro horas de atrações, das 15h às 19h, transmitidas via Embratel. No comando, revezavam-se Humberto Reis, Cidinha Campos, Sargentelli, Marisa Urban, Márcia de Windsor e Agnaldo Rayol. Grandes números musicais, selecionados por Federowski e Tito de Miglio, eram as principais armas da *Tupi* na luta contra o *Programa Silvio Santos* e seu segmento de maior sucesso na época: *Sinos de Belém*. Nele, Silvio não hesitava em arriscar a própria vida: subiu e desceu 15 andares de um prédio usando uma escada de bombeiros, mas sem estar amarrado a cordas de segurança; participou de uma corrida de jegues; desceu de um helicóptero, a 50 metros de altura, e pousou num barco parado no meio da represa de Guarapiranga, entre outras aventuras que faziam o público delirar.

Nem todo o investimento feito pelos *Associados* mostrou-se capaz de vencer o *homem sorriso* nessa sua fase como super-herói. Por isso, onde havia seis apresentadores, resolveram pôr apenas um: Blota Jr., que assumiria o comando do *Domingo total* dentro e fora do ar. Coube a ele a criação de um novo formato para o programa e a entrada da Erontex como patrocinadora, afinal, continuava sendo o presidente da Dínamo de Propaganda S.A. e, nos últimos tempos, acumulava também o cargo de assessor especial da presidência do Grupo Eron, que somava oito empresas.

Aliás, Eron Alves de Oliveira andava muito entusiasmado com a possibilidade de voltar a contar com o Doutor como seu garoto-propaganda. Para Nelson Rubens, então jornalista do *Última Hora*, declarou:

– Se o Blota falar Carnê Eron com o entusiasmado e aquele jeito especial quando diz o anúncio das bicicletas Caloi, vamos aumentar muito a venda dos carnês.

Para que essa intenção se concretizasse, seria imprescindível que Blota pudesse entrar no ar pela *Tupi* também na capital paulista, algo que seu vínculo com a *Record* impedia. Não houve outro jeito: Blota procurou Paulo Machado de Carvalho e lhe solicitou uma nova licença não remunerada, exatamente como a que tirou no primeiro semestre de 1970.

Apesar de o Doutor Paulo não ter compreendido esse pedido, vindo de quem considerava um filho, foi obrigado a aceitar. A *Record* seguia em sérias dificuldades e não havia como fazer uma contraproposta. Na quinta-feira, 21 de dezembro, foi assinado o "acordo para suspensão de contrato de trabalho", válido por dois anos. A cláusula 3 era clara: "Enquanto perdurar a suspensão, terá o empregado plena, total e irrestrita liberdade de prestar serviços a terceiros, observadas as cláusulas e condições que lhe aprouverem, sem interferência de qualquer espécie por parte da empresa".

No mesmo dia que se liberou do Canal 7, o Doutor se reuniu com a equipe de produção do novo programa. O encontro foi em sua sala, cujas paredes eram revestidas de feltro verde, na sede paulista da Dínamo. A palavra de ordem foi *naturalidade*: ele julgava que esse seria o segredo para construir um show popular e competitivo. Algo em linha com uma frase que costumava dizer: "A televisão é um retrato sem retoques". No fim, bradou entusiasmado:

– Quero ser no palco o que sou nas ruas!

Finalmente, na véspera do Natal de 1972, Blota Jr. assumiu o comando do novo *Domingo total Erontex*, diretamente do Telecentro, no bairro do Sumaré, em São Paulo, colorido e via Embratel para toda a *Rede Tupi de Televisão*.

Foi assumido de vez o formato *ônibus*, reunindo música, jogos, entrevistas, concursos, reportagens, esquetes e o que mais coubesse dentro de quatro horas de duração. Como único animador, Blota teria a missão de costurar e conduzir todas as atrações, enfrentando uma verdadeira maratona diante das câmeras.

De imediato, o Doutor implementou várias mudanças, visando dar mais ritmo ao programa. Como bom advogado e avô, lançou o quadro *Poder infantil*: uma espécie de júri formado por crianças, que julgavam temas de gente grande. Num sofá, Blota Jr. passou a entrevistar figuras muito populares, de Pelé a Waldick Soriano. Nos musicais, o samba dominava. Num anúncio publicado no *Diário da Noite* de 24 de fevereiro de 1973, o *Domingo total Erontex* apresentava-se como "o único programa da televisão brasileira que apoia o samba e divulga o Carnaval do Brasil". Houve espaço também para algumas das primeiras *câmeras escondidas* da TV brasileira. Numa semana, por exemplo, a produção pôs uma mulher de biquíni andando pelo Viaduto do Chá, enquanto eram flagradas as reações mais engraçadas dos homens que passavam.

Entre um quadro e outro, muitos sorteios. Toda semana, Blota colocava em disputa milhões de cruzeiros em prêmios. O público podia concorrer através do carnê Erontex Série Forte ou da promoção "Corrija o nosso erro", que distribuía eletrodomésticos, faqueiros, relógios suíços, televisores e bicicletas Caloi. Neste caso, era necessário acompanhar os quatro testes de conhecimento que Blota Jr. lançava durante o programa, cada um com cinco alternativas, uma delas errada. O telespectador deveria marcar qual era a tal opção errada num cupom impresso nos jornais dos *Diários Associados*, enviar para a Rua José Bonifácio, 166, 2º andar, endereço da Dínamo em São Paulo, e torcer para ser sorteado.

O programa também ganhou os jornais graças aos festejos pela inauguração da Praça da Paz Universal, no Parque Ibirapuera. Blota Jr. conduziu tudo, inclusive a cerimônia definitiva, na tarde de 13 de maio de 1973, ao vivo para todo o país, dentro do *Domingo total Erontex*. A área reúne terras de diferentes estados brasileiros e árvores vindas de várias partes do mundo. A oliveira, por exemplo, representando Israel, foi trazida por Adolpho Bloch.

Tantas novidades logo chamaram atenção e Blota começou a receber inúmeras ideias para novos quadros. Guardou algumas delas, como, por exemplo, a que Sérgio Cabral, pai, enviou numa carta de 23 de janeiro de 1973. Eles haviam trabalhado juntos durante os festivais da Record.

> Meu caro Blota:
> Aí vai a ideia geral do I Campeonato Brasileiro de Samba. Você, como homem de empresa, de TV e de publicidade, poderá avaliar melhor que eu – o autor muito empolgado da ideia.

Também ficaram ideias para *Gincana de ouro – Os doutores também tocam e cantam, Isso é mal de família* e *Sua memória vale milhões*, sendo os dois últimos criados por Edson Silva, ex-produtor de Silveira Sampaio. Houve ainda a proposta redigida por um cidadão de forma um tanto confusa. Era o tipo de texto que fazia gelar a espinha do Doutor, tão apaixonado pela norma culta da língua portuguesa.

> Aproveito ainda informa-lo que meu interesse na mesma, é apenas / consequir um pograma da qual os telespectadores participe ativamente do mesmo, e ao mesmo tempo o pograma em si venha a beneficiar algumas centenas de pessoas, pelo cunho que o mesmo atinge. [sic]

E, ao final, ainda deu uma sutil carteirada para Blota, justo um dos nomes mais conhecidos da Arena:

> Em uma pesquisa feita entre Amigos do Circulo Militar todos acharam a ideia muito boa, entretanto o nós leigo podemos acha na digo para um pograma de televisão, na pratica dentro desse veiculo pode ser negativo, mais aqui vale a intenção. [sic]

Outros papéis, sem assinatura e escritos em espanhol, traziam tópicos interessantes sob o título "*Conceptos generales sobre la modalidad del programa*".

> *Debe encararse como una GRAN REVISTA, con muchas secciones, diversificadas de tal manera, que puedan atrapar todo tipo de público.*
> *Es así como se ha pensado en otorgarle un ritmo muy dinámico, ágil, con ligazón rápida y original entre cuadro y cuadro.*
> *Las secciones de la Revista, salvo excepciones, deben ser relativamente cortas. De esta manera lograríamos el doble o más de las que tenemos ahora. No aburrir. Pretender que siendo los cuadros más cortos, en última instancia, habrá para todos los gustos.*

Blota não pôde acatar muitas dessas recomendações. Não houve tempo. Apesar de todo o esforço, o último *Domingo total Erontex* foi ao ar em 15 de julho de 1973, apresentando o samba de Paulo Márquez, Manoel da Conceição e Miriam Batucada, além de sorteios e entrevistas. Ao final, o Doutor despediu-se dos telespectadores e da plateia presente. Em seguida, um plano aberto mostrou todo o cenário e as três câmeras posicionadas à beira do palco. Um a um, os operadores foram até o centro do palco empunhando suas Philips LDK 3, deixando-as umas diante das outras. Aos poucos, elas foram se escondendo no breu, conforme as luzes do cenário lentamente se apagavam.

Para Blota, isso também marcou a sua saída da Dínamo de Propaganda. Tornava-se cada vez mais difícil administrar as demandas dos clientes externos junto com aquelas vindas da própria Erontex, que chegou a fazer cem ofertas por dia. São Paulo concentrava o atendimento às contas de fora do Grupo Eron, a cargo de Blota Neto e Milton Guerra. Eles eram obrigados a passar os pedidos para o Rio, onde ficava o setor de leiaute, que também já não tinha mais braços suficientes para tanto trabalho.

Terminava assim o casamento entre Blota Jr. e a Erontex, um dos mais rentáveis de toda a televisão brasileira, em todos os tempos.

Diálogo

Sem toda a pesada carga de trabalho no Grupo Eron, que lhe tomava seis dias na semana, e livre de qualquer compromisso na televisão e na política, Blota Jr. aproveitou o segundo semestre de 1973 para concentrar-se na Caloi, que não parava de crescer. Parecia estar cada vez mais entusiasmado com a ideia de ser um empreendedor.

– Tudo que conquistei na área artística, política e social – disse o Doutor ao *Última Hora* – foi graças às minhas funções de apresentador de programas de TV. Nasci para ser apresentador. Hoje vou adaptar a minha vida aos novos encargos que estou assumindo. Na minha opinião, estamos passando pela realidade histórica da TV. São muitas as responsabilidades que se apresentam. No meu caso, não era só fazer um programa de TV que me faltava. Meu campo estava limitado, pois já fiz de tudo. Agora, vou dirigir a minha própria empresa.

Parecia um caminho natural, mas que poucos conseguiram trilhar com êxito. Até então, apenas Blota Jr. e Silvio Santos conseguiam conciliar os papéis de artista sempre pronto a sorrir e de gestor de negócios sério e responsável. Uma carreira alimentava e dependia da outra.

Na Caloi, Blota e outros diretores implantaram uma série de mudanças, consolidadas num plano quinquenal. O número de homens/hora de produção de uma bicicleta caiu 67%, o que gerou um enorme crescimento da produção. O faturamento mais que dobrou, saindo de 24 milhões de cruzeiros no exercício 1969/1970 para 50 milhões em 1971/1972. Nesse mesmo período, o patrimônio da companhia praticamente sextuplicou.

Por trás de toda essa expansão estava a maior visibilidade da marca Caloi, seja nas competições de ciclismo, onde demonstrava toda a sua *performance*, seja na televisão. Além dos testemunhais feitos pelo Doutor em seus programas, a Caloi passou a contar com outra vitrine poderosa: a dramaturgia da *TV Globo*. Ela foi a primeira marca a investir no *product placement*, o popular *merchandising*, em novelas no Brasil. Em *O primeiro amor*, de Walter Negrão, quase todas as personagens apareciam passeando sobre duas rodas e fazia sucesso, principalmente entre as crianças, a oficina de bicicletas de Shazan e Xerife. A trama serviu, inclusive, para o lançamento de um dos modelos mais vendidos da história: a Caloi 10.

Ao mesmo tempo que crescia no mercado interno, a Caloi partiu para a conquista do mercado externo. Os Estados Unidos foram o primeiro alvo: começaram vendendo 18 mil modelos esportivos em 1972. No ano seguinte, fecharam um contrato de 350 mil dólares com uma empresa da Califórnia. Em 1974, um anúncio publicado em *O Estado de S. Paulo* comemorava o embarque de bicicletas também para a América do Sul, América Central e Nigéria. Na África, era usada a marca Caloi-Pelé.

A companhia estava pronta para surfar na onda que varreria toda a década de 1970 e receberia de Bruno Caloi o apelido de "bicicletomania": a explosão nas vendas, tanto dentro quanto fora do Brasil, provocada pela piora do trânsito nas grandes cidades, aumento no preço da gasolina e a popularização do ciclismo como um remédio contra o sedentarismo.

Para suportar tanto crescimento, era necessário ampliar a capacidade de produção. No início dos anos 1970, a Caloi inaugurou uma nova fábrica em Santo Amaro e já pensava em mais. Blota Jr. empenhou-se pessoalmente na busca por um novo espaço fora de São Paulo. Chegou a manter conversas com os governos da Paraíba, da Bahia e de Pernambuco, onde havia ficado especialmente impressionado com a capital.

– Recife é uma cidade muito parecida com algumas da Europa. Seus rios, suas pontes, as ruas largas e planas me entusiasmaram. Seu povo não é indolente nem apressado. Esta deveria ser a capital da bicicleta – afirmou o Doutor para a revista *Veja* de 31 de outubro de 1973.

Aproveitando incentivos fiscais, Blota e todo o comando da Caloi acabaram optando por, antes, abrir uma nova fábrica fora do Brasil: a Caloi Bolívia. Mais tarde, também por conta de isenções, a empresa decidiu instalar sua quarta unidade de produção na Zona Franca de Manaus. Assim nasceu a

Caloi Norte. Nessas duas subsidiárias, além de diretor vice-presidente, Blota era acionista minoritário.

Em paralelo às suas atividades no Grupo Caloi, o empresário Blota Jr. também dirigiu uma agropecuária em Chapada dos Guimarães e investiu numa empresa de pescados chamada Frescal, em Santa Catarina. Nela, foi sócio de Lemos Britto, pioneiro da produção independente na televisão brasileira, e de Ueze Zahran, dono da Copagaz e da *Rede Matogrossense de Televisão*.

* * *

Nos escritórios, não faltava trabalho para Blota Jr. Já nos estúdios, não se podia dizer o mesmo. Ainda vigorava a sua licença não remunerada na *Record*, que, contrariando as piores previsões, sobreviveu ao ano de 1973 e chegou a 1974. A salvação veio, em grande parte, de um contrato de publicidade assinado ao apagar das luzes com a Fábrica de Móveis Brasil, levada por Raul Gil. A partir daí, o mascote Brasilino tornou-se onipresente no Canal 7.

A essa altura, Blota tinha se convencido de que só voltaria ao vídeo se fosse para fazer algo prazeroso, conforme disse num extenso depoimento publicado pela *Folha de S. Paulo* em 4 de setembro de 1973. Nele, fez uma reflexão profunda e franca sobre os rumos da televisão brasileira e da sua própria carreira.

> Se chegarmos à conclusão de que as emissoras de grande evidência são aquelas condicionadas pelas contratações de grandes artistas, produtores etc., constataremos que há muito pouca gente para poder criar uma competição. E, consequentemente, é preciso verificar as causas do fenômeno. Mas, antes, é preciso notar o seguinte: a televisão nasceu quase sempre de uma organização radiofônica que recrutou o seu primeiro pessoal exatamente entre os elementos que, fazendo rádio, teriam melhor adequação ao vídeo, fazendo com que uns florescessem mais porque eram vistos com maior interesse que ouvidos, enquanto outros prejudicavam suas carreiras, especialmente os cantores.

O que quer dizer: onde a imaginação do ouvinte fora muito generosa, o artista não correspondia à expectativa. E vale a pena notar que 80% da televisão de 1973 ainda se baseia nos mesmos nomes da televisão de 1950. Valeria a pena vermos o seguinte: houve franca renovação entre os cantores, motivada pela modificação do gosto musical, da mudança de repertório. Também na parte de teatro, pela necessidade da própria arte, que ensejou renovação de atores. Entretanto, no setor de apresentadores, dos chamados comandos dos programas, os nomes ainda em evidência são implacavelmente os mesmos que começaram a televisão. Isso poderia significar uma resistência dessas vedetes ao elemento novo, mas não corresponde à realidade. A televisão tem tentado criar novos líderes, mas, ou se esgotam antes de se realizar ou enveredam por outros caminhos antes da plena realização (exemplos típicos: Paulo Planet Buarque, a maior vocação surgida nos últimos 10 anos, hoje juiz do Tribunal de Contas do Município, e Ney Gonçalves Dias, que prefere exercer a advocacia com grande brilho, embora frequente a televisão como quem vai à macumba: apenas para não perder as bênçãos do santo).

Creio que, mais que tudo, é uma questão de opção, já que a televisão exige um amor integral, e nós todos temos tido, na hora das dramáticas decisões, preferido a televisão a qualquer outra atividade. Assim, fui jornalista, deputado, secretário de Estado, criminalista e escritor frustrado, porque sempre que qualquer destas atividades colide com a televisão, tenho ficado com esta.

Creio que tem sido por muita vocação porque o que a televisão tem dado ao povo brasileiro, apesar dos seus desserviços e de algumas desorientações, tem sido algo de muito positivo, abrindo "aquela janela iluminada para o mundo" com que sonhava Álvaro Moreira a respeito do rádio.

A televisão brasileira está numa fase de transição das mais promissoras, em vista da esmagadora supremacia da Globo. Ora, tudo que a Globo fizer dá audiência, ou seja, é um excelente momento para ela armar-se para uma modificação ponderada e progressiva do que não lhe parece certo apresentar somente porque integra o contexto. E as outras, já que não têm tanta audiência, poderiam armar-se para uma salutar experiência criando uma nova mentalidade e abrindo novos caminhos, se não der certo não perdem nada porque ficam na mesma.

O plano de realização de um homem, a meu ver, está contido em dois objetivos: um praticamente inatingível e o outro se atinge com perseverança e abnegação. O maior de todos – "fazer aquilo que se quer" – é muito difícil. O outro é "pelo menos não se fazer aquilo que não se gosta". Isso custa dinheiro a menos, incompreensão e até certa reserva dos que acham que você tenta fugir da engrenagem. Não podendo ainda fazer o que quero, mas não querendo mais fazer o que não gosto, estou numa contemplativa fase de hibernação. Já me consultei e creio que não engoliria mais programas sem substância e objetivo, que visam apenas preencher 4 horas do interesse mínimo de uma audiência enfastiada, em vez do uso integral da televisão como um meio de difusão de ideias, estímulo da comunicação e até mesmo a promessa de um mundo melhor. Assim, creio que posso esperar o suficiente para tentar reencontrar o sentido dessa vocação, que fez deixar de lado outros caminhos por acreditar nela tal como acreditava no começo de tudo: que Deus não dá ao homem capacidade de falar a palavra certa para que ela se transforme apenas na mensagem mais bem paga.

Se eu tiver tempo e coragem, talvez prove essa verdade. Se não, haverá uma boa vaga de apresentador na televisão brasileira para quem tenha ainda um jovem estômago, capaz de digerir o sortido pouco apetitoso que às vezes nos apresentam como verdadeiro manjar dos deuses.

Esse compasso de espera que Blota Jr. se impôs foi interrompido de forma surpreendente. Certo dia, recebeu um pedido urgente da *Record*: precisaria arrumar as malas e embarcar para a Alemanha. Seria o comentarista da emissora na Copa do Mundo de 1974.

Até então, quando dizia ter feito tudo na televisão, o Doutor esquecia-se de que lhe faltava justamente a experiência de trabalhar num Mundial. Logo ele, um pioneiro da crônica esportiva e apaixonado por futebol. Mas isso tinha uma explicação: toda época de Copa coincidia com campanha eleitoral. Até então, a única exceção havia sido 1970, quando Blota ficou no Brasil, mesmo não sendo candidato, para ajudar o Canal 7 a sobreviver.

Para transmitir os jogos, a *Record* teve de ingressar num *pool* batizado de *Sibratel, Sistema Brasileiro de Televisão*, composto também pelas TVs *Gazeta* e *Bandeirantes*. Era a única alternativa que existia, dadas as limitações de uso do satélite.

Além das imagens, as emissoras também compartilharam os seus profissionais. Junto com Blota Jr., a *Record* mandou Silvio Luiz. A *Bandeirantes* enviou Fernando Solera e Chico de Assis. Já a *Gazeta* mandou Peirão de Castro e Roberto Petri.

Sem contar com Carlos Alberto Torres, Clodoaldo, Gérson, Pelé e Tostão, a seleção brasileira que jogou no frio alemão não era tão brilhante quanto a que enfrentou o sol escaldante do México. A maioria dos comentaristas esportivos da época achava que o *carrossel holandês* seria campeão, superando a dona da casa. Blota, porém, apostou no contrário: julgava que a Holanda não seria capaz de manter por muito tempo seu estilo de jogo tão encantador e que não faria frente à disciplinada Alemanha. Foi o que registrou, mais tarde, no jornal *A Folha de São Carlos*.

> [Na Copa de 1978] nem a Holanda terá chance, pois sua laranja já murchou bem mais depressa do que alguns dos meus ilustres colegas acreditavam, tão deslumbrados eles estavam com o maravilhoso futebol holandês, e eu tive a coragem de não acreditar naquele futebol, eu acreditava mais no futebol, embora clássico, um pouco duro, da Alemanha. Eu acreditava mais na Alemanha para campeã e disse isso antes, sendo que até fui chamado de despeitado por alguns pelo fato de a Holanda ter vencido o Brasil, o que não é verdade; a Holanda encontrou a condição transitória e efêmera por ter ao mesmo tempo cinco ou seis jogadores capazes de se encontrar. Mas isso também aconteceu com o Santos, e o Santos foi campeão do mundo duas vezes.

Nas transmissões, Blota Jr. prezava pela análise mais técnica da partida, oferecendo o máximo de informações sobre cada jogador e esquema tático. Entre um comentário e outro, porém, havia espaço para soltar seu humor ferino, que o público conhecia bem desde os tempos dos programas de auditório.

Nesse sentido, a partida do Brasil contra o Zaire, em 22 de junho, foi um prato cheio. Os *leopardos africanos* proporcionaram cenas dignas de riso, ou de pena. Caso, por exemplo, do zagueiro Ilunga Mwepu: ao ouvir o apito do juiz, ele simplesmente resolveu abandonar a barreira e isolar a bola antes mesmo que os brasileiros batessem a falta. E por falar em Mwepu, o que não faltou naquele jogo foram palavras difíceis de pronunciar e de entender. A cada vez que uma dessas figuras participava de alguma jogada, o locutor, prontamente, dizia o que seu nome significava. Num dado momento, um dos zairenses pisou na gorduchinha. Blota não perdeu tempo:

– Esse daí deve querer dizer: o que não gosta da bola.

Esse clima de descontração imperava tanto dentro quanto fora do ar. Ao lado dos seus colegas do *Sibratel*, Blota pôde desfrutar da incrível experiência de trabalhar numa Copa. Qualquer situação era matéria-prima para improvisar uma nova piada e fazer todos darem boas gargalhadas. Nunca era visto de mau humor. Só houve um porém: nascido numa cidade de clima abafado como Ribeirão Bonito, o Doutor não gostava de baixas temperaturas. Por isso, durante a sua estada na Alemanha, resolveu ficar o máximo de tempo possível mergulhado na banheira cheia de água quente. Não arriscava sair dela nem mesmo para comer. Nessas horas, pedia ao amigo Silvio Luiz que fizesse a gentileza de levar alguma coisa para ele, em geral um frango a passarinho ou uma massa.

O Mundial acabou em 7 de julho. Conforme Blota Jr. previu, a Alemanha superou a Holanda e sagrou-se bicampeã. O Brasil, com atuação medíocre, teve de contentar-se com um 4º lugar. Ao voltar para casa, Blota mal teve tempo de matar a saudade que sentia de toda a família e, em especial, dos netos Sonia Helena e Christiano. Este, nascido em 13 de outubro de 1972, quando adulto, seguiria os passos do avô, fazendo carreira na televisão, primeiro no esporte, depois como apresentador de telejornais.

Do seu filho mais velho, Blota ouviu uma comunicação simples e direta:
– Pai, o senhor é candidato a deputado federal.

O Doutor ficou sem reação. Não acreditava que Blota Neto havia tido coragem de inscrever seu nome usando a procuração que havia deixado antes de embarcar. Também não imaginava que seu nome fosse aprovado pela convenção. E tudo isso durante a sua viagem à Europa.

Passado o choque inicial, Blota demonstrou estar irredutível. Não queria, de jeito nenhum, entrar no que chamou de "louca aventura". Acreditava que o fato de estar afastado da mídia e da política nos últimos tempos havia reduzido muito as suas chances de conseguir se eleger para qualquer cargo.

A árdua tarefa de fazê-lo mudar de ideia coube ao então presidente do diretório da Arena em São Paulo, Jacob Pedro Carolo. Para isso, ajudaram muito os resultados de uma pesquisa de intenção de votos encomendada pelo partido. Ela indicava que, das 57 cadeiras paulistas na Câmara Federal, a Arena conquistaria 33 e Blota Jr. estaria, pelo menos, entre os 20 mais votados. Ou seja, ganharia, como ele próprio concluiu, "até por força da gravidade".

O Doutor estava quase convencido a ingressar na sua quinta campanha, mas só viria a fazê-lo após consultar os filhos e, principalmente, a dona Sonia. Apesar de continuar não concordando com a dedicação do marido à política, veio dela o "aceite" definitivo. Uma equipe com mais de 40 publicitários foi mobilizada pela Arena para a campanha de 1974, cuja maior preocupação era reeleger Carvalho Pinto senador. Blota acabou sendo um dos mais beneficiados com toda essa estrutura porque foi escolhido para apresentar os programas políticos do partido na televisão, transmitidos em cadeia por todas as emissoras de São Paulo. Uma grande exposição que fez toda a diferença.

Terminada a contagem das cédulas, o Tribunal Regional Eleitoral de São Paulo anunciou: Blota Jr., número 146, recebeu 54.998 votos. 12º lugar no partido. 3º na capital paulista. 1º em Ribeirão Bonito, São Carlos, Rafard, Francisco Morato, Mogi Mirim e Leme. Estava eleito.

Para Blota, a pesquisa foi certeira. Para o restante da Arena, nem tanto. Além de Carvalho Pinto não conseguir voltar para o Senado, sendo substituído por Orestes Quércia, o partido do governo fez apenas 17 deputados federais, e não 33.

A oposição crescia. Era a resposta do povo, dada nas urnas, à situação política que o Brasil enfrentava.

* * *

Entre a eleição e a posse, Blota Jr. aproveitou para reforçar os seus laços com o interior paulista. Foi agradecer às cidades que mais o acolheram durante a campanha. Em Leme, por exemplo, o Doutor foi recebido por um fiel amigo e cabo eleitoral: Kamal Taufic Nassif, empresário que, entre outros negócios, fundou a *Rádio Cultura*, "a voz de Leme". Foi seu Kamal quem convidou Blota e Sonia para serem padrinhos da emissora, inaugurada em 20 de novembro de 1965.

Para os eleitores de sua terra natal, Blota, primeiro ribeirão-bonitense da história a eleger-se deputado federal, dedicou uma mensagem especial. Ela foi publicada na edição de 6 de janeiro de 1975 do *Correio d'Oeste*, que completava exatos 60 anos de circulação. Agradeceu aos "716 de Ribeirão Bonito", "que não esqueceram o Zezy que nunca os esqueceu". Mas não perdeu a chance de salientar que considerou o resultado "aquém das expectativas", mesmo tendo sido o "primeiro lugar em todas as urnas (principalmente o da querida Guarapiranga, sempre tão disputado), primeiro lugar do partido, primeiro lugar da cidade".

Outra ação importante, ainda no início de 1975, foi o retorno à televisão, tanto de Blota Jr. quanto de Sonia Ribeiro. Para o primeiro, era a certeza de que sua imagem não seria esquecida enquanto se dedicava à atividade parlamentar. Para a segunda, a garantia de que se manteria ocupada e ativa em São Paulo enquanto o marido trabalhava em Brasília.

Sem receber salários regularmente na *Record*, o casal não teve alternativa senão partir para a produção independente, alugando horários como forma de garantir a exibição pela emissora.

Dona Sonia foi a primeira a voltar ao ar. Fez o "patrocínio", como dizia o contrato, da faixa entre 17h e 18h, de segunda a sexta-feira. Nome do programa: *Encontro com Sonia Ribeiro*.

No estúdio da Avenida Miruna, com a produção de Durval de Souza e os poucos recursos técnicos disponíveis, eram feitos quadros como *Vale a pena* saber, *O primeiro passo para a fama*, *Quem é quem*, *Nostalgia* e *O médico é seu melhor amigo*. Neste, participava um velho conhecido de Blota desde a década de 1950: dr. Tuffik Mattar, renomado geriatra.

Depois de anos morando no Rio de Janeiro, dr. Tuffik teve de se mudar para São Paulo em 1971. Fugia da pressão dos militares, que o amolavam, principalmente pelo fato de ele ter sido médico da família de Juscelino Kubitschek. Precisava refazer a vida e, para isso, teve que pedir ajuda aos amigos. Os primeiros a quem recorreu foram Blota e Sonia, que, sem hesitar, lhe abriram os braços.

– Dr. Tuffik, o senhor é um homem que merece que a gente ajude! – disse dona Sonia, combinando calma e firmeza na voz, como lhe era peculiar.

– Muito obrigado, Sonia! – agradeceu o médico, que recebia aquele elogio como um presente dos céus.

– Eu já ouvi o senhor falar na *Rádio Globo* e no Canal 9, no Rio. Tem muito traquejo. Vamos fazer o seguinte: todas as segundas-feiras, o senhor passa a ter um tempo exclusivo para fazer comentários sobre medicina no meu programa.

A partir daí, o dr. Tuffik começaria a reconstruir a sua carreira de médico, que logo ganharia ainda mais impulso ao tratar da alergia de Silvio Santos a perfumes.

Também às segundas-feiras, dentro do *Encontro com Sonia Ribeiro*, Blota Jr. faria comentários políticos no quadro *De Brasília para você*. Ele ainda aproveitaria esse espaço para prestar contas da sua atividade como deputado federal, iniciada na tarde de 1º de março de 1975.

Até essa data, o Doutor já tinha ido inúmeras vezes à *capital da esperança*. Nenhuma delas, porém, despertou emoção similar àquela que sentiu quando entrou no Salão Negro do Congresso Nacional, cruzou o Salão Verde e, finalmente, chegou ao plenário da Câmara dos Deputados para a sua cerimônia de posse. Do corredor central, ao avistar o crucifixo de marfim sobre a mesa da presidência, Blota Jr. se emocionou. Ele se lembrou do velho José Blota, homem de fé, que tanto sonhou em ver o filho deputado. Essa emoção foi ainda maior quando assinou seu termo de posse. Para isso, usou uma caneta de ouro dada por Hebe Camargo, sua amiga de sempre. Era o primeiro e, até então, único presente que havia ganhado de um colega de profissão, apesar de ter ajudado tantos.

Como demonstração do quanto lhe eram caros o momento da posse e a amizade de Hebe, nunca mais voltou a usar essa caneta, que manteve guardada, intacta, até o fim de sua vida.

* * *

Quase duas semanas após tomar posse, mais precisamente às 23h de 13 de março de 1975, Blota Jr. voltou a ter uma atração para chamar de sua na Record. Entrou no ar o *Diálogo nacional*, programa de entrevistas com produção de Lemos Britto e patrocínio das Instituições Financeiras Comind.

Diálogo nacional foi o único do gênero durante o regime militar que não sofreu censura prévia, tal era a força política de Blota. Isso permitia que ele levasse os convidados que quisesse, seja para fazer perguntas, seja para respondê-las, sem medo de represálias. Na cadeira do programa sentaram figuras de todas as vertentes: de Paulo Maluf a Ulysses Guimarães; de Mário Henrique Simonsen a Nelson Carneiro. Foi um dos únicos espaços a receber Orestes Quércia, que surgia como nova figura da oposição após derrotar Carvalho Pinto, que o próprio Doutor havia apoiado.

Assim, Blota Jr. conseguia algo que parecia impossível: promover o fórum mais democrático possível na televisão, considerando todas as limitações impostas na época, e, ao mesmo tempo, ser uma das figuras mais influentes do governo Ernesto Geisel.

Foi nessa posição que ele apresentou o especial *Brasil hoje*, realizado pela Agência Nacional e transmitido por todas as televisões às 21h de 31 de março, exatos 11 anos após os militares tomarem o poder. Entre as participações de Roberto Carlos, Paulo Gracindo, Coral da Rádio MEC, Orquestra Sinfônica do Teatro Municipal do Rio de Janeiro, Cláudia, Antonio Carlos e Jocafi, discursos de deputados governistas. Após elencarem as ações do regime, falarem do II Plano Nacional de Desenvolvimento e fazerem inúmeras projeções, todos terminavam dizendo uma mesma frase, que parecia encaixada à força: "Tudo isso é possível graças à tranquilidade em que vive o Brasil".

* * *

Assim como já havia acontecido na Assembleia Legislativa de São Paulo, Blota Jr. assumiu uma posição de destaque também na Câmara Federal. Seria, inclusive, vice-líder do governo, justo numa legislatura cuja bancada da oposição estava bem maior do que antes: o MDB havia saltado de 87 para 165 cadeiras. Já a Arena tinha encolhido de 223 para 199 representantes.

Durante seu mandato, Blota aproveitou o acesso direto que tinha ao gabinete da presidência para defender o abrandamento do regime e o interesse dos artistas, inclusive perseguidos e exilados. Eram tempos de abertura política "lenta, gradual e segura", conforme prometia Geisel.

Essa luta que o Doutor travava pela sua classe era tão veemente que, certa vez, quase chegou às vias de fato. Foi durante reunião da comissão mista que examinou a chamada Lei Falcão, de 1976, que ainda seria votada pelo Congresso Nacional. O deputado Getúlio Dias, do MDB gaúcho, afirmou que, para ganhar as eleições municipais de novembro, a Arena estava convidando jogadores de futebol e astros da telinha para integrar suas chapas nas principais cidades. A fama natural dessas figuras seria usada para minimizar o impacto das severas restrições à propaganda política no rádio e na TV, objeto principal da lei inventada pelo então ministro da Justiça, Armando Falcão. Blota quis saber se essa análise tinha "algo de depreciativo" com relação aos artistas. Sem hesitar, Dias respondeu que sim, tinha mesmo. Tal provocação soou como gongo marcando início de luta de boxe. Em horas como essa, o amigo Alegria dizia que, de tão nervoso, "os óculos do Doutor chegam a embaçar". Ele não se conteve e começou a disparar um vocabulário pesado que, até então, usava apenas quando jogava futebol ou buraco. Seu vozeirão, naturalmente potente, ficou ainda mais forte, quase ameaçador. Do outro lado, o parlamentar gaúcho também subiu o tom. A turma do "deixa disso" precisou entrar rapidamente no ringue em que quase se transformou o auditório Milton Campos, do Senado Federal.

Também em defesa da atividade artística e da radiodifusão, Blota Jr. teve coragem de se posicionar publicamente contra a censura e qualquer outra forma de intervenção do Estado nesse campo. Defendia a autorregulamentação como saída para garantir tanto a liberdade criativa dos profissionais quanto a liberdade econômica dos concessionários. Ao *Jornal de Brasília*, de 21 de janeiro de 1977, declarou: "Sou contra a censura prévia; aliás, sou contra qualquer tipo de censura, porque ela não se justifica, não tem sentido e, portanto, brevemente desaparecerá".

Blota foi um dos que mais se empenharam pela regulamentação das profissões de radialista e artista, ambas conquistadas em 1978. O Doutor, aliás, como membro efetivo da Comissão de Constituição e Justiça, foi o relator da chamada Lei do Radialista, realizando um trabalho que considerou, ao mesmo tempo, "confortador e curioso".

Ao dar seu voto favorável à aprovação da Lei do Artista, Blota Jr., emocionado, discursou diante dos colegas de plenário e de palco, presentes nas galerias da Câmara dos Deputados.

> Permitiu a vontade de Deus que eu pudesse viver, como deputado federal, a singular emoção deste momento. Quando chegado à capital paulista para iniciar o meu curso de Direito, a carreira artística haveria de atrair, inopinada e, de certa maneira, injustificadamente, aquele jovem caipira que mal conseguia esconder o deslumbramento que os auditórios das emissoras de rádio, que as plateias dos teatros, muitos deles desaparecidos, conseguiram despertar na sua alma.
>
> [...]
>
> Trago, senhor presidente, senhores congressistas, um voto que não é apenas meu: é o voto de quantos colegas me fizeram portador dessa confiança.
>
> Voto em nome de Mario Brasini e de Theresa Amayo, voto em nome de Lélia Abramo, Regina Duarte, Raul Cortez, Ruthinéa de Moraes, Renato Borghi, Mário Masetti, Eva Wilma, Yolanda Cardoso, Dulce Muniz; voto em nome de Carlos Zara, Elaine Cristina, Gilmara Sanchez, Laura Cardoso, Airton Rodrigues, Lolita Rodrigues, Cláudio Correia e Castro, Wanda Kosmo, Cacilda Lanuza, Rolando Boldrin, Jonas Mello, Elizabeth Hartman, Abrahão Farc, Elias Gleizer e Etty Fraser; voto em nome de Renato Consorte, colega e amigo dos bancos acadêmicos do Largo de São Francisco, que não hesitou em deixar essa

mesma universidade no primeiro chamamento da sua vocação artística irresistível. E peço licença para, também, votar em nome de um moço que me escreve, Luiz Carlos de Moraes, que descende de uma altiva, heráldica progênie de artistas que me deram o favor de sua amizade pessoal e do seu carinho fraterno e amigo: Conchita de Moraes, Átila de Moraes, Dulcina de Moraes, Odilon Azevedo, Manoel Durães e Edith de Moraes, que levaram o teatro a milhões e milhões de segregados, àqueles a quem o crime ou a doença afastaram do convívio dos teatros, para que recebessem em pleno poder todas as supremas inspirações dos maiores escritores teatrais de todos os tempos.

Voto em nome de Ruth de Moraes, mas, principalmente, peço licença para que Luiz Carlos de Moraes me permita votar em nome de um artista símbolo, meu companheiro, meu amigo de todas as horas, Alberto Drummond, galã de companhia de teatro, levado depois ao rádio e que me ensinou os primeiros segredos da arte da interpretação, que me tornaram possível permanecer, por tanto tempo, dentro de uma carreira que abracei de forma definitiva e irreversível.

[...]

Os sacrifícios serão os mesmos, as lutas, as mesmas, os extenuantes cansaços dos ensaios, das viagens e das representações, mas, meus queridos amigos, senhor presidente, senhores congressistas, muito obrigado pelo voto que, dando a esses meus companheiros, dão também, de certa forma, a mim.

Os aplausos tomaram conta da cúpula da Câmara dos Deputados, misturados aos gritos de "muito bem!" e aos cumprimentos que Blota recebeu ao descer da tribuna. Por um momento, pareceu até ressurgir aquela mesma atmosfera de glória que sentia nos teatros da *Record*.

* * *

Além dos temas relacionados diretamente com a sua própria carreira, o deputado Blota Jr. também legislava sobre vários outros assuntos. Alguns, inclusive, polêmicos. Foi, por exemplo, o relator de uma lei que facultava às prostitutas a filiação ao INPS na categoria de trabalhadora autônoma. Apresentou também um projeto que regulamentava a construção de motéis, que deveriam restringir-se "à margem de estradas de rodagem federais ou estaduais, ou em locais estritamente comerciais".

Contudo, nenhuma dessas iniciativas gerou tanta repercussão quanto a relatoria do projeto de lei nº 2.320/76, logo apelidada de Lei do Inquilinato. Visava modernizar a locação de imóveis no Brasil e acabou sendo o centro de um enorme mal-entendido, que gerou sérias consequências.

O projeto entrou na Câmara em 21 de outubro de 1974, mais de cinco meses antes da posse de Blota Jr. O texto só chegaria às suas mãos no dia 2 de maio de 1975. Na Comissão de Constituição e Justiça, coube a ele o papel de relator. Dias depois, o deputado Celso Barros disse que não concordava com a permanência da denúncia vazia no projeto: ela permitia ao locador retomar o imóvel após o fim do contrato, sem precisar justificar o seu pedido. O Doutor concordou e, a partir disso, criou o chamado Substitutivo Blota Jr., que poria fim à denúncia vazia.

Blota agia em benefício dos inquilinos, mas logo começaram a circular boatos dando conta do contrário. Numa época em que era mais difícil ter acesso direto às atividades do Congresso Nacional, jornais publicaram palavras atribuídas a Pedro Roxo Lima, presidente da Associação Nacional dos Inquilinos, afirmando que o Doutor, em nome da liderança da Arena, "tudo faz para brecar a nova Lei do Inquilinato". Na edição de 24 de junho de 1976 da *Gazeta de Notícias*, por exemplo, Roxo Lima divulgou uma "carta denúncia" que teria sido escrita por Nelson Nunes Veran, "uma das centenas de milhares de vítimas dos 'tubarões dos aluguéis'", e endereçada ao deputado Djalma Bessa. Nela, afirmava "que o sr. deputado Blota Jr., a bem dos ladrões e mafiosos escravagistas proprietários de imóveis, guardou [o projeto de lei] em sua gaveta, para o infortúnio dos pobres, a grande maioria dos votantes da nação".

Durante dias, Blota recebeu cartas e recortes de jornal que traziam essas declarações. Depois, chegou uma pequena tira de papel branco. Nela, estava datilografada a seguinte mensagem:

DEPUTADO PAULISTA BLOTA JUNIOR
TRAIDOR DE NOSSAS TRADIÇÕES PAULISTAS

Traidor do povo brasileiro e especialmente paulista.
O povo pobre brasileiro e principalmente o trabalhador paulista não pode mais pagar aluguel! – TRAIDOR BLOTA JUNIOR – Aprove dentro de 30 dias a LEI do inquilinato – Ou então será SEQUESTRADO aos molde [sic] de ALDO MORO sem piedade – vamos arrancar de sua casa a qualquer hora – aprove a Lei!

Covarde e traidor dos eleitores de São Paulo.
Traidor dos RADIALISTAS BRASILEIROS QUE AINDA PAGAM ALUGUEL.

Esquadrão da Libertação Nacional

O Doutor leu esse bilhete ainda sob o impacto da notícia que havia corrido o mundo poucos dias antes: a morte do primeiro-ministro italiano Aldo Moro, que fora sequestrado pelo grupo de extrema-esquerda Brigadas Vermelhas e assassinado após 55 dias em cativeiro. Agora, era ameaçado de ter esse mesmo fim trágico.

Em 29 de junho de 1978, pela primeira vez desde que se tornou deputado federal, Blota ocupou a tribuna durante o Grande Expediente. Foi esclarecer tudo a respeito da sua atuação como relator da Lei do Inquilinato.

> [...] os jornais, os pronunciamentos, as cartas que recebo, as consultas que me encaminham entidades em defesa dos inquilinos mostram que muitos acreditaram nas mentiras que, tantas vezes repetidas, acabaram quase por se converter em verdade. Assim, tenta-se fazer crer à Nação que, primeiro, tenha eu retardado a tramitação da lei do inquilinato e que, depois, tenha sido o inimigo do inquilino – e mais do que isso – o defensor e o mantenedor da denúncia vazia. Acreditam muitos que aquele jornalista, aquele radialista, que iniciou, menino pobre, no interior, a sua carreira [...] pudesse ser, hoje, um vasto proprietário de

inúmeros prédios de aluguel ou defensor de entidades de proprietários ou a soldo e a serviço, ou sob suborno, da representação de interesses escusos. Trago aqui a prova indesmentível.

A partir de então, Blota Jr. fez uma retrospectiva de toda a tramitação do projeto, desde antes da sua posse até aquele momento, passando pela criação do substitutivo que levava seu nome. Ao final, dirigiu um insistido apelo ao presidente da República para que apoiasse a aprovação do Substitutivo Blota Jr. e da Lei do Inquilinato.

Para facilitar a divulgação da sua resposta, o Doutor pediu ao Centro de Documentação e Informação e à Coordenação de Publicações da Câmara dos Deputados que fizessem uma cartilha chamada *A verdade sobre a Lei do Inquilinato*. Com capa azul e 36 páginas, reunia a íntegra do seu discurso de 29 de junho e do parecer da Comissão de Constituição e Justiça.

No dia 4 de dezembro de 1978, Blota voltou à tribuna para falar desse assunto. Lamentou o impacto negativo que essa "onda de inverdades" teve na campanha de seu filho mais velho, que, naquele ano, tentou uma cadeira na Assembleia Legislativa de São Paulo e não foi eleito.

Por fim, Geisel deixou o poder sem assinar a Lei do Inquilinato. Isto só viria a acontecer em 1991, durante o governo Collor, mas com um detalhe: o Substitutivo Blota Jr. havia sido retirado. A denúncia vazia vingou.

* * *

Tanto o *Encontro com Sonia Ribeiro* quanto o *Diálogo nacional* seguiam no ar, apesar das dificuldades que a *Record* ainda atravessava. Em 1976, após discussões e polêmicas, o Grupo Silvio Santos assumiu 50% das ações da Rádio Record SA: empresa que, além dos 1000 KHz, também operava o Canal 7 de São Paulo.

Nessa época, tanto a dona Sonia quanto o Doutor estavam há nove meses sem receber salário da *Record*. Os ordenados como deputado federal e executivo da Caloi não eram suficientes para manter o padrão de vida da família e as residências em São Paulo e no Guarujá, além do sítio em Itapecerica da Serra.

Blota começava a pensar em se desfazer de parte do seu patrimônio ou mesmo recorrer a um empréstimo. Foi então que aconteceu um verdadeiro milagre.

Um belo dia, ao verificar o extrato bancário, Blota levou um susto: sua conta estava abarrotada de dinheiro. Constavam, rigorosamente pagos, todos os salários até então atrasados. Sinal dos novos tempos. E do novo acionista.

Blota não conteve a alegria ao contar para Sonia o que havia acontecido. Como qualquer coisa virava motivo para novas piadas, o casal resolveu homenagear o patrão e parodiou um dos seus *jingles* mais famosos: "Silvio Santos taí/ Silvio Santos chegou/ Pra pagar a dona Sonia/ E também o Doutor!".

* * *

Blota Jr. e Sonia Ribeiro nunca perderam a majestade. Continuavam sendo o *casal real da televisão*. Até o Prêmio Roquette Pinto, resgatado em 1978, ano do jubileu de prata da *TV Record*, eles voltaram a apresentar. Contudo, a mídia já não era a maior prioridade para eles. Algo muito mais importante havia conquistado seus corações e suas agendas: os netos. Eles deram nova vida à mansão na Rua Caiubi, que parecia até ter sido construída para, um dia, recebê-los. A construção era ampla, com diversos ambientes e cercada de verde.

A casa foi projetada como um L. A parte mais comprida, dianteira, era a social. Na outra parte, menor, ficavam os dormitórios da família, a sala de TV e as dependências de serviço.

O portão principal, posicionado no centro do bloco maior, dava acesso ao *hall* de entrada. À esquerda, subindo dois degraus, atingia-se o salão de recepção. Tomando o sentido contrário, chegava-se à sala de jantar. Era nessa parte da casa onde também estavam o escritório de Blota Jr. e uma outra sala de refeições, menor. Em todos os cômodos, quadros de diversas escolas artísticas contrastavam com os móveis em estilo colonial. Tudo escolhido com muito esmero por dona Sonia.

Ao fundo do salão de recepção, uma enorme porta-janela dava acesso a outra das áreas preferidas pela criançada: a piscina. Em torno dela, um gramado sempre muito bem cortado, onde ficavam espalhadas várias espreguiçadeiras brancas à espera de céu aberto.

Blota adorava brincar com os netos. Ludo era um dos seus passatempos favoritos. Fazia questão de distribuir prêmios através de um método que somente ele, organizado como era, poderia criar. Pegava uma caixa de bombons Garoto e dividia os chocolates em quatro classes: da letra A, com os mais desejados, até a D, com os que costumavam sobrar na despensa.

A hora das refeições também era especial. O Doutor fazia questão de transmitir essa ideia às crianças, inclusive os proibindo de comer e assistir TV ao mesmo tempo. Certa vez, sua neta mais velha lhe perguntou o porquê daquela ordem. Ouviu uma resposta que mais pareceu outro dos seus famosos discursos:

– Sonia Helena, você tem que entender a diferença entre jantar e comer. Comer é simplesmente você se alimentar. Jantar, não. Jantar é confraternizar, é ficar junto com as pessoas, é você festejar. Cada um conta a sua novidade, cada um comenta sobre seus planos futuros...

Os jantares também se tornaram a chance que os netos encontraram para testar os conhecimentos do avô. Apesar de novos, eles tinham plena consciência do tamanho da cultura que Blota Jr. acumulara. Após várias tentativas malsucedidas de pegá-lo usando os temas mais estapafúrdios, os pequenos deram uma última cartada:

– Vô, quem foi que descobriu o Japão?

Ao ouvir essa pergunta, Blota se assustou. Pela primeira vez, sentiu que não tinha uma resposta completa na ponta da língua. Mas não se deu por vencido: foi até a sua biblioteca, reuniu suas enciclopédias *Barsa*, *Abril* e *Conhecer*, fez algumas anotações e, no dia seguinte, as crianças foram obrigadas a assistir a uma extensa palestra sobre a milenar história japonesa.

Na família Blota, os fins de semana e feriados eram sempre precedidos de uma mesma pergunta feita pelo patriarca:

– Para onde vamos, Guarujá ou aquele lugar que eu não posso falar o nome?

O tal destino inominável era o sítio em Itapecerica da Serra. Parecia até que São Pedro gostava de brincar com o Doutor: toda vez que ele mencionava a palavra *sítio*, chovia torrencialmente durante os dias que passassem lá. Contudo, fazendo sol ou chovendo, era o espaço ideal para a garotada se divertir com maior liberdade.

Enquanto a água caía no campo, a boa e farta comida ajudava a espantar o frio que tomava conta da sede do sítio. Depois, podiam assistir a algum filme em VHS ou ler um dos milhares de volumes perfeitamente organizados na biblioteca. Blota encantava as crianças ao apresentar histórias como as contidas na antologia *Maravilhas do conto fantástico*: lançada pela Cultrix em 1958, reunia o trabalho de autores do quilate de Edgar Allan Poe, Giovanni Papini, Arthur Koestler e Carlos Drummond de Andrade, entre outros. Quando emprestava seus livros, o Doutor pedia para que, ao terminarem, as crianças contassem para ele o que acharam da obra. Assim, ajudava-os a desenvolver as capacidades de interpretação e expressão.

Além dos Blota, amigos da família também costumavam desfrutar do sítio. Quando vinham colegas de escola dos seus netos, o Doutor gostava ainda mais de encarnar o papel de chefe de excursão: punha seu chapéu Cury e, sentindo-se um Indiana Jones, saía desbravando a mata, indicando com um cajado por onde a turma deveria trilhar. Numa dessas vezes, resolveu inventar uma competição: quem subia mais rápido na árvore. Todos partiram em disparada e ele, mesmo com quase sessenta anos de idade, conseguiu ficar à frente de toda aquela garotada. Ao perceberem que perderiam, as crianças resolveram trapacear e puxaram Blota, que desabou no chão. Quando os adultos correram para ajudá-lo, viram que o Doutor não só estava inteiro e sem dores, como feliz e rindo de tudo.

Outra hora certa de alegria para Blota Jr. era quando chegavam de Leme dois dos seus maiores companheiros: Codi e Valentim. Sem muito esforço, eles sempre conseguiam criar momentos hilariantes. Eram eles que promoviam os churrascos dominicais em Itapecerica e iam pescar com Doutor e dona Sonia. Durante uma determinada fase da vida, ela, além de pescaria, também gostava muito de caça esportiva, algo que abandonou quando tomou consciência do sofrimento que essa prática causa aos animais.

Codi e Valentim integravam o seleto grupo de melhores amigos de Blota Jr., do qual também faziam parte Hélio Prado, Alegria e Walter Pereira Bitran, estes últimos desde a época de PRB 9. Entre eles, havia algo em comum: nenhum era rico ou poderoso. Pelo contrário, muitas vezes enfrentaram sérios problemas financeiros ou de saúde. Nas horas de dificuldade, o Doutor se convertia num verdadeiro pai, abrindo as portas de sua casa e ajudando no que fosse preciso.

* * *

Era totalmente recíproco o carinho que Blota e Sonia dedicavam aos seus netos. Quando não era possível estarem juntos pessoalmente, a televisão servia para encurtar a distância. Na casa de Blota Neto, toda tarde assistiam ao Canal 7 para ver o *Encontro com Sonia Ribeiro*. Num dado momento, o rosto de dona Sonia surgiu em *close*. Ao vê-la, Thereza Maria, filha caçula de Neto, meteu-se atrás do televisor, numa tentativa de encontrar sua avó. Não a tendo encontrado, foi até a frente do aparelho e, com todo carinho, deu um beijinho na tela, como se alcançasse o rosto de sua vovó Sonia.

Apesar da prioridade que davam às crianças, ainda havia muito trabalho a ser feito, especialmente no caso de Blota Jr., que insistia em conciliar vários empregos ao mesmo tempo. Até então, ele nunca tinha precisado se afastar da família, mas o cargo de deputado federal impôs mais de mil quilômetros de distância entre ele e sua *Nega*. A saudade apertava. A preocupação com o bem-estar dela, também.

Certa vez, em sua casa, na sala de TV, Blota reparou que o carpete estava completamente gasto diante da poltrona em que Sonia costumava se sentar. Resolveu investigar o motivo e descobriu que, enquanto ele estava em Brasília, ela passava o dia inteiro disciplinarmente sentada, com os pés juntos, roçando o chão, tendo um cinzeiro e uma garrafa de uísque como suas únicas companhias. Sem o seu *Nego*, Sonia não sentia vontade alguma de sair de casa, nem para apresentar seu programa diário na *Record*. Era capaz de inventar qualquer desculpa, como, por exemplo, olhar para a janela, notar uma mínima garoa salpicando o vidro, e decidir:

– Está chovendo... Acho que não vou apresentar o programa hoje!

Reconhecendo quanto sua esposa precisava dele, Blota Jr. não hesitou em tomar uma decisão que, inclusive, contrariava a vontade do presidente da República. Foi até Geisel e anunciou: não seria candidato à reeleição como deputado federal.

Apesar disso, a Arena ainda contava com Blota. Em 1978, enquanto os outros parlamentares deixavam seus cargos para disputar as eleições daquele ano, ele assumiu o posto de líder do governo na Câmara Federal. Além disso, acabou candidato a primeiro suplente na chapa de Cláudio Lembo ao Senado, que foi derrotado por André Franco Montoro, ex-professor de Blota no Gymnasio de São Bento.

Esses fatos, porém, não determinaram o fim da carreira política de Blota Jr. Seu próximo cargo público começou a nascer durante a agitada convenção estadual da Arena, realizada em 4 de junho de 1978. Nela, Paulo Maluf foi indicado candidato do partido ao governo de São Paulo, derrotando Laudo Natel, que contava com o apoio do general João Figueiredo. Ali surgiu o convite para que Blota integrasse o grupo que ocuparia o Palácio dos Bandeirantes após eleição pelo colégio eleitoral.

Primeiro, Blota foi convidado para cuidar do Grupo de Assessoria e Participação, GAP, dedicado à defesa civil, mas o Doutor não se sentia nada à vontade com esse tema. Na verdade, ele desejava usar no governo toda a sua experiência em comunicação, mas questionava o porquê desse tema ser sempre tratado como assessoria e nunca como secretaria. Maluf, então, o chamou para criar uma nova pasta, batizada de Informação e Comunicações. Ela teria uma atuação mais ampla, indo desde a relação com a imprensa até a gestão de todas as verbas de propaganda do Estado, inclusive das estatais paulistas, como Vasp e Banespa, por exemplo. Blota aceitou o desafio e, mais uma vez, afastou-se da *Record*, que continuaria exibindo o *Diálogo nacional*, porém com outros entrevistadores.

O Doutor também sonhava em pôr sob o guarda-chuva da sua secretaria a gestão da Fundação Padre Anchieta, que ele ajudou a criar como líder do governo Abreu Sodré na Assembleia Legislativa. Não conseguiu, apesar dos vários argumentos que tinha. Expôs alguns deles ao *Diário Popular*, que os publicou na edição de 11 de fevereiro de 1979:

> Em primeiro lugar, como é possível a existência de uma secretaria de Comunicações se os dois únicos órgãos de comunicação do governo não lhe foram confiados? Tanto a televisão quanto a rádio *Cultura*

nasceram na secretaria de Educação, passaram posteriormente para a Casa Civil e só depois é que estiveram sob os cuidados da secretaria de Cultura e Esportes. Não podemos, por outro lado, raciocinarmos que, pelo simples fato de chamarem-se *Rádio e Televisão Cultura*, estes organismos sejam mais cultura do que rádio e televisão propriamente. Ambos, quando foram adquiridos pelo governo, já tinham esse nome, que somente por isso foi conservado. Assim, se na época, se chamassem Rádio e TV São Paulo, por exemplo, nós manteríamos o nome também. São ambos, fundamentalmente, rádio e TV. Tenho conhecimento de que há um temor generalizado de que a secretaria venha a ser colocada a serviço da propaganda governamental. Não vejo porque na secretaria de Comunicações ela correria mais esse risco que na de Cultura ou na de Educação que fazem parte, igualmente, do esquema governamental.

Para o *Diário do Comércio e Indústria*, detalhou quais seriam os seus planos para a programação da *TV Cultura*, caso virasse responsável por ela:

> Não obstante aos esforços atuais da *TV Cultura*, eu entendo que ela pode dinamizar mais a sua produção. Não há razões para comprar pacotes de filmes enlatados se existe uma grita geral contra esses filmes. Se ela assim proceder, estará fazendo a mesma coisa que as emissoras comerciais fazem. E se ela não compete no mercado, invariavelmente ela comprará filmes estrangeiros mais fracos, de menor atração, do que as empresas privadas de maior capacidade financeira. Se assim ocorrer, a *Cultura* estará apresentando uma programação de inferior qualidade, competindo no mesmo horário com os filmes das grandes emissoras. Entretanto, se nesse mesmo momento o telespectador tiver uma alternativa válida – que não filmes de bang-bang, policial etc. – se estará prestando um bom serviço, oferecendo uma nova possibilidade. Por outro lado, a *TV Cultura* já vem prestando bons serviços. Fez, por exemplo, um festival de jazz com sucesso. Tem o *Vox populi* com sucesso; nada impediria que fizesse festivais musicais. Hoje, programas de concerto já têm grande audiência numa emissora comercial e, por essa razão, não vejo por que

esses programas não possam ter audiência na emissora do Estado. Existe também a possibilidade da *TV Cultura* transmitir mais programas de esporte amador. Buscar novos caminhos e dar mais alternativas ao público. É isso que chamo de dinamizar a *TV Cultura*, de exercitar uma criatividade para fazer o que a televisão comercial nem sempre faz.

Desde que assumiu a pasta de Informação e Comunicações, na manhã de 16 de março de 1979, uma das tarefas mais árduas a que Blota Jr. se dedicou foi mudar a forma de distribuição das verbas de publicidade. Concentrar na secretaria todas as decisões de governo relacionadas a esse assunto foi o ponto de partida para a padronização de critérios e a moralização da gestão do dinheiro. Blota procurou levar mais investimento para as pequenas e médias agências e veículos menores, das rádios do interior aos jornais de bairro. Também era obrigação da secretaria apresentar ao governador os resultados das pesquisas de opinião pública, justificando o termo "Informação" que constava no nome da pasta.

O atendimento à imprensa era, entre todas as atribuições, a mais conhecida e, ao mesmo tempo, a mais delicada, principalmente porque lidava com a imagem de alguém tão polêmico quanto Paulo Maluf. A todo momento Blota era obrigado a pedir aos veículos que lhe dessem a oportunidade de explicar as ações do governador e de seus secretários. Procurava fazer isso sem impor a visão oficial, mas tentando, com toda a sua retórica, atrair a atenção do público e a simpatia dos colegas jornalistas da forma mais natural possível. Neste sentido, também procurava facilitar o trabalho dos repórteres, atendendo-os com o máximo de presteza e respeito.

Para conseguir tudo isso, o Doutor acabou se transformando numa espécie de para-raios. Ele sofria pressão por parte da imprensa, que perdia a mordaça da censura, e principalmente por parte do governo. Foi difícil, mas Blota Jr. conseguiu suportar por dois anos e dezesseis dias. Em 1º de abril de 1981, numa breve cerimônia realizada no Salão de Despachos do Palácio dos Bandeirantes, transmitiu seu cargo de secretário de Informação e Comunicações para José Olavo Diniz. Após a assinatura dos papéis, Blota falou ao repórter Bahia Filho, da *Rádio Bandeirantes*, procurando justificar a sua decisão:

Aqui, o secretário de Comunicações tem que se omitir, na medida em que ele precisa encontrar meios de não levar todas as preocupações ao seio da comunidade, e sim absorvê-las. Então, nós temos aqui o reverso da frase do Chacrinha: aquele que muito se comunica é que, nessa tarefa, se estrumbica. E eu fiquei, portanto, dois anos tentando absorver problemas, digeri-los e solucioná--los no silêncio de um gabinete. Estava na hora de voltar àquelas atividades que eu mais prezo, que mais me gratificam e que me realizam muito mais pessoalmente.

As atividades a que o Doutor se referiu, claro, eram relacionadas à televisão, que havia deixado quando se tornou secretário. Ele sabia que, em pouco tempo, o meio passaria por fortes transformações. Em 19 de agosto daquele ano, seriam outorgadas as concessões que deram origem ao *SBT*, nascido nesse mesmo dia, 19 de agosto, e à *Rede Manchete*, inaugurada em 5 de junho de 1983.

Ao abandonar o trabalho no Palácio dos Bandeirantes, quis aproveitar a ocasião para voltar para a TV. Conseguiu, mas não através de uma das novas redes. Voltou para a *Record* e, ao mesmo tempo, ganhou espaço na *Cultura*: logo onde ele queria atuar através da pasta de Informação e Comunicações.

Blota chegou ao canal do governo do Estado quando este vivia um de seus momentos mais brilhantes. O Teatro Franco Zampari, comprado pela Fundação Padre Anchieta em 1980, havia se tornado o berço de uma série de sucessos de público e crítica como *É proibido colar*, com Antonio Fagundes e Clarisse Abujamra, *Quem sabe, sabe!*, com Walmor Chagas, e *Viola, minha viola*. Nesse palco, Blota comandou o *Olho na notícia*, game show que buscava incentivar a leitura de jornais e revistas, premiando, ao final de 13 semanas, o jovem mais bem informado com uma viagem para a Europa. Outro programa dessa fase foi *Processo*, lançado em 9 de março de 1982 e que simulava um tribunal. Nele, havia quatro ou seis convidados, metade a favor e metade contra um tema polêmico. As discussões invadiam a madrugada e o público era o grande juiz: ele podia expressar sua opinião através do telefone, algo ainda raro na TV brasileira, que ia se libertando das amarras da censura.

Embora sem a mesma frequência de dez ou quinze anos antes, Blota Jr. estava de volta às câmeras. Diante delas, sentia-se mais feliz e ganhava forças para suportar os duros golpes que o destino ainda iria lhe desferir.

Doces penumbras do outono

Para Blota Jr., o começo dos anos 1980 representou sua reconciliação com a televisão. O desejo do Doutor de se dedicar à TV foi o que o motivou não apenas a deixar a Secretaria de Informação e Comunicações, mas também as suas funções na Caloi. Além da TV, julgava que só a família merecia a sua dedicação. Contudo, o destino, sempre imponderável, tinha outros planos para Blota. Os rumos de sua vida começaram a mudar em 1982.

Paulo Maluf havia renunciado ao posto de governador para se candidatar a deputado federal pelo PDS, criado a partir da Arena após a volta do pluripartidarismo. Naquela eleição, os paulistas escolheriam seus representantes: governador, deputado estadual, deputado federal e senador. Mas o voto era vinculado, o que significa que o eleitor poderia escolher seus candidatos, desde que todos fossem de um mesmo partido. Caso contrário, o conjunto dos votos seria considerado nulo.

Nesse contexto, Blota Jr. foi praticamente intimado a completar a chapa do PDS de São Paulo, saindo como um dos três candidatos a senador pela legenda, ao lado de Adhemar de Barros Filho e José Papa Jr.

O Doutor, definitivamente, não queria isso. Preferia tentar ser vice-governador, pois acreditava que poderia trazer votos de segmentos sociais que Reinaldo de Barros, o candidato ao governo pelo PDS, talvez não alcançasse. Já para o Senado, Blota tinha consciência de que não seria bem-sucedido. As pesquisas apontavam o PMDB, nascido do antigo MDB, como o grande vencedor nas urnas, com esmagadora vantagem sobre o partido governista, o que fazia todo sentido. O povo ansiava por democracia e por mudanças. Queria sair da grave crise econômica, que, ainda em 1982, desembocaria num pedido de ajuda ao FMI e numa inflação acumulada de quase 100%.

Nenhum argumento lógico ou desejo pessoal conseguiu impedir que Blota Jr. tivesse seu nome inscrito. Por fim, restou-lhe apenas apegar-se à memória de seu pai, que sentiria muito orgulho em vê-lo tentando uma cadeira na Câmara Alta. Essa acabou sendo sua única motivação dentro de uma candidatura que definiu como "suicida".

Apesar da descrença, fez questão de começar a campanha exatamente como as outras: com um comício na Praça da Matriz da sua Ribeirão Bonito. Nos jornais, além do anúncio no tradicional formato com o nome, a foto e o número 11, Blota Jr. mandou publicar também uma verdadeira declaração de amor feita pela sua filha Sonia Ângela.

> O meu senador, para representar São Paulo no futuro próximo de importantes modificações e de novos rumos, tem que ser alguém como São Paulo: extremamente dinâmico, culto e atualizado, vibrante, sem espalhafatos inúteis, maduro, pujante, admirável.
>
> O meu senador tem que ser, em pessoa, tudo aquilo que a vida pública exige: digno, aberto, coerente, seguro de suas ideias. Alguém que se faz respeitar e sabe respeitar o próximo, procurando sempre amparar e orientar.
>
> O meu senador tem que ser, especialmente, um homem vivido e experiente, de atuação parlamentar brilhante, participante dos mais importantes momentos da vida nacional, de tudo tirando uma contínua e significativa lição de vida.
>
> O meu senador tem que ser, enfim, alguém muito especial, impecável no trato, no viver e no falar, tribuno ardoroso dos valores humanos, e ele próprio carregado desses valores. Carinhoso no lar e na vivência, franco e independente, dotado de senso de liderança que faz um ser grande e sempre igual, qualquer que seja a posição que ocupe.
>
> Por tudo isso, e por muito mais, por achar que ele, sim, merece, com justeza, o título tão usado de "amigo certo das horas incertas", esse homem, esse meu alguém, terá meu voto de coração: o meu senador é Blota Jr.

Ao longo da campanha, o Doutor não escapou de questionamentos a respeito da sua posição política durante o regime militar. Foi o que aconteceu, por exemplo, no debate entre os candidatos ao Senado realizado pelo *O Estado de S. Paulo*, no qual foi provocado por Almino Afonso, do PMDB.

> ALMINO – Dr. Blota, o senhor é um radialista e todos nós o conhecemos como um dos mais festejados radialistas de São Paulo. O homem de imprensa, seja no rádio, na televisão ou no jornal, ou convive com a liberdade, ou não tem muito sentido a sua função. Como é radialista e consegue ser membro do partido que apoia o regime? Como aceita hoje sem um protesto toda uma ordem que permanece viciada e cuja expressão mais alta é a supressão da liberdade dos debates através da Lei Falcão?
>
> BLOTA – Dr. Almino Afonso, é sua concepção, e eu respeito porque por isso pagou um preço, que divergir é necessariamente antagonizar. Eu me coloco ao lado da linha do Dr. Adhemar de Barros Filho, de que é possível, ao lado do que se diverge democraticamente, procurar modificar. Se todos os homens que divergem de uma ideia se colocassem contra ela, não teremos o direito sequer de ver se ela tem algum mérito. Permanecendo no rádio e na televisão, ao lado do partido, líder do governo Adhemar de Barros, líder do governo Sodré e vice-líder do governo Ernesto Geisel, nada me proibiu que eu continuasse a minha pregação. E muitos aqui são testemunhas de que nos anos mais duros de censura, como em 1968, eu mantinha um programa que tinha, simbólica e sintomaticamente, o título de *Diálogo*, que se transformou depois em *Diálogo com Blota Jr.* e tem hoje ainda uma versão de *Diálogo nacional*. Portanto, eu venho, mesmo dentro do partido, conduzindo mensagens e nesses programas, mesmo ao tempo da censura, Ulysses Guimarães, Orestes Quércia, Israel Dias Novaes, palpitantes inteligências e palavras do antigo MDB participaram comigo de debates públicos. O que significa, portanto, que continuo coerente com a ideia de que não é preciso ser necessariamente jornalista, homem de comunicações e ser contra o regime. Não fora assim e ele não se viria modificando, atenuando todos aqueles seus rigores e não haveríamos ter

influído, como influímos, muitas vezes, nos bastidores para modificações de comportamento. Eu entendo que há uma condição de coerência de se estar do lado de alguém e procurar influir, no seu ponto de vista, para modificá-lo. Não é preciso, necessariamente, ficar contra ele para mostrar que está errado.

As palavras, o apoio da família, a popularidade vinda após décadas no rádio e na televisão, a extensa lista de serviços prestados na vida pública e as horas e mais horas de viagens pelo estado de São Paulo não puderam compensar a falta de verba de campanha e evitar o desfecho que todos, a começar por Blota Jr., já previam: o mau desempenho nas urnas em 15 de novembro. 203.860 eleitores escreveram o nome ou o número de Blota na cédula. Foi o menor resultado entre os três candidatos do PDS, todos derrotados por Severo Gomes, do PMDB.

Relembrando o que Ulysses Guimarães lhe disse quando participou do *Diálogo nacional*, que "a vida do político é feita do ex e do quase", Blota Jr. sentia-se satisfeito com tudo o que conseguira e até com o que não conseguira conquistar.

– Este foi o canto do cisne – determinou o Doutor, que pôs um ponto final nos seus 29 anos de política.

* * *

Passadas as eleições, Blota Jr. seguiu na *Record*. Mesmo quando estava na *Cultura*, ele não havia deixado a sua emissora de sempre. Em 1982, chegou a participar, com Silvio Luiz, do programa *Nossa Copa*: mesa redonda noturna apresentada por Juca Kfouri, aproveitando a expectativa dos torcedores para o Mundial daquele ano.

Em 1983, fez uma nova tentativa no Canal 7: relançar o histórico *Blota Jr. Show*. Apesar de não contar, nem de longe, com a verba e a estrutura dos áureos tempos, a proposta original foi preservada: entrevistar gente de destaque. A estreia, em 15 de março, surpreendeu até mesmo o telespectador mais fiel do Doutor. O primeiro convidado foi Raul Seixas: com sua guitarra, ele ministrou uma verdadeira aula de rock and roll, tocando músicas e contando histórias dos nomes mais fundamentais para a formação do gênero, de Arthur *Big Boy Crudup* a John Lennon. Em seguida vieram Walter Clark, ex-diretor-geral da *Rede Globo*, que estreava como produtor teatral com *A chorus line*, o ator Raul Cortez, o jogador Sócrates, entre outros.

Um começo tão promissor não evitou que esse novo *Blota Jr. Show* durasse pouco. Contudo, isso não significou que o Doutor iria se aposentar do vídeo, pelo contrário: ele se preparava para aquele que seria seu maior empreendimento e que o levaria a um patamar alcançado por pouquíssimos profissionais.

* * *

Silvio Santos foi o primeiro artista brasileiro a ser acionista de um canal de televisão. Blota Jr., o segundo.

Em 5 de outubro de 1982, em plena campanha eleitoral, o presidente João Figueiredo assinou o decreto nº 87.663, outorgando concessão para a Televisão Princesa d'Oeste de Campinas Ltda. estabelecer "uma estação de radiodifusão de sons e imagens". Blota era um dos sócios dessa empresa e acumulou também os cargos de diretor-superintendente e de chefe de jornalismo. Ao seu lado na abertura do empreendimento, teve Paulinho Machado de Carvalho; Rafael Pereira da Silva Filho, sobrinho do presidente da República; e Natal Gale, que seria eleito deputado federal naquele ano com o apoio do Doutor.

A televisão nasceria afiliada à *Record*, que começava a ganhar cobertura estadual. Em 1978, tinham sido incorporadas emissoras em Jaú, São José do Rio Preto e Franca. No rico tabuleiro do interior paulista, a região de Campinas era uma peça estratégica: nos anos 1980, tinha uma população de mais de 1,4 milhão de pessoas e era o segundo maior polo industrial do Brasil em valor de produção.

Blota Jr. estava certo de que esse mercado comportaria um novo canal que, mesmo sendo ligado a uma rede, tivesse foco regional. Ao mesmo tempo, sabia que era uma aposta muito ousada. A *Globo* de São Paulo, por exemplo, tinha pouco mais de 1 hora diária de programas locais em fevereiro de 1985.

A *Princesa d'Oeste*, por sua vez, começaria gerando entre 3 e 4 horas por dia. E Blota queria mais: desejava, até o fim do primeiro ano no ar, ampliar a programação feita em Campinas para 6 horas diárias, o que correspondia a mais de um terço da grade gerada pela *Record* na época.

– Eu quero uma emissora monstro! – dizia Blota, entusiasmado com seus próprios planos.

Se na *Globo* horário local era sinônimo de telejornal local, Blota Jr. pensava diferente: queria fazer do seu canal uma central de produção variada. Além de noticiários, a *Princesa d'Oeste* transmitiria seus próprios programas femininos, sob o título de *A tarde é mulher*, musicais, caso do sertanejo *Café com rapadura*, e até jogos de futebol de várzea, no melhor estilo do tradicional *Desafio ao galo*. Tudo ao vivo.

Para realizar isso, porém, a emissora contava com uma estrutura modesta na Rua Professor Jorge Hennings, 155, no bairro do Castelo, onde havia apenas um estúdio com duas câmeras, além de uma mesa de corte e edição de videoteipe. A equipe era pequena: cerca de trinta profissionais, entre técnicos, funcionários administrativos e jornalistas. Figuras já famosas em todo o país, como a atriz Aldine Müller, misturavam-se a estreantes na televisão, como Valéria Monteiro, que logo chegaria à *Rede Globo*, e Leonor Corrêa, com quem Blota Jr. já tinha uma bela história.

O Doutor era amigo de Maury Corrêa Silva, que trabalhava com José Queiroz Junior, tio de Blota, na cidade de Araras. Em dezembro de 1962, nasceu Maria Leonor, a caçula de Maury, que já tinha outros cinco filhos: quatro mulheres e um homem. O filho homem era Fausto Silva. Para parabenizar o amigo, Blota, que acabara de conquistar seu segundo mandato como deputado estadual, escreveu-lhe um cartão que, ao final, trouxe mais uma de suas profecias: "Conto com o voto dela para o Senado em 82". Ou seja, Blota Jr. previu sua candidatura a senador exatos vinte anos antes dela acontecer, contra sua própria vontade. Não era a primeira vez, nem seria a última, que Blota usava seus poderes proféticos. Ele já havia feito algo semelhante ao conhecer Sonia Ribeiro, precisando até o ano em que se casariam.

Já em 1984, a mãe de um ex-colega de escola de Leonor foi com o filho até a *TV Princesa d'Oeste* procurar emprego. Ao falar que era amiga da família de

Maury, Blota se lembrou da história do cartão. O Doutor, então, pediu para que entrassem em contato com Leonor e a trouxessem para falar com ele pessoalmente.

Quando, finalmente, os dois se encontraram, bastaram dez minutos de conversa para que Blota Jr. pedisse:

– Quero bater um papo com você no estúdio.

Lá, Blota mandou ligar a câmera e começou uma entrevista ligeira. Ao terminar, disse:

– Bem-vinda! Você é de televisão. Venha trabalhar aqui!

A jovem Leonor não conseguia esconder a felicidade. Na *Princesa d'Oeste*, ela começaria escrevendo e lendo crônicas no telejornal local, passando depois ao comando do *A tarde é mulher*, antes apresentado por Valéria Monteiro.

A *TV Princesa d'Oeste*, Canal 6 de Campinas, foi inaugurada na noite de 1º de fevereiro de 1985 com uma cerimônia no Clube Semanal de Cultura Artística, conforme registrou *O Estado de S. Paulo*. Foi a primeira e única produção realizada pela emissora que Blota Jr. apresentou. Naquela noite, o Doutor estava profundamente emocionado. Passados 29 anos após comandar a primeira transmissão da história da televisão em Campinas e em todo o interior de São Paulo, ele voltava àquela terra numa nova condição. Realizava o sonho que todo radialista, ainda que apenas por um instante, já acalentou: ter uma emissora para chamar de sua.

O evento reuniu a alta sociedade campineira, além da família de Blota Jr., que, nessa época, já tinha oito netos. Uma das atrações foi um desfile de moda e, entre as modelos, estava Dóris Giesse.

Passada a festa, veio o trabalho, que seria árduo. Apesar de todo o potencial econômico que Campinas demonstrava, não seria fácil atrair novos anunciantes. Para isso, contavam com a influência que Natal Gale demonstrava ter na região. Contudo, ela não estava se transformando em dinheiro para a *Princesa d'Oeste*. Enquanto isso, Blota tocava a produção, lutando contra os poucos recursos, as muitas divergências e algumas teimosias. Foi o que aconteceu, por exemplo, quando Ricardo Gurgel, então superintendente da emissora e amigo de Blota Jr. há mais de duas décadas, analisou a grade gerada pela *Record*.

– A gente tem que transmitir *Programa Silvio Santos* o domingo inteiro?! Isso é um absurdo! Nós não recebemos nada por isso!

Era a regra do jogo na época. Ao adquirir 50% das ações da *Record*, Silvio Santos havia feito um pedido relacionado à programação: que lhe fosse garantida a transmissão da sua maratona dominical. Por conseguinte, todas as emissoras em rede com o Canal 7 também recebiam o programa.

Tentando mudar isso, o pessoal da *Princesa d'Oeste* foi conversar com o Grupo Silvio Santos, que não se opôs em tirar seu programa da emissora. Mas o que parecia ser uma grande conquista, logo se mostrou um verdadeiro tiro no pé: ninguém havia se dado conta de que a *Princesa d'Oeste* não tinha a menor condição de, sozinha, preencher 8 horas e meia no domingo. Bastaram duas semanas para que a imagem das colegas de trabalho cantando "Silvio Santos vem aí" voltasse aos lares de Campinas através do Canal 6.

Em pouco tempo, a aposta na televisão local mostrou-se cara demais para a época e Blota se viu obrigado a vender sua parte na emissora e desistir de seu sonho. Além de questões internas, a *Princesa d'Oeste* também sofreu o impacto da crise da *Record*, que culminaria com sua venda para Edir Macedo.

Nos anos seguintes, vieram muitas mudanças. Em 1º de fevereiro de 1987, o Canal 6 ganhou novo nome, *TV Metrópole*, e passou para a *Rede Manchete*. Em 1990, transformou-se em *TV Diário do Povo* e se afiliou ao *SBT*. Quatro anos depois, já sob o controle de Orestes Quércia, virou *TVB* e, em 2011, voltou a ser afiliada da *Rede Record*.

* * *

A *Princesa d'Oeste* havia transformado a vida de Blota Jr. Com ela, a intensa rotina de viagens tinha voltado. Se no passado o destino era Rio de Janeiro ou Brasília, agora era Campinas. O lugar ou a distância podiam ser diferentes, mas o que continuava igual era a preocupação que sentia em deixar sua esposa sozinha. Como uma forma de compensar sua ausência, os netos, mais crescidos, iam fazer companhia à avó.

Em meio a tanta atividade, uma notícia pegou Blota completamente desprevenido: Sonia Ribeiro foi diagnosticada com câncer de traqueia. Uma cruel consequência das várias décadas como fumante.

A fim de se dedicar integralmente à esposa, Blota Jr. aproveitou também para, finalmente, pedir sua aposentadoria. Assim, ele fechava outro ciclo em sua vida: o de 42 anos de dedicação à *Record*, às *Emissoras Unidas* e à família Carvalho.

O tratamento foi muito sofrido para dona Sonia, seus amigos e familiares e, principalmente, para o seu *Nego*. O coração de Blota apertava ao ver a esposa, antes tão ativa, agora abatida pelos efeitos da doença e dos medicamentos. Com isso, ele redobrou sua atenção a ela que, mesmo após tantos anos, conseguiu ainda surpreendê-lo enquanto se submetia a uma das pesadíssimas sessões de quimioterapia:

– Você nunca deixou de fazer alguma coisa que eu te pedi, não é?
– Verdade! – respondeu Blota, com paixão.
– Então me faça um favor: vote no Jânio por mim.

Ao ouvir aquilo, o Doutor ficou completamente sem reação. Era 1985 e o ex-presidente da República disputava a prefeitura de São Paulo. Jamais havia passado pela cabeça de Blota, nem de brincadeira, a hipótese de, um dia, votar em Jânio Quadros, de quem foi opositor feroz na Assembleia Legislativa. Por um instante, ele ficou entre as suas convicções pessoais e o desejo de sua mulher. Como forma de demonstrar o seu amor, escolheu o segundo.

Dona Sonia venceu a batalha contra esse câncer e logo começou a ter sessões com um fonoaudiólogo para recuperar a voz. Em comemoração, Blota Jr. promoveu um grande jantar em 1986, na boate do Club Athletico Paulistano, quando completaram 40 anos de casamento. Toda a família e os maiores amigos do casal estiveram presentes: de Hebe Camargo a Rosinha Goldfarb, passando por Nair Bello, Agnaldo Rayol e Lolita Rodrigues, que foi colega de ginásio da então jovem Neyde Mocarzel.

* * *

Naquele 1986, outro motivo de celebração foi o retorno de Blota Jr. à televisão, pela *Bandeirantes*. O convite partiu de João Carlos Saad, carinhosamente chamado de Johnny, filho de João Jorge Saad que, na época, respondia pela programação da rede.

Blota sentia afeto por Johnny, que conheceu ainda garoto, nos corredores do Palácio dos Campos Elísios. Além disso, tinha caras lembranças da *Bandeirantes*, onde deu alguns dos seus primeiros passos diante do microfone, e admirava a trajetória de constantes superações vividas pela empresa. Primeiro, viu seu João fazer uma rádio inaudível e quase falida virar uma das maiores do país; em seguida, reconstruir a sua recém-criada televisão e a sua sede, apelidada pelos funcionários de *palácio encantado*, depois do incêndio que consumiu uma década de trabalho e investimentos; por fim, transformar um canal local numa grande rede nacional. Quando rememorava todos esses acontecimentos, o Doutor costumava resumi-los numa única frase:

– A *Bandeirantes* é um verdadeiro milagre!

Quando chegou à emissora, instalada na Rua Radiantes, 13, no bairro do Morumbi, seu filho Quico já trabalhava lá havia três anos. Ele e Luciano do Valle eram donos de toda a enorme grade esportiva da *Bandeirantes*.

Blota Jr. gostava muito de Luciano, a quem chamava de "filho honorário". Quico já era grande amigo dele nos tempos em que trabalhava na Novociclo, *house agency* da Caloi. Quando os dois se encontravam, o assunto era sempre o mesmo: esporte. Não se conformavam que um país gigantesco como o Brasil pudesse se interessar apenas por futebol. Julgavam que boa parte disso se devia ao fato de a *Globo*, onde Luciano trabalhava na época, quase não abrir espaço para as modalidades olímpicas, então chamadas de amadoras.

Em 1982, os dois estavam muito bem posicionados em suas carreiras. Luciano, inclusive, foi o principal locutor na Copa do Mundo transmitida com exclusividade pela *Globo*. Mesmo assim, resolveram largar seus empregos e embarcar na aventura de criar uma das primeiras empresas de marketing esportivo do Brasil: a Luqui/PromoAção. Através dela, primeiro assumiram quase todo o esporte na *Record*, com exceção do futebol. Nessa época, promoveram eventos como o Grande Desafio entre Brasil e União Soviética, que, em 1983, pôs cerca de 100 mil pessoas para assistir vôlei em pleno Maracanã, debaixo de forte chuva. No ano seguinte, ingressaram na *Bandeirantes* e a transformaram no "canal do esporte", cuja joia da coroa passou a ser o *Show do esporte*: maratona que ocupava praticamente toda a grade de domingo e antecipava, na TV aberta, o formato de programação que faria sucesso na TV paga. Apoiaram nomes como Maguila e Rui Chapéu, alcançando números de audiência até então inimagináveis para modalidades como boxe e sinuca.

Tudo isso era motivo de muito orgulho para Blota, que via seu filho vencer, ao mesmo tempo, no esporte e na televisão. Dentro da *Bandeirantes*, sempre que necessário, não hesitava em usar seu conhecimento e influência em favor da Luqui. Já Quico, por sua vez, procurava retribuir o carinho do pai convidando-o para atuar em seus principais eventos, como na primeira e única Olimpíada na qual o Doutor viria a trabalhar, a de Seul, quando completou meio século de carreira, e na Copa Pelé 91, transmitida ao vivo de Miami.

* * *

A primeira atração que Blota Jr. comandou na *Bandeirantes* surgiu a partir de uma pesquisa realizada pela emissora ainda em 1985. Nela, os telespectadores revelaram o desejo de assistir a uma programação mais leve, de entretenimento. Para atendê-los, resolveram antecipar a linha de shows para as 20 horas, faixa até então dominada por telejornais e dramaturgia, e colocar animadores diferentes para cada dia da semana: Blota às segundas; Sérgio Reis e Luiz Vieira às terças; Marília Gabriela às quartas; Wilton Franco às quintas; Xênia Bier, substituindo Hebe Camargo, às sextas; e Moacyr Franco, no lugar de J. Silvestre, aos sábados. Nascia assim o *Oito show*.

A princípio, Johnny Saad desejava que o Doutor apresentasse uma versão brasileira do *The people's court*: formato lançado nos Estados Unidos em 1981 e que transformava o estúdio de televisão numa corte arbitral, dirimindo pequenas causas reais diante das câmeras. Como não foi possível pôr essa ideia em prática no Brasil, o programa de Blota acabou se transformando num fórum para debater temas polêmicos, algo ainda mais forte numa época de abertura política, e espaço para receber cantores de sucesso.

Às 20 horas de 24 de fevereiro de 1986, após a edição do *Jornal Bandeirantes*, Blota Jr. estreou na rede dos Saad. Ao som de "Shazam", de Eumir Deodato, escolhida como tema de abertura do programa, ele se posicionou no centro do estúdio 1 do *palácio encantado*. Atrás dele, entre finas colunas gregas, uma plateia de 19 convidados, que passaria para 21 no segundo bloco. Nair Bello era uma das que estavam lá, na segunda fila.

Em seu discurso de abertura, Blota mandou alguns recados. O primeiro foi para a sua equipe de produção, que andava nervosa com a estreia.

– Como eu disse na última vez que estava apresentando um programa de televisão, não se preocupem com nada porque, no fim, vai sair tudo certinho!

Em seguida, apresentou ao público qual seria a proposta do *Oito show*, deixando claro, inclusive, o seu desejo de continuar promovendo espaços de opinião livre na televisão.

– O bom das estreias é que a gente tem sempre uma sensação de renascer. E depois de todos esses anos, aqui estamos, de novo, juntos. Desta vez para uma experiência ousada, corajosa, da *Rede Bandeirantes de Televisão*: fazer um tipo de programa a que o público se acostumou, no horário consagrado e inatacável das 20 horas. É uma tentativa, que começa hoje, que é o *Oito show*. A mim pertence a primazia: abro essa série que traz de volta alguns elementos consagrados da televisão brasileira. Traz aqui, para as cores da *Rede Bandeirantes*, alguns nomes laureados e que, felizmente, nos reúne em nome de uma televisão coloquial, informal, de sala de visitas, onde podemos tratar de todos os assuntos da maneira mais aberta, mais franca e mais democrática possível.

Palmas. Ao final, fez ainda uma provocação sobre a classificação etária:

– Lavrando desde logo o meu veemente protesto pelo fato de que este horário é inadequado para os meus netos, que têm menos de 10 anos de idade! E que, portanto, têm inteira liberdade da minha parte pra ficarem na sala! Depois eles discutem com a faixa etária da censura.

No programa de estreia, a principal atração apresentada por Blota Jr. foi uma discussão entre Fernando Lyra e Mário Chamie sobre o veto ao filme *Je vous salue, Marie*. Com o passar das semanas, a política foi sendo deixada de lado. Na busca pela audiência, começaram a aparecer mais artistas, inclusive os novos, como Blota gostava. Um deles foi Otavio Mesquita, que era contato comercial da *Bandeirantes* e tinha acabado de estrear no vídeo, fazendo enorme sucesso durante a cobertura dos bailes de Carnaval no Rio de Janeiro. Na época com 27 anos de idade, ele demonstrou o nervosismo natural dos jovens quando o Doutor o entrevistou:

– Existe um antagonismo aqui: um programa tão sério e, de repente, eu entro... – brincou Otavio.

– Acontece que eu já convidei você de propósito. Nós queremos dizer que você passa a fazer parte deste programa! – anunciou Blota, à queima-roupa.

Ao vivo, o público assistia ao batismo de fogo de Otavio Mesquita, que, surpreso com o convite, não perdeu a chance de brincar:

– Mas ninguém me falou isso... Vai ter cachê ou não?

O *Oito show* era um projeto arriscado que acabou não passando do primeiro ano no ar. Ao jornal *O Estado de S. Paulo*, Ivan Magalhães, então superintendente da *Bandeirantes*, havia declarado que a meta era atingir 10 pontos de audiência. Até então, a emissora oscilava entre dois e cinco ou mesmo entre um e três pontos.

Apesar dessas mudanças, Blota Jr. continuou na *Bandeirantes*. O trabalho se mostraria fundamental para ocupar a sua cabeça e ajudá-lo a suportar o maior baque emocional de sua vida.

* * *

Terminava o mês de maio de 1987. Blota Jr. e toda a família passaram juntos o último final de semana daquele mês num hotel em Barra Bonita, município no interior de São Paulo. Todos ainda viviam a euforia da vitória de Sonia Ribeiro contra o câncer de traqueia. Ela estava alegre e bem disposta. Pouco tempo depois, porém, começou a sentir fortes dores na altura do estômago. Foi levada ao hospital Sírio-Libanês, onde permaneceria internada. Diagnóstico: o câncer havia voltado, agora no esôfago. Outra consequência dos anos de tabagismo.

No dia 4 de junho, foi submetida a uma complexa cirurgia que a obrigou a se alimentar através de uma sonda. Em questão de dias, Sonia perdeu 10 quilos. Nada poderia ser mais dolorido para Blota do que ver de perto esse processo tão acelerado. Ele não saía de perto dela nem por um minuto sequer.

Fora da família, poucas pessoas sabiam do real estado de saúde de Sonia. Por isso, inadvertidamente, alguns chegavam a enviar caixas de bombons.

Nesses momentos, ela se contentava em ver seus netos comendo os doces, não sem ouvirem uma brincadeira do vô Blota, que procurava fazer sua esposa sorrir:

– Fala que está ruim! Fala que está ruim!

Terminado outro dos vários exames a que se submetia, dona Sonia, muito fraca, sentada numa cadeira de rodas, foi levada pela enfermeira até o quarto. Vendo essa cena, o Doutor pensou alto:

– Ah, eu já disse que o departamento de cardiologia precisa ficar aberto, porque sem ela...

Sonia convalescia na UTI, quando se aproximava o Dia dos Namorados. Como não queria passar a data ali, pediu que a levassem para o quarto. No novo ambiente, sofreu uma infecção generalizada. Rapidamente, teve de voltar para a UTI. Nesse estágio, numa madrugada, Blota Jr. ouviu dos médicos que era preciso conseguir, com urgência, albumina humana. Seria a última alternativa. Desesperado, Blota recolheu as forças que lhe restavam e começou a correr pela cidade, fazendo levantar da cama muitos amigos e conhecidos.

– Eu não posso ficar parado! Eu tenho que ajudar de alguma forma! – exclamava o Doutor para os filhos.

Em poucos instantes, começaram a chegar caixas e mais caixas do medicamento.

Apesar de tanto esforço, em 26 de junho de 1987, com Blota Jr. ao seu lado, Sonia Ribeiro faleceu.

Durante o velório, na Assembleia Legislativa de São Paulo, o Doutor procurava demonstrar alguma resignação. Aos jornalistas, declarou:

– Sonia morreu como queria: antes de mim e muito tranquila. Ficamos juntos 43 anos, entre namoro e casamento. Para mim, ela foi a namorada e também minha apresentadora favorita. Agora, será meu anjo da guarda.

Os verdadeiros amigos prestaram suas homenagens, inclusive na televisão. Hebe, por exemplo, fez questão de falar da amiga durante a sua antológica entrevista ao *Roda viva*, da *Cultura*, em 17 de agosto daquele ano:

– A primeira-dama da televisão sempre foi Sonia Ribeiro, que não teve também a homenagem que merecia. Passaram um *tapezinho* medíocre quando tem um arquivo imenso de grandes participações da Sonia em festas do Roquette, em shows. A grande dama da televisão foi, indiscutivelmente, a Sonia Ribeiro!

Eram tempos de profunda tristeza. Blota sentia que havia perdido um pedaço de si. Entre tanta dor, tomou algumas decisões que se tornariam irrevogáveis: nunca tiraria a aliança do dedo anelar esquerdo, nunca se casaria novamente e nunca mudaria nada na decoração que dona Sonia havia feito na mansão onde viveria sozinho. Para seu filho mais velho, deu uma justificativa tocante:

– É como se ela tivesse ido viajar e volta qualquer dia.

Após várias semanas sem querer sair de casa, como se Sonia ainda estivesse por perto, Blota resolveu impor-se uma nova rotina. Toda semana era levado pelo motorista da família até o cemitério do Araçá, onde floria o túmulo da mulher. Parecia, finalmente, ter aceitado a realidade de que ela não voltaria.

Certo dia, o Doutor assustou toda a família ao usar, mais uma vez, o dom de saber o seu próprio destino com uma precisão inacreditável:

– Já descobri que eu vou morrer com 79 anos. Então, eu tenho 12 anos para deixar tudo preparado para vocês.

Convicto disso, Blota Jr. quis fazer do tempo que lhe restava um preito à Sonia Ribeiro. Sua primeira luta foi para imortalizar o nome artístico de sua esposa na rua onde moraram juntos por mais de duas décadas. Logo conseguiu. Antes da oficialização, porém, num gesto de extrema humildade, fez questão de ir pessoalmente a casa de todos os outros moradores da então Rua Caiubi. Ao entregar o convite para a cerimônia que marcaria a mudança de nome, pedia desculpas pelos transtornos que a alteração causaria num primeiro momento e explicitava, emocionado, o quanto aquela homenagem era importante para ele.

Na hora marcada para o descerramento da placa, a rua estava repleta de amigos, familiares, vizinhos e repórteres. Diante de todos, Blota quis discursar, mas, pela primeira vez em toda a sua vida, não conseguiu passar da segunda frase. Começou a chorar copiosamente. Mesmo sendo um orador tão experiente, a dor da saudade havia conseguido vencer.

* * *

Passado um mês do falecimento de Sonia, Johnny Saad animou Blota Jr. a voltar ao batente e envolver-se num novo projeto na televisão. O trabalho seria uma forma de amenizar ou esquecer, ainda que por alguns instantes, as dores na alma.

A *Bandeirantes* estava prestes a mudar sua grade matinal. Até então, a principal atração da faixa era o *Ela*: programa feminino com desfiles e muitas entrevistas comerciais apresentado por Baby Garroux. A ideia de Johnny era contar com Blota para dar credibilidade ao horário, que receberia um novo formato.

Às 9h da manhã de 10 de agosto de 1987, Blota Jr. estreou, ao lado de Baby Garroux, a revista eletrônica *Dia a dia*. Na direção estava Marcia Saad, uma das filhas do seu João.

Cabia tudo nas duas horas de duração do programa: saúde, direito, economia, segurança, problemas do cotidiano, lazer e cultura. Tanta variedade objetivava agradar a um público especial: as mulheres. E o Doutor tinha plena consciência disso. Ele sempre buscava se inteirar dos assuntos que iriam ao ar e, assim que terminava de apresentar cada edição, fazia questão de ir até a produção perguntar o que estava programado para o dia seguinte. Numa dessas idas, Catarina Casanova, editora-chefe do programa, lhe disse:

– Vamos ter uma entrevista com o diretor do Inpe. Ele vai falar sobre balão meteorológico.

– Nossa! – exclamou Blota com ironia. – Que assunto empolgante para as donas de casa!

O que ninguém esperava era que, algumas horas depois, o tal balão meteorológico cairia em cima de algumas casas e, por pouco, não provocou uma tragédia. No dia seguinte, assim que chegou à sala de produção e encontrou Catarina, Blota não perdeu a piada:

– Puxa, não precisava derrubar o balão para tornar a pauta interessante!

Passada a fase inicial do *Dia a dia*, Blota pediu para deixar o posto de apresentador. Para Marcia Saad, disse que se sentia "como um passarinho dentro de uma gaiola de ouro". Preferiu refugiar-se num quadro sobre literatura, às quartas-feiras, ainda dentro do *Dia a dia*. Resgatou o título *Porta de livraria*, que criou quando ainda trabalhava no rádio. Além disso, passou a ser visto nos mais diferentes horários da programação da *Bandeirantes*: das entrevistas e debates do *Canal livre* às transmissões esportivas promovidas pelo filho Quico. Também comandou vários jornalísticos, como *Jornal de sábado*, a série de debates *Presidente 89* e o especial *Aids: vida em risco*, no qual entrevistou o então ministro da Saúde, Luiz Carlos Borges da Silveira. Teve até a oportunidade de atuar num programa espírita, algo que jamais imaginou. Justo Blota Jr., um católico apostólico romano praticante, devoto de São Judas Tadeu, cursilhista e irmão protetor da Irmandade de Nossa Senhora do Rosário dos Homens Pretos em São Paulo.

Apesar de suas crenças pessoais, o Doutor respeitava o espiritismo, principalmente depois de ter entrevistado Chico Xavier, ainda na primeira fase do *Blota Jr. Show*. Blota falou desse tema durante a estreia, em 27 de março de 1987, do *3ª visão*: programa criado por Augusto César Vanucci e apresentado por Luiz Gasparetto, o qual mostrava, na atração, a sua capacidade de pintura mediúnica.

– Faz mais de vinte anos que venho me interessando pelos estudos parapsicológicos – disse o Doutor. – E se, de um lado, há o conflito de que, na doutrina espiritualista, é a figura de alguém que já deixou este mundo e que, através do meio, do médium, que é a palavra latina que o identifica, faz com que ele possa, de novo, dar aos Homens o que esses pintores, como vimos nesta noite, já puderam fazer a seu tempo. E se, do outro lado, a parapsicologia pretende que as ondas mentais, emitidas por esses mesmos pintores, ao tempo da sua vida terrena, ainda continuem por aí para serem apreendidas por um aparelho miraculoso, não importa quem está certo. O que está certo é que, com isso, pode-se acreditar, acreditando em Deus, um pouco mais no Homem, porque não seria possível que esse cérebro privilegiado, extraordinário, de que somos dotados, servisse para tão pouco durante o tempo em que vivemos.

Menos de um mês após esse primeiro programa, Vanucci promoveu uma edição especial do *3ª visão*. Ao vivo, Blota apresentou o médium Edson Queiroz, que, incorporando o espírito do dr. Fritz, realizou uma série de cirurgias espirituais em pleno auditório da *Bandeirantes*. Em seguida, o Doutor mediou um debate sobre esse fenômeno. A repercussão do programa foi tão grande que ele permaneceu no ar por mais de duas horas, o dobro da duração normal, foi reprisado e virou VHS lançado pela Vídeo Ban.

O Doutor permaneceu na *Bandeirantes* por cinco anos. Seu último trabalho na emissora foi no comando do programa *Fogo cruzado*, uma espécie de reedição do *Diálogo nacional*, lançado às 23h30, em 30 de abril de 1991.

* * *

O Brasil vivia tempos críticos na política e na economia. E a família Blota não ficou imune a essa conjuntura. Em 1990, ao vender uma casa, Blota Neto foi vítima de um calote. Sem dinheiro, perguntou ao pai se poderia, junto com sua esposa e seus três filhos, morar com ele na mansão da Rua Sonia Ribeiro até que conseguisse acertar suas contas. Claro que o Doutor concordou. Além de ajudar o filho, ele deixaria, pelo menos por algum tempo, de viver sozinho numa casa tão grande.

Em contrapartida, Blota Jr. quis repetir com Blota Neto uma história parecida com aquela que viveu em 1974, ainda que às avessas: contra a vontade do filho, resolveu lançá-lo novamente candidato a deputado estadual.

No fundo, o que o Doutor mais desejava com isso era continuar a lidar com política. Havia nove anos não ocupava nenhum cargo público e há oito não era candidato. Nesse meio-tempo, dedicou-se apenas às campanhas do seu irmão Geraldo a vereador em São Paulo. Fortalecido pela popularidade conquistada nos programas esportivos que fazia na rádio e televisão *Gazeta*, GB exerceu seus mandatos entre 1977 e 1992. Chegou, inclusive, a ser vice--presidente da Câmara Municipal durante a gestão de Paulo Kobayashi.

Apesar de todo o seu empenho na campanha e da promessa de apoio que recebeu de Paulo Maluf, Blota Jr. não conseguiu, pela segunda vez, eleger seu filho mais velho. Passada a corrida por votos, o jeito foi voltar à velha rotina, que parecia muito melhor com os netos à sua volta. Com eles, Blota adorava ir ao cinema, alugar fitas de vídeo, comer pizza, viajar e assistir aos jogos do seu tricolor. Também gostava de relembrar as histórias que viveu nas ruas de Ribeirão Bonito, nas salas de aula de São Carlos, nos estúdios e auditórios de São Paulo.

Quando caminhava pelas ruas paulistanas, especialmente as do centro velho, principal cenário da sua juventude, era sempre abordado por algum telespectador saudoso que lhe pedia para voltar à televisão. Agradecia, mesmo consciente de que essa volta não dependia apenas do seu desejo pessoal. Nessas rápidas conversas, o *Esta noite se improvisa* era o mais lembrado. Muitos lhe perguntavam o porquê de não voltar a animar esse jogo e como ele seria nos anos 1990. A resposta que dava era sempre a mesma:

– Ora, difícil dizer como esse programa seria hoje porque ele não seria! Seria impossível! Eu comparo, na minha velha tendência de cronista esportivo, com a seleção brasileira de futebol de 1970, que foi igual a um cometa: acontece de vez em quando. Juntaram-se inúmeros craques, que se adaptaram até fora das suas posições, para ganhar aquele campeonato de uma forma soberba. Da mesma maneira, o *Esta noite se improvisa* só era possível com aquela mocidade que estava nascendo.

Nessa etapa da vida, as homenagens passaram a ocupar um espaço maior na agenda de Blota Jr. Foi homenageado por diversas entidades: desde a Associação Brasileira de Emissoras de Rádio e Televisão, Abert, onde atuou durante décadas, até a OAB SP, em comemoração aos cinquenta anos de formatura da "turma de Rui". Esta seria, inclusive, a última homenagem que recebeu em vida.

Uma das provas de reconhecimento que mais sensibilizaram Blota veio do professor Reinaldo Polito, que o convidou para ser paraninfo das turmas do seu famoso curso de expressão verbal. Sempre que comparecia, o Doutor encantava alunos e convidados com seus discursos de improviso, que passaram a ser estudados em sala de aula. Um dos mais célebres foi o que proferiu em homenagem ao médico e ex-deputado Fernando Mauro Pires Rocha, que era filiado ao MDB. Suas palavras viraram uma lição de como se conquista uma plateia através do reconhecimento das qualidades de um adversário.

– Com a força democrática da comunicação, nós conseguimos, ao longo de trinta anos de vida pública, jamais estarmos no mesmo partido, jamais estarmos na mesma bancada e jamais deixarmos de ser amigos. Fernando Mauro merece o nosso alto respeito pela sua fibra intangível, pela fé extraordinária do seu coração, pela força com que assoma à tribuna, quando, então, essa personalidade viva e esfuziante se transfigura, e lá do alto traz a caudal de todos os seus pensamentos. E é difícil enfrentá-lo. E tantas vezes nos enfrentamos e nos defrontamos, que, hoje, podemos nos abraçar, na certeza do dever cumprido; demonstrando assim que o dom da palavra deve ser cultivado, pois somente falando a linguagem da sinceridade, somente falando a linguagem da verdade, somente falando a linguagem da pureza dos nossos corações, podemos manter intactos os valores humanos e podemos ser amigos embora adversários ao longo da carreira política.

Mais tarde, Polito convidou Blota para prefaciar seu livro *Como falar corretamente e sem inibições*. Empregando 1.317 palavras, distribuídas em 16 parágrafos, escreveu um eloquente registro do seu "velho amor pela oratória, nascido nos bancos ginasianos, ungido e confirmado sob as Arcadas de São Francisco, e que tem me valido pela vida adentro, no rádio, na televisão, nos palanques, nas tribunas parlamentares e até forenses, como bissexto defensor no Tribunal do Júri". Ao entregar seu texto pronto ao professor, o Doutor sentenciou, com a segurança de quem havia lido atentamente seus originais:

– Polito, este livro tem tudo para ser um grande sucesso.

De fato, *Como falar corretamente e sem inibições* se converteu num grande sucesso: permaneceu três anos nas listas dos mais vendidos, ultrapassou os 530 mil exemplares e foi publicado em vários países e idiomas. Em seu segmento, tornou-se a obra mais vendida no Brasil em todos os tempos e uma das mais vendidas no mundo.

* * *

Blota Jr. tinha se preparado para envelhecer. Sabia que quanto mais distante se encontrava das câmeras, menor ficava o seu círculo de amizades. Como forma de comprovar essa tese, explicava aos netos que o número de cartões e presentes que recebia no Natal servia como uma espécie de termômetro para a fama, que considerava algo absolutamente efêmero. Isso, porém, não o incomodava. Fazia questão de encontrar apenas os amigos e colegas por quem nutria um carinho sincero. De um deles, o Doutor recebeu um convite especial: Fausto Silva gostaria de tê-lo na equipe de criação do seu *Domingão*.

Faustão, que tinha se convertido em um dos principais nomes da *Globo*, jamais esqueceu do quanto Blota o havia ajudado quando, vindo do interior de

São Paulo, buscava uma chance na capital. Foi o Doutor quem acreditou no seu talento e o indicou para a sua primeira oportunidade, na *Rádio Record*, em 1969.

Desde então, Blota Jr. nunca deixou de acompanhar cada novo passo dado por Fausto em sua carreira. Do jornalismo esportivo à animação de programas de auditório. Do *Balancê*, na *Rádio Excelsior*, ao *Domingão do Faustão*, lançado em 26 de março de 1989, passando pelo *Perdidos na noite*, que superlotava o Teatro Záccaro. Ao mesmo tempo, o Doutor se impressionava com as demonstrações de gratidão e amizade que recebia dele, vindas em forma de palavras, presentes ou convites para jantar.

Agora, Faustão o chamava para trabalhar na *Globo*. Ao aceitar, Blota realizava algo que ele próprio julgava não ser mais possível, ainda mais quando lembrava que, décadas antes, havia recusado dois convites da emissora.

A ideia de Fausto e de Boni, então vice-presidente de operações da *Globo*, era ter o Doutor como uma espécie de conselheiro de novos talentos, transmitindo a sua experiência para os que começavam na carreira artística.

Seus dias de *global*, contudo, duraram pouco. Blota logo seria atraído por outra oportunidade na televisão. E, desta vez, diante das câmeras.

* * *

Outra pessoa que Blota Jr. sempre conservou por perto foi Hebe Camargo. Ela tinha 14 anos quando ele a apresentou pela primeira vez no rádio. A partir daí, começou a ser construída uma amizade que durou mais de cinco décadas. Para Sonia Ribeiro, Hebe era como uma irmã. Ao lado de Nair Bello e Rosinha Goldfarb, formavam um quarteto inseparável que viveu momentos inesquecíveis e repletos de risadas. Caso, por exemplo, da viagem que fizeram juntas a Paris sem os maridos. Foi uma prova de fogo para o ciúme e a saudade de Blota Jr. resistir a quinze dias longe da sua *Nega*.

No período em que esteve afastado do vídeo, o Doutor recebeu convites insistentes de Hebe para que comparecesse ao seu programa no *SBT*.

– Não, obrigado, quero apenas assistir – relutava Blota.

Custou até que fosse convencido pela amiga a sair de casa e tornar a pisar num estúdio de televisão. Somente em meados de 1995, quando já estava morando novamente sozinho na mansão da Rua Sonia Ribeiro, é que Blota assentiu com a ideia de, por um dia, coapresentar o programa *Hebe*.

Finalmente, na noite de 21 de agosto daquele ano, Blota Jr. voltou ao vídeo. Foi anunciado pela amiga como "um exemplo de profissional, de dignidade, de caráter" e "mestre dos apresentadores". Ao lado de Hebe, ele entrevistou o cantor Fagner, o então ministro da Previdência Reinhold Stephanes e os jogadores Mancuso, do Palmeiras, e Juninho Paulista, do São Paulo, que falaram sobre a tragédia acontecida no dia anterior envolvendo as torcidas desses dois clubes na final da Supercopa São Paulo de Futebol Junior.

Blota Jr. teve todo o penúltimo bloco do programa em sua homenagem. Ouviu Hebe listar os principais programas que apresentou na *Record*, do *Blota Jr. Show* ao *Alianças para o sucesso*. Fez rir as mais de 300 pessoas que lotavam o Teatro Silvio Santos ao pontuar que todas essas atrações eram do "tempo de D. Pedro II". Encantou-se ao rever imagens suas e de Sonia no festival de 1967, quando Sérgio Ricardo atirou seu violão quebrado na plateia. Por fim, recebeu um presente de Hebe, que estava guardado numa caixa retangular envolta em reluzente papel dourado. Enquanto desembrulhava com cuidado, Blota recordava-se da caneta de ouro que havia ganhado da amiga duas décadas antes e que só tinha usado uma vez, para assinar seu termo de posse como deputado federal. Qual não foi a sua surpresa ao ver que Hebe havia lhe dado outra caneta de ouro.

– Mas essa eu quero que você guarde para assinar um próximo contrato com a televisão, porque ela está lhe devendo isso! – disse Hebe, indignada. – Como telespectadora, eu não me conformo da televisão brasileira não ter um apresentador com as qualidades do Blota Jr. Então, esta caneta tem que dar a nós, telespectadores, a sorte de você assinar um contrato, seja aqui, seja na *Manchete*, na *Bandeirantes*, na *Globo*, por que não?, na *CNT*, na *Cultura*... Nós queremos você na televisão, Blota!

Enquanto a apresentadora discursava, as câmeras do *SBT* focalizavam o Doutor tentando conter as lágrimas. Em momentos como esse, seus olhos pareciam diminuir atrás das grossas lentes dos óculos, como se tentassem fugir da emoção sentida.

Aquela era uma bem-intencionada declaração de apoio vinda de uma amiga verdadeira, mas, ao mesmo tempo, não deixava de ser um tanto constrangedora para alguém como Blota Jr., que passou a vida sendo cortejado pelas maiores redes de TV e agora estava ali, exposto diante de milhões de telespectadores, sendo oferecido publicamente para qualquer estação que se dispusesse a resgatá-lo.

Parecia difícil sair de uma situação tão delicada. Foi quando entrou em ação o orador experiente, que transformou aquele momento na oportunidade para fazer um dos seus mais belos discursos de improviso. Suas palavras se tornariam objeto de estudo nos cursos e palestras de expressão verbal e seriam transcritas e espalhadas pela internet na forma de texto motivacional, expressando a arte e a beleza de envelhecer bem.

– Eu diria, um pouco poeticamente, que, no momento em que eu me encontro, e a televisão brasileira não tem muito mais interesse na minha participação, o fato é que eu já penetrei, na minha idade, no que chamo as doces penumbras do outono. Eu estou naquele momento em que no outono, no crepúsculo, as árvores vão perdendo um pouco das suas flores, das suas folhas, mas adormecem muito tranquilamente, certas de que já cumpriram toda a sua finalidade. Já hospedaram pássaros que nelas fizeram seus ninhos, já floriram, já enfeitaram as paisagens, já deram frutos e, portanto, alimentaram apetites, enfim, cumpriram dignamente essa missão. As suas raízes estão fundadas. Elas pertencem a essa paisagem e não precisam, necessariamente, retornar à atividade do passado para se sentirem certas de que um dia na vida puderam e souberam cumprir a sua missão.

O encontro entre Blota Jr. e Hebe Camargo foi um sucesso. Assim que saíram os bons índices alcançados pelo programa, o nome do Doutor começou a ser falado pelos corredores da sede do *SBT*, no bairro da Vila Guilherme. Um dos que mais sentiram essa repercussão foi Quico, que tinha deixado a *Bandeirantes* em 1991 para lançar sua própria empresa de marketing esportivo, a SportPromotion, e havia passado a fornecer futebol para o *SBT*. Na época, ele respondia por eventos como o Torneio Rio-São Paulo, a Copa dos Campeões e a Copa do Brasil, que cravou a maior audiência da história do canal até então.

Passados alguns dias, Blota aceitou um convite de Silvio Santos para ser o mestre de cerimônias do seu mais novo projeto. Ele estava prestes a lançar o *I prêmio SBT de música*, resgatando, ainda que numa roupagem mais moderna, o espírito do Troféu Chico Viola. Nos jornais, a emissora publicou cupons nos quais o público deveria nomear os seus cantores, cantoras, conjuntos, músicas e compositores preferidos nos gêneros sertanejo, romântico, pop e samba, além de indicar a revelação do ano. Após fazerem suas escolhas, os telespectadores deveriam enviar seus cupons pelo correio e os artistas mais votados receberiam o laurel das mãos de Blota.

Gravada no Auditório Simón Bolívar, no Memorial da América Latina, a noite de gala foi ao ar em 11 de novembro de 1995. Na abertura, lá estava Hebe, num vestido amarelo, com as mangas cobertas de brilho. Ela iria anunciar o amigo que havia conseguido ajudar a trazer de volta para a TV.

– Esta festa tem um motivo muito especial para mim porque eu fui convidada para estar junto de vocês e trazer uma personalidade. Ele sabe de tudo! A televisão estava muito saudosa da sua integridade, da elegância com que ele apresenta todo e qualquer show. E não poderia ser outro o apresentador desta festa do *Sistema Brasileiro de Televisão* senão ele: o único mestre de cerimônias, Doutor Blota Jr.!

Sob aplausos gerais e até gritos de "lindo", Blota entrou no palco vestindo um indefectível *smoking*. Compareceram à premiação Chitãozinho e Xororó, João Paulo e Daniel, Leandro e Leonardo, Zezé di Camargo e Luciano, Mamonas Assassinas, Jerry Adriani, Maurício Mattar, Latino, Wando, entre outros.

Apesar de tantos sucessos reunidos, o primeiro *Prêmio SBT de música* acabou sendo o único. Isso, contudo, não impediu que o Doutor tivesse outra oportunidade na emissora. Um ano mais tarde, recebeu de Silvio Santos um novo convite. Ele estava interessado em preencher o horário nobre da sua rede com programas em temporadas limitadas a 13 episódios, da mesma forma como já era feito havia muito tempo nos Estados Unidos. Uma das atrações que Silvio tinha em mente para esse esquema era uma releitura do *Esta é a sua vida*, que J. Silvestre e Sérgio Chapelin comandaram com sucesso nos primeiros tempos do *SBT*, dentro do *Show sem limite*. O próprio Blota Jr. foi um dos que tiveram sua biografia contada nesse programa, em junho de 1983.

Silvio Santos acreditava que o Doutor seria a melhor pessoa para comandar essa série, que batizou de *Gente que brilha*. Teve certeza disso, inclusive, depois dele próprio ter apresentado uma edição com a atriz Lucélia Santos, levada ao ar em 10 de outubro de 1996.

O Doutor aceitou o convite de Silvio e pôs toda a sua energia nesse novo desafio. Mesmo avisado de que seria um trabalho curto, Blota alimentou a esperança de que talvez pudesse estender seu tempo de permanência no *SBT* caso o *Gente que brilha* fosse um sucesso. Além do seu próprio empenho, ele contava com a direção do experiente Wanderley Villa Nova e com o trabalho de uma ótima equipe de produção na qual estava seu velho amigo Irineu de Souza Francisco. Era ele o responsável por pesquisar a vida do homenageado da semana.

Em 17 de outubro de 1996, depois da novela *Razão de viver*, Blota Jr. entrou no ar com o primeiro *Gente que brilha* em nova fase. O cenário era o mesmo do *Prêmio SBT de música*, que tinha ficado guardado no depósito da emissora na Rua dos Camarés e depois adaptado às dimensões do Teatro Silvio Santos. Na estreia, o Doutor recebeu Marília Pêra.

Chitãozinho e Xororó, Wanderléa e Clodovil também se sentaram diante de Blota Jr. e viram passar histórias e amigos de toda a vida. A produção sempre preparava momentos de maior emoção. Foi no palco do *Gente que brilha*, por exemplo, que Hebe Camargo reencontrou Cidinha Campos, com quem não falava havia anos. Quando as duas se abraçaram, nem Blota conseguiu conter as lágrimas. Quando Emerson Fittipaldi foi homenageado, o surpreenderam com uma gravação histórica: de Londres, o ex-Beatle George Harrison tocou uma versão de *"Here comes the sun"*, feita especialmente para o seu amigo *Emmo*, que havia acabado de sobreviver a um grave acidente na Fórmula Indy.

Mesmo com o prestígio, a boa audiência e até os elogios que recebia de Silvio Santos nos bastidores, o *Gente que brilha* não sobreviveu aos cortes feitos pelo *SBT* no final de 1996. A emissora tinha acabado de inaugurar o Complexo Anhanguera, uma das maiores e mais modernas centrais de produção de TV do mundo, que exigiu investimentos da ordem de 120 milhões de dólares. Nessa mesma época, também saíram do ar o *SBT esporte*, o humorístico *Brava gente*, o *Programa Joyce Pascowitch* e os tradicionais *Show de calouros*, *Sessão desenho com Vovó Mafalda*, *Jornal do SBT* e uma das edições do *Aqui agora*.

Apesar de respeitá-la, Blota Jr. não recebeu bem a decisão de Silvio de acabar com o programa. O Doutor não compreendeu o motivo de sacrificar uma atração que ia bem.

Quando pensava que sua carreira na televisão havia terminado junto com o *Gente que brilha*, Blota foi surpreendido com uma nova proposta, irrecusável no aspecto financeiro: apresentar os sorteios do consórcio Rodobens, que seriam realizados ao vivo na *Bandeirantes*.

Como forma de demonstrar seriedade, a Rodobens havia sido pioneira ao transmitir suas assembleias em rede nacional. Agora, Blota emprestaria todo o prestígio que tinha, inclusive entre os caminhoneiros, público importante para o consórcio.

Entre 1998 e 1999, o Doutor voltou a comparecer aos estúdios do *palácio encantado* para apresentar os sorteios, anunciar os grupos, seus respectivos números de participantes e as bolas sorteadas em cada um dos globos. Apesar de ser algo simples, que ia ao ar às 11h50 e durava apenas 5 minutos, Blota adorava esse trabalho. Ele se lembrava dos bingos beneficentes que animava para o orfanato São Judas Tadeu.

Nessa passagem pela *Bandeirantes*, um dos colegas com quem mais conversava era o jornalista Eduardo Castro, grande amigo da neta Sonia Blota. Foi Blota Jr., inclusive, quem sugeriu que ele assinasse como Eduardo Castro.

– Eduardo Castro é bom, forte. Poderia ser também Edu Castro Macedo, acho até que é mais moderno. Mas fique com Eduardo Castro – determinou o Doutor –, vai ser bom pra você.

Independentemente do tipo de tarefa profissional que tivesse, Blota Jr. sempre agiu com o máximo de correção e disciplina. Orgulhava-se de nunca ter se atrasado para um compromisso. Fazia questão de manter essa marca, nem que isso lhe custasse passar por situações inusitadas. Foi o que aconteceu, por exemplo, numa manhã em que ia apresentar o sorteio da Rodobens e ficou preso num engarrafamento. Movido por uma ansiedade que aumentava a cada segundo, desceu do carro, parou o primeiro motociclista que viu e pediu uma carona até o Morumbi. Os porteiros da *Bandeirantes* não acreditaram quando viram se aproximar aquele senhor de 78 anos, impecavelmente trajado de terno e gravata, montado na garupa de uma moto. Ao descer, fez questão de dizer aos colegas da TV que não conseguiam disfarçar a surpresa:

– Esta é a primeira, última e única vez que monto numa motocicleta. Tudo em nome da minha reputação!

* * *

Desde 1997 Blota Jr. vinha dedicando toda a atenção ao seu irmão Geraldo, que enfrentava sérios problemas de saúde. Primeiro, ele foi vítima de câncer de reto. Na véspera da cirurgia para retirada do tumor, GB foi à padaria e, ao virar-se para cumprimentar um sujeito que havia lhe saudado de um ônibus, bateu com a cabeça e fraturou o crânio. Após uma cirurgia de emergência, permaneceu dois meses no hospital amarrado numa cama, falando alto e narrando jogos de futebol imaginários. Passado esse momento difícil, precisou retomar o tratamento contra o câncer que, um ano e meio depois, reapareceu. Foi obrigado a se submeter a uma nova cirurgia. Caso não fossem colocadas bolsas de colostomia, sua expectativa de vida seria de apenas três meses. Em meio às discussões com os médicos sobre o que deveria ser feito, Blota desabafou:

– Ô meu Deus... Por que tudo isso no Geraldo? Dá pra mim que sou mais forte!

Os que estavam em volta se assustaram ao ouvi-lo dizer isso. Era justamente o contrário do que o próprio Doutor sempre aconselhava:

– Não peça nada para Deus! Ele te dá e você pode se arrepender.

Lembrando-se disso, sua sobrinha Dagmar, filha de GB, exclamou:

– Não pede isso, tio!

– Desta vez – disse Blota, emocionado –, eu estou pedindo de coração.

Novamente, as palavras do Doutor haveriam de se cumprir. Enquanto o irmão parecia reagir bem ao tratamento e sua vida se estendia, Blota Jr. passou a sofrer sintomas preocupantes. Começou a perder sangue pela gengiva, nariz e ouvido. Emagreceu muito rapidamente, estava pálido e se sentia cansado. Após se submeter a alguns exames, feitos a pedido do amigo dr. Tuffik Mattar, ficou comprovado que estava com um baixíssimo nível de plaquetas no sangue, provocado por um comprometimento na medula óssea.

A situação pareceu se agravar após receber esse diagnóstico. Em virtude da falta de plaquetas, que exigia transfusões de sangue diárias, outros problemas de saúde começaram a aparecer. Blota Jr. passava cada vez mais tempo no hospital, até que, em 29 de novembro de 1999, internou-se definitivamente no Sírio-Libanês.

Durante todo o tratamento, por mais duro que fosse, permaneceu lúcido. Tinha consciência de que a afirmação feita 12 anos antes, de que viveria até os 79, se tornaria realidade. Também parecia saber que não realizaria o desejo declarado numa entrevista concedida em 1968, no auge de sua carreira:

– Seria uma grande satisfação chegar ao ano 2000. O mundo será uma pequena aldeia, onde os povos estarão bem mais aproximados. Vocês já imaginaram a TV internacional irradiando programas para todo o mundo?

Durante os dias em que esteve internado, Blota recebeu a visita constante de GB. Certo dia, lhe disse:

– Acho que é melhor chamar o padre Luiz para conversarmos um pouco.

O Doutor não queria partir sem antes receber a extrema-unção. Assim que o padre Luiz José Weber, da igreja e orfanato São Judas Tadeu, entrou no quarto, ele pediu que Geraldo não saísse de perto, inclusive no momento em que se confessou. Ao final, quando recebeu a hóstia, Blota fez questão de parti--la ao meio e entregar uma das metades ao irmão.

Na tarde de 21 de dezembro, já em tom de despedida, conversou com a sobrinha Dagmar.

– Será que quando eu for para *lá* eu vou encontrar com a Sonia? – perguntou Blota.

– Vai! – respondeu a filha de GB. – E vai estar também o seu amigo Bitran, que vai dizer assim: senhoras e senhores, com vocês, Blota Jr.! Aí você vai entrar bem bonito!

Nesse momento, o Doutor bateu levemente três vezes na mão da sobrinha, e simplesmente disse:

– Deus lhe abençoe.

A última pessoa que Blota viu foi sua neta Thereza. Não conseguiu dizer uma só palavra. Apenas pegou na sua mão e a olhou com a tristeza do adeus.

Por volta das 7h30 de 22 de dezembro de 1999, José Blota Jr. faleceu.

Seu corpo foi velado na Assembleia Legislativa de São Paulo. Além de familiares e amigos, compareceram também inúmeras pessoas que tiveram suas vidas marcadas por ele. Artistas que, quando eram jovens anônimos, tiveram seu primeiro emprego graças ao então diretor de rádio ou já famoso artista de televisão. Pessoas que receberam os mais diversos auxílios de Blota, desde tratamentos médicos até bolsas de estudos. Ouvintes e telespectadores que tiveram momentos de lazer inesquecíveis acompanhando os programas do *calabrês*. Eleitores que confiaram seu voto ao Doutor. Conterrâneos orgulhosos de terem convivido com o eterno Zezy nas ruas de Ribeirão Bonito.

Antes de fecharem o caixão, veio de GB a determinação final:

– Ele vai com os óculos, que eram a marca dele!

Quando o corpo saiu da Assembleia, recebeu uma ensurdecedora salva de palmas. Ela ressoava por toda a Avenida Pedro Álvares Cabral e pelo Parque Ibirapuera. Não poderia haver melhor forma de se despedir de alguém que dedicou sua vida à arte de conquistar multidões.

Ao entardecer, sob os olhares dos filhos, irmãos, sobrinhos e netos, foi sepultado no cemitério do Araçá. No mesmo lugar em que estava Sonia Ribeiro.

Ao longo daquele dia, todas as emissoras do país homenagearam Blota Jr. A *TV Record*, por exemplo, interrompeu sua programação durante a manhã para, num plantão, informar o falecimento do artista mais importante de sua história. Nas rádios, entrevistas com Blota foram resgatadas. Uma das mais marcantes foi a que ele concedeu para Antonio Carvalho e Pedro Luiz Ronco no programa *Bandeirantes acontece*, da *Rádio Bandeirantes*, em 18 de agosto de 1987. Era o dia exato em que ele comemorava 50 anos de carreira.

– Meu caro Blota, você se sente realizado ou há muita coisa por realizar ainda?

– Eu sinto uma coisa diferente, Carvalho. Eu sinto a minha missão cumprida. Eu acho que cada pessoa colocada no plano da vida tem que desenvolver, ao máximo das suas possibilidades, todas as oportunidades que a vida lhe oferece. Eu fiz uma carreira política. Muitos dos meus companheiros chegaram a prefeito, a governador, a presidente da República. Eu cheguei a alguns dos estágios. Dentro do mundo do rádio e da televisão, muitos podem ter chegado, inclusive, a realizações pessoais de maior sucesso, convertendo-

-se em empresários, proprietários de emissoras. Então, se nós cotejarmos, realmente, todos aqueles que partimos em épocas diversas, mas do mesmo ponto, para tentarmos atingir outros pontos definitivos, muitos chegaram à minha frente, muitos foram muito mais alto, muito mais rapidamente. Entretanto, eu me reconcilio com a ideia de que aquilo que eu fiz era o que eu poderia ter feito. Mais não fiz não porque me faltasse vontade, porque também a vida tem as suas limitações. Ninguém se realiza por inteiro. Mas eu, hoje, aplacadas as ambições, encerrados os meus sonhos mais gratos e mais caros, eu entendo que, ao olhar para trás, eu me arrependo muito pouco de algumas coisas e me felicito muitíssimo por ter recebido de Deus tantas dádivas. Afinal de contas, ele pega um caipira de Ribeirão Bonito, míope, magro, feio, pobre, traz pra São Paulo e entrega tudo isso pra ele, do que é que eu vou me queixar?

Epílogo
Como se constrói um ídolo

Não há nada maior do que a força de um sonho. Em última análise, é com ele que o indivíduo rascunha o caminho que irá trilhar durante a vida. Quanto mais forte é o sonho, maior a determinação e a motivação para transpor obstáculos, aprender com os próprios erros e abrir oportunidades onde até então só havia portas fechadas.

O sonho não necessariamente é o mesmo durante toda a vida. Ele pode mudar com o passar dos anos, conforme o indivíduo adquire mais experiência e conhece melhor a si mesmo.

Sendo ainda o mesmo de infância ou não, o importante é que o sonho exista e seja como o norte de uma bússola: pode-se até mudar de posição, mas ele continua firme, servindo como referência indispensável para se chegar ao destino desejado.

O sonho define o indivíduo. Justifica as suas atitudes e a sua própria existência. Quanto mais amplo ele for, mais complexa pode ser a trajetória, ainda que o resultado final possa ser resumido em algumas palavras. Como num livro, por exemplo.

Desde a infância, Blota Jr. foi movido a sonhos. Primeiro, a diplomacia; depois, o rádio.

Enquanto tentava realizá-los, procurou preparar-se ao máximo, acumulando conhecimentos em áreas completamente distintas: do direito à música, passando pela política, literatura, administração e esporte. Essa vasta bagagem foi o que viabilizou a sua formação como orador extremamente versátil, que transitava com rara desenvoltura entre o popular e o erudito.

Além do conteúdo, Blota Jr. também se preocupou com a forma. Desde as lições de oratória em São Carlos até o comando dos grandes programas de auditório na televisão, teve a oportunidade de fazer discursos dos mais diferentes tipos, sobre os mais variados assuntos, para os mais diversos públicos. Desenvolveu como ninguém a capacidade de pensar e falar ao mesmo tempo, costurando ideias e atrações com total fluência e naturalidade.

Aprendeu a lidar com cada tipo de meio, respeitando suas especificidades. Sabia que o tom no palanque de um comício em praça pública não podia ser o mesmo de um programa partidário na televisão, por mais que o assunto fosse o mesmo, política, e o objetivo final, conseguir votos, também.

Blota Jr. foi mestre em encarar imprevistos e necessidades como chances para desenvolver aquela que seria uma de suas marcas registradas: o improviso. Era difícil pegá-lo desprevenido. Se nos dias de hoje essa capacidade é extremamente valorizada, que dirá no tempo em que toda a programação de rádio e TV era ao vivo e sem qualquer planejamento. Sem dúvida, entre tantos talentos reunidos no elenco da *Record*, Blota e seu improviso foram dos mais indispensáveis para viabilizar toda uma programação feita de forma precária depois de um incêndio devastador. Com suas palavras, prendia a audiência pelo tempo que fosse preciso. E ia além: em momentos de tensão, como quando a principal atração da noite atrasava, conseguia manter o público calmo, interessado e, sobretudo, domado.

Aguçou sua sensibilidade para medir a temperatura da plateia e alterá-la com a força das palavras e da inflexão, imprimindo mais ou menos ritmo, humor ou seriedade, conforme a necessidade.

Cultura, versatilidade, capacidade de improviso e controle emocional são importantes aspectos técnicos. Mas eles só não bastam. Com estudo, esforço e treino, qualquer pessoa tem a possibilidade de adquiri-los. Eles são fundamentais para a construção de um apresentador, mas não são suficientes para a construção de um ídolo. Para que isso aconteça, é preciso que surja uma ligação direta, um elo invisível, difícil de definir, mas fácil de notar, entre o artista e o público. Algo natural e espontâneo de parte a parte.

Vários já tentaram explicar o porquê de certos artistas serem alvo de veneração ao longo de décadas e outros nunca saírem da mediocridade. Antes de iniciarmos mais esta tentativa, porém, é fundamental estabelecer uma premissa: a de que a relação entre artista e fãs está alicerçada nas mesmas bases de qualquer outra relação humana. Ou seja, respeito, atenção, cordialidade e demonstrações de afeto são imprescindíveis.

Uma das primeiras diferenças surge na quantidade de pessoas envolvidas: se na vida real a amizade é entre uma pessoa e outra, no rádio e na televisão ela se estabelece, ao mesmo tempo, entre uma e milhares ou milhões. E a partir de uma mesma imagem e de um mesmo som, como, aliás, é a essência da comunicação de massa.

E como se chega ao coração de toda uma multidão simultaneamente? Além dos pontos falados anteriormente, há outro decisivo: a empatia. Saber colocar-se no lugar do outro. Não é mera coincidência o fato de quase todos os grandes comunicadores terem vindo das camadas mais pobres da sociedade. Eles conhecem bem a realidade da maioria. Sabem como tratá-la, do que ela gosta e o que ela deseja.

Mesmo com todo o dinheiro, poder, conhecimento e prestígio que amealhou ao longo da vida, Blota Jr. nunca se esqueceu de suas raízes caipiras e fez delas o fundamento da sua ligação com o grande público, especialmente o de São Paulo.

A origem simples também colabora com outro aspecto fundamental na construção de um ídolo: a admiração. Todos, independentemente da renda ou escolaridade, buscam alguém em que possam se espelhar, tomar como exemplo. Figuras assim são imprescindíveis para a sociedade. Elas servem como prova de que vale a pena trabalhar, lutar, superar as adversidades e insistir na vida.

Não que seja obrigatório nascer numa família sem recursos para fazer sucesso. Basta apenas que o profissional nutra um respeito e um interesse tão intensos e sinceros pelas classes populares como se delas fizesse parte.

E é importante ressaltar que, para isso, não é necessário abrir mão da cultura e do conhecimento que possui, com medo de ser incompreendido. Respeito e bom senso são os antídotos mais eficazes contra o pedantismo. Conforme Blota Jr. declarou: "Eu me considero popular. Falando bom português e sabendo o que estou dizendo, pretendo atingir as raízes populares".

* * *

No começo da carreira, é fundamental aproveitar todas as oportunidades que se apresentam, por maior que seja o sacrifício. Por exemplo, durante duas semanas, o jovem Blota Jr. praticamente morou no recém-inaugurado estádio do Pacaembu. Mesmo dormindo e comendo mal, não deixou de narrar para a *Cruzeiro do Sul* as inúmeras competições que aconteceram ali. Foi quando o seu nome ganhou força dentro e fora da rádio. Seus superiores começaram a vê-lo como um funcionário no qual podiam contar, lhe confiando maiores responsabilidades. Ao mesmo tempo, os ouvintes passaram a conhecê-lo mais e melhor, afinal, a qualquer hora do dia, era possível escutar a sua voz.

Quando se é iniciante, essa superexposição é positiva em todos os sentidos. Mais tarde, conforme o profissional cresce, inclusive em termos financeiros, o exagero torna-se perigoso. Numa certa altura da carreira, em geral quando os contratos de publicidade começam a brotar como borbulhas na fervura, ele percebe que, além da popularidade, o que importa mesmo é a sua credibilidade para dizer alguns verbos mágicos, como "compre", "use", "faça" e "prove".

Para preservar o valor das suas palavras, Blota Jr. agiu de forma consciente e programada. Com o passar dos anos, foi restringindo e qualificando as suas aparições. Ele sabia que, quanto mais seletivo fosse, menos risco corria de se envolver com algo ruim ou inadequado à sua personalidade. Além disso, tudo que é demais enjoa. E se deprecia. Aqui, a imagem é trabalhada como qualquer outra mercadoria: quanto mais se expõe, mais barata tenderá a ser. E ninguém quer se ver sendo negociado por aí a preço de banana.

No começo, Blota Jr. narrava jogos, animava auditórios, atuava em radioteatro, fazia reportagens, escrevia e lia crônicas. Tudo ao mesmo tempo, no rádio e na televisão. Já no auge, concentrou-se na TV e, mais precisamente, nos palcos. Fez história como o comandante de grandes espetáculos especiais. Isso se cristalizou de tal forma que despertou no público a seguinte pergunta: o Blota Jr. apresenta porque é especial ou o Blota Jr. é especial porque apresenta? Pouquíssimos foram os que conseguiram se beneficiar desse delicioso tipo de dúvida.

Há, contudo, o extremo oposto dessa preservação, que pode ser tão nefasto quanto a superexposição. Trata-se da ausência, o sumiço por completo. Afinal, a razão de ser do artista é ser visto. De forma planejada, coerente, mas visto. Caso contrário, corre o risco de cair na vala do esquecimento.

No início dos anos 1970, Blota Jr. tomou uma séria decisão: permanecer na *Record*, mesmo com a empresa em estado de quase insolvência. Fez isso por fidelidade a casa que ajudou a construir e para garantir os benefícios trabalhistas que havia acumulado ao longo de três décadas. Do ponto de vista financeiro, foi uma decisão acertada. Já do ponto de vista artístico, ela lhe causou, por exemplo, a impossibilidade de apresentar programas na *Globo*, que já desfrutava de uma sólida liderança nacional.

Conforme já foi dito, a relação entre o artista e seus fãs é como qualquer outra entre seres humanos. Assemelha-se muito à amizade, inclusive. Mas, além da quantidade de pessoas envolvidas, há outra importante diferença entre as duas situações: uma amizade de verdade resiste ao tempo e a distância; uma amizade midiática, nem sempre. Logo seu espaço é ocupado por outras figuras, outras vozes, outros programas. Nesse ponto, aproxima-se do campo da relação amorosa, onde costuma reinar o ditado: "Quem não dá assistência, perde pra concorrência".

* * *

Como ídolo, Blota Jr. garantiu o direito de ser eterno por duas razões: a primeira, porque conquistou um espaço nobre na memória afetiva de gerações de ouvintes e telespectadores; a segunda, porque transmitiu seu conhecimento para os mais jovens, que fazem Blota reviver cada vez que colocam em prática algum dos seus ensinamentos.

Blota foi, literalmente, o mestre dos mestres da comunicação. Foi um pioneiro do rádio paulista e elemento fundamental da primeira geração de grandes apresentadores da televisão brasileira, ao lado de figuras como Aurélio Campos, Homero Silva e J. Silvestre. Manteve-se como uma referência enquanto despontavam Chacrinha, Flávio Cavalcanti e Silvio Santos. Despertou admiração e abriu os caminhos daqueles que, no futuro, se tornariam líderes de audiência, como Raul Gil e Fausto Silva.

Enquanto trabalhava, refletia sobre a sua atividade, aprendendo teorias e formulando conceitos a partir de sua própria experiência. Tinha consciência de que era uma referência para muitos e não fugia dessa condição. Procurava fazer por merecer, ensinando com palavras e atitudes. Não por acaso, de todas as formas como foi chamado na vida, de Zezy a Doutor, uma das que mais gostava era dita pelo radialista Pedro Luiz Ronco: Professor.

Mais que programas e histórias, Blota Jr. deixou exemplos. Sua vida foi uma grande aula, cuja maior lição foi a de como transformar conhecimento e trabalho em sucesso e reconhecimento, contribuindo para a construção de uma comunicação mais bonita, mais humana e mais brasileira.

Anexo I
Este é mais um programa Blota Jr.

Este anexo apresenta uma lista de 183 programas em que Blota Jr. atuou ao longo dos seus mais de 60 anos de carreira. A falta de muitos registros impressos ou audiovisuais, principalmente entre as décadas de 1940 e 1960, impede de afirmar que a relação esteja completa e de apontar o ano em que foram lançadas algumas das atrações. Mesmo assim, pretende-se que este levantamento ajude pesquisadores e apaixonados por comunicação a terem uma visão de, pelo menos, parte do trabalho realizado por Blota no rádio e na televisão.

Alguns nomes de programas constam mais de uma vez. Não se trata de reapresentações em videoteipe, mas de atrações inéditas produzidas em épocas, cidades ou emissoras diferentes, ainda que homônimas. Caso, por exemplo, do *Blota Jr. Show*, que foi realizado pela *TV Record* de São Paulo em duas oportunidades e pela *TV Tupi* do Rio de Janeiro em outra.

Esta lista, embora incrivelmente extensa, não inclui os muitos eventos de jornalismo, esporte e música narrados por Blota Jr., nem os inúmeros programas que contaram com o seu trabalho apenas nos bastidores, na qualidade de redator, produtor, diretor ou conselheiro.

Ano	Emissora	Nome do programa
1939	*Rádio Bandeirantes*	*Bola ao ar*
1940	*Rádio Cosmos*	*Clarinadas: a história do Brasil em radioteatro*
1940	*Rádio Cosmos*	*Passatempo da Cosmos*
1940	*Rádio Cruzeiro do Sul*	*Hora azul*
1941	*Rádio Cruzeiro do Sul*	*Panorama*

1941	Rádio Cruzeiro do Sul	Feira de amostras
1942	Rádio Cruzeiro do Sul	Roteiro das Américas
1942	Rádio Cruzeiro do Sul	Retrato de São Paulo
1942	Rádio Cruzeiro do Sul	Panamericano
1942	Rádio Cruzeiro do Sul	Hora certa de São Bento
1942	Rádio Cruzeiro do Sul	Poema sonoro
1942	Rádio Cruzeiro do Sul	Programa da Casa de Castro Alves
1942	Rádio Cruzeiro do Sul	Programa especial de apresentação do cast da Cruzeiro para o ano de 1942
1942	Rádio Cruzeiro do Sul e Rádio Cosmos em rede	Salve, Roosevelt, a América te saúda!
1942	Rádio Cruzeiro do Sul	Grill-room
1942	Rádio Cruzeiro do Sul	Pescando humoristas
1942	Rádio Cruzeiro do Sul	Placard: a palavra esportiva da PRB 6
1942	Rádio Cruzeiro do Sul	República de estudantes
	Rádio Cruzeiro do Sul	Anjos de cara suja
1943	Rádio Cruzeiro do Sul	Serenata ao luar
1943	Rádio Record	Prêmio e castigo
1944	Rádio Record	Pra cabeça
1944	Rádio Record	Grill-room Umuarama
	Rádio Record	Gustavo e Lili
	Rádio Bandeirantes	Gustavo e Lili
	Rádio Record	Escola risonha e franca
1945	Rádio Panamericana	Porta de livraria
1945	Rádio Panamericana	Tribunal esportivo
1946	WCBX, WRCA e WGEA em rede	Rádio-cometa – NY repórter
1948	Rádio Record	Sorteio das Lojas Mousseline
	Rádio Record	Ring musical
	Rádio Record	Enciclopédia pitoresca dos esportes
1949	Rádio Record	Rádio dicionário
1949	Rádio Record	Rádio enciclopédia
1949	Rádio Record	Segredos e confissões

1949	Rádio Record	Canto de glória da Faculdade de Direito
1949	Rádio Record	Variedades esportivas de Ovomaltine
1949	Rádio Record	Memórias de um grão de café
1949	Rádios Record e Nacional em rede	Show da amizade
	Rádio Record	Não diga alô
1950	Rádio Record	Você é quem brilha
1950	Rádio Record	Sétimo dia
1950	Rádios Record, Bandeirantes e outras na chamada Cadeia da Democracia	Vozes da terra
1950	Rádio Record	O clube abre às dez
1950	Rádio Record	Parada carnavalesca
1950	Rádio e TV Record	Prêmio Roquette Pinto
1951	Rádio Record	Calendário ilustrado
1952	Rádios Record, Avaré, Bragança, Guarujá e Pirajuí em rede	Gaiola de ouro Phimatosan
1952	Rádio Record	Rádio esportes
1952	Rádio Record	Luta pela vida
1952	Rádio Record	Orquídeas e cebolas
1953	Rádio Record	Carnaval de 400 anos
1953	Rádio Record	Jóquei clube no ar
1953	Rádio Record	Confidências dos corações
1953	Rádio Record	A grande filmagem
1953	Rádio Record	Radiocolor
1953	Rádio Record	Almoço está na mesa
1953	Rádio Record	Com a palavra Blota Jr.
1953	Rádio Record	Este mundo é uma bola
1953	Rádio Record	Meu marido e minha mulher (dentro do programa Só para mulheres)
1953	TV Record	Inauguração da emissora
1953	TV Record	Gustavo e Lili
1953	TV Record	Grandes espetáculos União e Caboclo
1953	TV Record	Pergunte para responder

1954	Rádio Panamericana	Antes e depois
1954	TV Record	Bazar musical
1954	Rádio Record	Em busca do tesouro
1954	TVs Tupi, Paulista e Record em rede	Festejos do IV Centenário
1954	TVs Tupi e Record e Rádio Difusora em rede	Espetáculo do jubileu dos rádios Philips
1954	Rádio e TV Record	A TV visita o seu bairro
1954	TV Record, Rádio Bandeirantes e outras emissoras	Comício pró-candidatura Adhemar de Barros
1955	Rádio Record	Nossos amigos, os livros
1955	Rádio Record	Dá licença para um aparte?
1955	TV Record	O trenzinho
1955	TV Record	Domingueiras
1955	TV Record	Adivinhe o que ele faz
1955	Rádio Record	Tudo vai bem
1955	Rádio e TV Record	Noite de choristas
1955	Rádio Record	Rede Brasileira de Radiodifusão
1955	Rádio Record	A voz de São Paulo
1955	TV Record	Um cartaz Coca-Cola
1956	TV Record	Sucessos Arno
1956	Rádio e TV Record	Jubileu de prata da Rádio Record
1956	Rádio Record	Programa Blota Jr.
1956	TV Record	Colégio Duchen
1956	TV Rio	Especial de fim de ano com artistas da Rádio e TV Record
1957	Rádio e TV Record	Carnaval Eletroradiobraz
1957	Rádio e TV Record	Carnaval Record
1957	Rádio e TV Record	O dobro ou nada
1957	Rádio Record	Dicionário da gíria
1958	Rádio Record	Acaba de aparecer na música e na moda
1958	Rádio e TV Record	Carnaval Record
1958	TV Record	Troféu Chico Viola
1958	Rádio e TV Record	A postos, sabichões
1958	Rádio Record	Mensagem ao trabalhador
1959	TV Record	Pan na TV (dentro do Última edição)
1959	Rádio Panamericana	Parada de notícias

1959	TV Record	Tamoyo de sucesso em sucesso
1959	TV Record	Da maior para o menor
1959	TV Record	Clube infantil Melhoramentos
1960	TV Record	Na batida do sino
1960	Rádio Record	No melhor da conversa
1960	TV Record	Na batida do samba
	TVs *Tupi*, *Paulista* e *Record* em rede	Sorteio do Plano Monumental Amaral
1961	TV Record	Mímica
1961	TV Record	Gente que brilha
1961	TV Record	Gente que a gente gosta
1961	TV Record	Sua majestade, o cartaz
1961	TV Record	Folias no gelo
1961	TV Record	Telefonias
1961	TV Record	Rapa tudo
1962	TV Record	Porta de livraria
1962	TV Rio	Rapa tudo
1962	TV Gaúcha	Adivinhe o que ele faz
1963	TV Record	Convidados Bom Bril
1963	TV Record	A sorte é Ciabra
1963	TV Record	Grande gincana Kibon
1963	Rádio Record	Porta de livraria
1964	TV Record	Esta noite, à meia-noite
1964	Rádio Record	A voz do povo
1964	TV Tupi Rio	Super show Wallig
1964	TV Record	Dez mais elegantes da TV
1964	TV Record	Blota Jr. Show
1964	TV Record	Gentes
	TVs *Record* e *Rio*	Show 713
	TV Record	Show do dia 7
1966	TV Record e rádios Record e Bandeirantes	Três no tri show
1966	TVs *Record*, *Paulista* e *Globo* e Rádio *Jovem Pan* em rede	II Festival da Música Popular Brasileira/Viva e o Festival da Música Popular Brasileira
1966	Todas as TVs de São Paulo e Rio de Janeiro em rede	Lançamento da nova linha Simca 67

1967	TV Record	Esta noite se improvisa (A palavra é...)
1967	TVs Record e Rio e Rádio Jovem Pan em rede	III Festival da Música Popular Brasileira/Super Viva e o Festival da Música Popular Brasileira
1968	TV Record	Diálogo/Diálogo com Blota Jr.
1968	TV Tupi Rio	Blota Jr. Show
1968	TV Record	IV Festival da Música Popular Brasileira
1968	TV Record	I Bienal do samba
1969	TV Record	V Festival da Música Popular Brasileira
1969	TV Record	A pergunta é...
1969	TVs *Tupi* e *Globo* em rede	Programa sobre Imposto de Renda
1969	TV Tupi Rio	Vença o vencedor
1969	TV Record	Erontex dá sorte no alianças para o sucesso
1969	TV Tupi Rio	II Festival Universitário da Música Popular Brasileira
1969	TV Record	Inauguração do Teatro Record Augusta
1969	TV Tupi Rio	Olho vivo Erontex
1970	TV Record	Cara e coroa
1970	TV Tupi	Erontex Copa 70
1970	TV Record	Duelo de campeões
1970	TVs *Excelsior* e *Bandeirantes*	Campanha da esperança
1970	TV Excelsior	Show de agradecimento ao povo paulista
1970	TVs *Cultura, Tupi, Globo, Record* e *Gazeta* em rede	Jogo da verdade
1970	TVs *Record* e *Tupi*	Prêmios Molière e Air France
1971	TV Record	Esta noite é nossa
1971	TV Record	Fim de noite
1972	TV Record	Quem sabe é rei

1972	Rede Brasileira de Televisão	XII Festa da Uva de Caxias do Sul
1972	TV Tupi Rio	V Festival Universitário da Música Popular Brasileira
1972	TV Tupi Rio	Essa maravilhosa gente brasileira e suas histórias espantosas
1972	TV Tupi	Domingo total Erontex
1974	TVs Cultura, Tupi, Globo, Record, Gazeta e Bandeirantes em rede	Programa especial da Arena
1975	TV Record	Diálogo nacional
1975	Rede Brasileira de Televisão	Brasil hoje
1978	TVs Tupi e Record	Entrevista com os coordenadores dos grupos de trabalho do governo Paulo Maluf
1979	TV Tupi	Clio Awards Brasil
1981	TV Record	Show da meia-noite
1981	TV Cultura	Olho na notícia
1982	TV Cultura	Processo
1982	TV Record	Nossa Copa
1983	TV Record	Blota Jr. Show
	TV Record	Record em notícias
1984	TV Record	Um fato em foco
1984	TV Record	Blota Jr. e a comunidade
1985	TV Princesa d'Oeste	Inauguração da emissora
1986	TV Bandeirantes	Programa Blota Jr. (dentro da faixa Oito show)
1986	TV Bandeirantes	Canal livre
1987	TV Bandeirantes	3ª visão especial
1987	TV Bandeirantes	RedeTuris
1987	TV Bandeirantes	Dia a dia
1988	TV Bandeirantes	Aids, vida em risco
1989	TV Bandeirantes	Presidente 89
1989	TV Bandeirantes	Jornal de sábado
1991	TV Bandeirantes	Fogo cruzado
1995	SBT	I Prêmio SBT de música
1996	SBT	Gente que brilha
1998	TV Bandeirantes	Sorteio do Consórcio Rodobens

Anexo II
Fotos de Blota Jr.

Ribeirão Bonito: a casa em que José Blota Jr. nasceu. Geraldo Blota fez questão de restaurá-la e na calçada, em pedra portuguesa, mandou reproduzir a assinatura do irmão.

Zezy, escoteiro,
em sua cidade natal.

Correio d' Oeste
FUNDADO EM 06 DE JANEIRO DE 1915
EXPEDIENTE
Redator: ANTONIO JOSE GALDINO
Diretor Proprietário: ANTONIO ALICIO SIMÕES
Diretor Responsável: DR. JOSE BLOTA JUNIOR

PREÇO POR CENTIMETRO DE COLUNA
Primeira página .... R$ 0,50
Página determinada .... R$ 0,45
Página indeterminada .... R$ 0,40

REPRESENTANTE EM SÃO PAULO E RIO DE JANEIRO
ESSIE — Publicidade e Comunicação S C Ltda.
São Paulo: Rua Vergueiro 1071 — Fones: 288.6879 — 288 6496 — 288.1952.
Rio de Janeiro: Avenida 13 de Maio, 33, Conj. 804 — Fone 220.3036.

"Os artigos assinados não representam necessariamente a opinião deste Jornal".

ADMINISTRAÇÃO, REDAÇÃO E OFICINA
Av. Affonso Celestino, 257 — Jardim Centenário Fone (0162)

Correio d'Oeste: o jornal onde Blota Jr. começou sua carreira e do qual, décadas mais tarde, se tornaria "diretor responsável".

Com microfone em punho: o começo no rádio, como narrador esportivo. Sentado logo atrás, Raul Duarte, lenda do rádio paulista, olha atento para o jogo.

Nos tempos de CPOR. Na foto, Blota Jr. está em pé, com seus óculos redondos e de lentes grossas, com uma mão em cima do seu capacete.

De braço dado com Sonia Ribeiro, ainda na fase de namoro, em Ribeirão Bonito.

No altar da Paróquia Santa Cecília, Blota Jr. e Sonia Ribeiro selavam uma união que duraria 41 anos. Ao lado de Sonia está o tio João Ambrósio, a quem ela tratava como um segundo pai. Logo atrás, com vestido claro, está sua irmã, Janette Ribeiro (30 de maio de 1946).

Sucesso de público: centenas de fãs tomaram a entrada da Paróquia Santa Cecília para presenciar o casamento dos seus ídolos no rádio.

Em Nova York, lua de mel e estágio no rádio (1946).

Pátio da Faculdade de Direito, cenário da primeira campanha eleitoral da vida de Blota Jr. (1948).

Entre o pai e a esposa, Blota Jr. comemora sua formatura em Direito. Sonia Ribeiro não escondia o orgulho: seu marido havia cumprido a promessa que fez quando nasceu o primeiro filho do casal (5 de novembro de 1949).

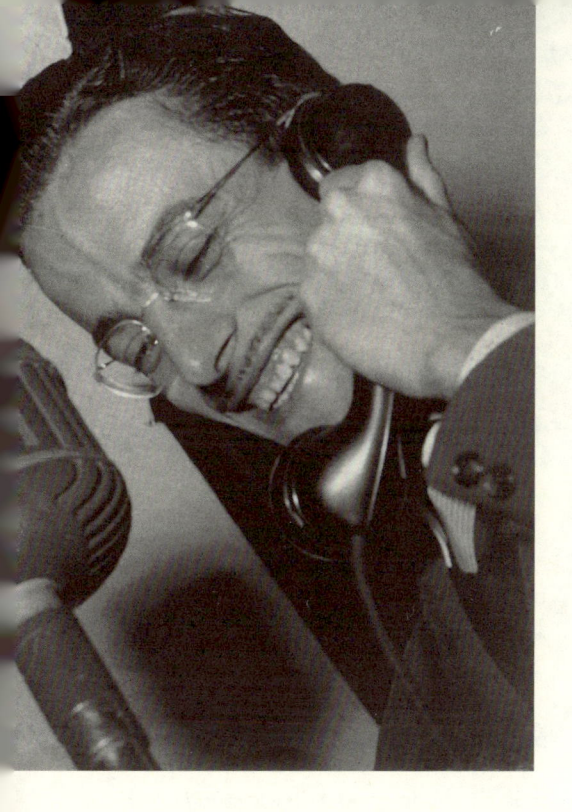

Na Rádio Record, comandando mais um campeão de audiência: *Não diga alô!* (1950).

Um abraço amigo na *personalíssima* Isaurinha Garcia.

Com Inezita Barroso, grande estrela da rádio e da televisão *Record*.

Ao lado de Murilo Antunes Alves, numa das primeiras edições do Prêmio Roquette Pinto, criado por Blota Jr.

No estúdio da *TV Rio*, apresentando os artistas da *Record* para os cariocas (1954).

Primeira campanha para deputado estadual. Em homenagem ao pai, fez questão de assinar usando o nome completo (17 de setembro de 1954).

Já eleito, Blota Jr. cumprimenta Adhemar de Barros, referência nos seus primeiros anos de política.

Quatro grandes amigos: Paulinho Machado de Carvalho e sua esposa, Odete, Sonia Ribeiro e Blota Jr.

Sonia, Odete e Blota Jr. durante a viagem de carro até a Argentina. Uma verdadeira aventura (1954).

Paulo Machado de Carvalho: para Blota Jr., um verdadeiro pai profissional (1953).

Como diretor artístico da *Rádio Record*, Blota Jr., ao lado de Paulinho de Carvalho, anuncia as novidades para a comemoração do Jubileu de Prata da emissora (1956).

Entre risos, um beijo tímido em Sonia Ribeiro, que acabava de ser eleita pelos colegas de emissora a Rainha do Jubileu de Prata da *Rádio Record* (12 de julho de 1956).

Fonte José Blota: homenagem que Blota Jr. inaugurou no alto do Morro Bom Jesus, em Ribeirão Bonito, no dia 9 de agosto de 1958.

Calçando a chuteira: quando entrava em campo, Blota Jr., sempre camisa 9, virava Pirillo.

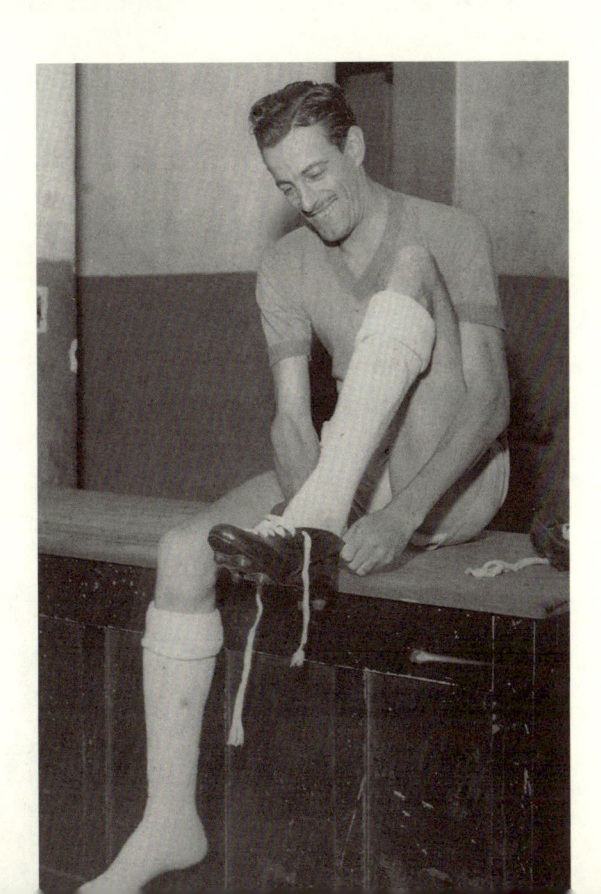

O Doutor praticava quase todos os esportes, inclusive tênis. A imagem registra sua participação no torneio interno do Ipê Clube (1958).

Um dos primeiros grandes sucessos de Blota Jr. na televisão: *Rapa tudo Vulcan*, transmitido direto do Circo do Arrelia.

Anunciada pelo marido, Sonia Ribeiro, mesmo com o pé direito engessado, foi receber o seu Roquette Especial das mãos de Idalina de Oliveira (1961).

O Doutor ao lado de uma pequena parte da sua biblioteca, que chegou a ter cerca de 5 mil títulos.

Durante a campanha eleitoral, as presenças de Blota Jr. e Sonia Ribeiro sempre garantiam comícios lotados e público animado.

Sorteio, como este do Carnê da Fortuna Amaral, era uma das coisas que Blota Jr. mais gostava de fazer diante das câmeras.

O casal real embarca no Boeing 707 da Air France com destino a Paris, onde iniciaria uma grande viagem pela Europa (fevereiro de 1965).

Sob os olhares e as narrações de Reali Jr. e Bahia Filho, Blota Jr. assina o livro de posse, no Palácio dos Campos Elísios. Foi o primeiro secretário de Turismo da história de São Paulo (8 de abril de 1965).

Sonia, Blota e Hebe:
amizade verdadeira.

Rádio, televisão, política, advocacia, negócios... Era preciso
multiplicar-se para fazer tantos trabalhos ao mesmo tempo!

Da esquerda para a direita: José Blota Neto, Sonia Ângela (Pata) e José Francisco (Quico). Os filhos na missa em ação de graças pelos vinte anos de casamento dos pais Blota Jr. e Sonia Ribeiro (1966).

Certo ano, Blota Jr. comemorou seu aniversário de um jeito diferente. Foi organizado um amistoso: família Blota *vs. TV Excelsior*. Ambas as equipes jogaram com uniformes da emissora, conseguidos por Gonzaga Blota. Na imagem, logo atrás de Blota Jr., chegam Cícero Antonio Blota, Bruno Caloi e Luizir Blota. O time do aniversariante venceu por 9 a 0.

Em seu gabinete na Caloi, no bairro do Brooklin, Blota recebe a ilustre visita de Wilson Simonal.

Blota Jr. deposita o seu voto na urna. Logo conquistaria o seu terceiro mandato como deputado estadual (15 de novembro de 1966).

Blota e Sonia trocando Roquettes: uma história de amor
baseada na admiração mútua, dentro e fora dos palcos.

Festivais, Show do dia 7,
Prêmio Roquette Pinto,
Troféu Chico Viola: juntos,
apresentaram vários
dos momentos mais
importantes da história da
televisão brasileira.

Na Tupi, comandando a versão carioca do *Blota Jr. Show*, diretamente do palco do antigo Cassino da Urca (1968).

Com parte da sua coleção de cachaça. Na época, era a maior do Brasil (1967).

Jogando futebol no campo do Esporte Clube Sírio, com uniforme emprestado pelo São Paulo. O Doutor marcou um gol nessa partida. Da esquerda para a direita, Edmundo Monteiro, executivo dos *Diários Associados*, Blota Jr., Paulo Planet Buarque, Altimar Ribeiro de Lima e Orestes Quércia (novembro de 1967).

Com o então governador de São Paulo, Abreu Sodré, de quem foi líder na Assembleia Legislativa.

Dínamo de Propaganda em festa. Da esquerda para a direita: Irineu de Souza Francisco, General José Pires de Castro, então presidente da agência, Blota Jr. e os irmãos Juracy e Eron Alves de Oliveira (1969).

Anúncio produzido pela Dínamo do *Alianças para o sucesso*, já na fase com Blota Jr. (21 de maio de 1969).

Prêmios e brincadeiras com o auditório no *Erontex Copa 70*,
ao vivo, na *TV Tupi* do Rio (1970).

Sonia Ribeiro e Blota Jr. com Eva Wilma e John Herbert na noite de entrega do
Prêmio Molière, o mais importante do teatro brasileiro. À esquerda, em primeiro
plano, de perfil, está Joseph Halfin, principal executivo da Air France no Brasil.

> TV RECORD – CANAL 7
> DE SÃO PAULO
> UNIDADE GERADORA
> E AS EMISSORAS COMPONENTES DA
>
> REI – RÊDE DE EMISSORAS INDEPENDENTES
> DE TODO O PAÍS
> CONGRATULAM-SE COM A SUA INTEGRANTE
>
> TV DIFUSORA – CANAL 10
> DE PÔRTO ALEGRE
> QUE GEROU PARA O BRASIL
> PELA 1.ª VEZ A CORES, VIA EMBRATEL, OS FESTEJOS DA
>
> XII FESTA DA UVA
> EM CAXIAS – R.G.S.
> APRESENTADORES
> **BLOTA JUNIOR e SONIA RIBEIRO**

Anúncio da *Record* publicado nos principais jornais, registrando Blota Jr. e Sonia Ribeiro como apresentadores da transmissão histórica da XII Festa da Uva, em cores (20 de fevereiro de 1972).

Blota Jr., Hebe Camargo e Agnaldo Rayol: momento de alegria no programa *Essa maravilhosa gente brasileira e suas histórias espantosas*, na *Rede Tupi* (novembro de 1972).

Cena raríssima: Blota Jr. apresentando um programa sem paletó. Era assim que ele entrava no *Domingo total Erontex* (1973).

Jair Rodrigues: presença obrigatória em todos os programas apresentados pelo Doutor (1973).

Blota Jr. entrevistando Pelé no *Domingo total*, diretamente do Telecentro Tupi, em São Paulo (21 de janeiro de 1973).

Um cliente do Carnê Erontex tenta a sorte. Ali, Blota era, ao mesmo tempo, garoto-propaganda e executivo do Grupo Eron (1973).

Cerimônia de inauguração da Praça da Paz Universal, no Parque Ibirapuera, transmitida ao vivo para todo o país (1973).

Animar multidões era uma das especialidades de Blota Jr. Aqui, ele comanda um show da Erontex para milhares de pessoas no interior de São Paulo (1973).

Pedalando na fábrica da Caloi, em Santo Amaro. Mesmo em cima de uma bicicleta, Blota mantinha a elegância (agosto de 1972).

Blota Jr. com Raul Gil numa festa da Caloi, apresentando a linha 1973 da empresa.

Nos anos 1970, o retorno às cabines dos estádios como comentarista de futebol da *Record* (1973).

Comer: um dos maiores prazeres que Blota Jr. tinha na vida.

Blota Jr. e Manoel
de Nóbrega:
amigos e pioneiros
do rádio paulista.

A Caloi também entrou na campanha do Doutor para deputado federal (1974).

Eleazar Patrício, presidente do Conselho de Administração do Grupo Silvio Santos, Euclides Quandt de Oliveira, ministro das Comunicações, Blota Jr. e Paulinho Machado de Carvalho. Blota atuou durante a união de Silvio Santos e os Carvalho em torno da *Record* (1975).

Aniversário do *Encontro com Sonia Ribeiro*. Blota Jr. patrocinava o programa da esposa na *Record*.

Diante de um pesado gravador, Blota atende a imprensa como secretário de Comunicação e Informações do Estado de São Paulo (1979).

Blota Jr. não tirava os óculos nem durante o futebol (1979).

Blota Jr., Geraldo Blota e Blota Neto: uma conversa em família no gabinete do Doutor no Palácio dos Bandeirantes.

Blota Jr.: "No momento em que se conquista a criança, se conquista a glória maior".

Amigas inseparáveis: Nair Bello, Sonia Ribeiro, Hebe Camargo e Rosinha Goldfarb.

Na Olimpíada, entre uma transmissão e outra, Silvio Luiz, Osmar de Oliveira e Blota Jr. nas ruas de Seul (setembro de 1988).

Por mais de três décadas, Blota Jr. foi a imagem da *Record* (1973).

Agradecimentos

A alma de um livro é a sua íntima e generosa proposta, sua intenção e objetivo. É aquilo a que se impõe buscando abrir o seu caminho, disposto a existir. Mas seu coração está no que se propõe, como ideal e doação. Ao encontrar a resposta da mensagem que encerra, qualquer que seja, lírica ou perturbadora, consoladora ou panfletária, realiza um milagre de comunicação, e aí, somente aí, terá valido a pena ter sido escrito. E impresso. Mais que tudo, ser lido.

Trecho do prefácio escrito por Blota Jr. para o livro *Como falar corretamente e sem inibições*, de Reinaldo Polito.

Por diversas vezes, sentado à cabeceira da mesa, durante a sua sagrada hora do almoço, Blota Jr. bradou:

– Eu tenho que escrever as minhas memórias! Não posso morrer sem escrever as minhas memórias!

O espírito irrequieto, refletido na carregada agenda de compromissos e na certa impaciência para realizar um trabalho desse tipo, o impediu de concretizar esse desejo em vida.

Portanto, registro especiais agradecimentos a José Blota Neto, primogênito de Blota Jr., e Christiano Blota, jornalista e apresentador. Eles me concederam a honra de ajudá-los a cumprir, ainda que postumamente, a vontade do pai e avô Blota Jr. de ter sua trajetória contada num livro. Blota Neto e Christiano foram incansáveis apoiadores e entusiastas deste projeto durante os seus três anos de realização.

Estendo meus agradecimentos especiais aos jornalistas Sonia Blota, primeira neta de Blota Jr., e José Armando Vannucci.

Agradeço aos entrevistados, cujos nomes estão relacionados a seguir, particularmente aos familiares de Blota Jr., inclusive pela cessão, para pesquisa e ilustração deste livro, de imagens, documentos e roteiros do biografado.

Agradeço ao Arquivo Público do Estado de São Paulo, à Biblioteca Nacional, ao Centro de Documentação e Memória da *Rádio Bandeirantes* – Cedom, à escola municipal Coronel Pinto Ferraz, ao jornal *Correio d'Oeste*, à Paróquia Santa Cecília, ao Santa Eliza Eco Resort, à SportPromotion, à *TV Bandeirantes* e a toda população da cidade de Ribeirão Bonito.

Agradeço também a Bruno Thys, Carlos Alberto de Nóbrega, Carlos Alberto Vizeu, Carlos Fernando Schinner, Catarina Alzenda Cruzeiro, Claudio Henrique de Oliveira, Daniela Pedroso, Demócrito Nitão, Edson Scatamachia, Elisabeth Mendonça, Flávio Cavalcanti Jr., Hamilton Kuniochi, Juliana Paiva, Luiz André Alzer, Marcus Aurélio de Carvalho, Patrícia Fragoso, Patricia Michielin Blota, Rafael Motta, Sara Benvinda Soares, Sergio Ronco, Tonico Ramos e Walter Paradella.

ENTREVISTAS E DEPOIMENTOS

Antônio Alício Simões
Antonio Augusto Amaral de Carvalho, Tuta
Blota Jr.[1]
Christiano Blota
Dagmar Blota
Eduardo Castro
Fausto Silva, Faustão
Francisco de Assis Queiroz
Jacob Pedro Carolo
João Carlos Saad, Johnny
João Jorge Saad[1]
José Blota Neto
José Bonifácio de Oliveira Sobrinho, Boni
José Felicio Castellaro, Gijo
José Francisco Coelho Leal, Quico
Lafayette Hohagen
Lauro Alfredo Kuhn
Lemos Britto
Leonor Corrêa
Marcia Saad
Marcos Freitas
Milton Parron
Nilton Travesso
Paulo José da Costa Jr.[2]
Paulo Machado de Carvalho Neto, Paulito
Paulo Maluf[2]
Paulo Planet Buarque
Raul Gil

1. Depoimento para o acervo da Pró-TV
2. Depoimento para o acervo da família Blota

Reinaldo Polito
Thereza Blota
Tonico Ramos
Tuffik Mattar[2]
Salomão Ésper
Silvio Luiz
Sonia Blota
Vida Alves
Wanderley Villa Nova

---

2. Depoimento para o acervo da família Blota

Referências bibliográficas

Alves, Vida. *TV Tupi: uma linda história de amor*. São Paulo: Imprensa Oficial do Estado de São Paulo, 2008.

Amorim, Antonio Bellini. *Rede Record: 45 anos de história*. São Paulo: Antonio Bellini Editora e Design, 1999.

Blota Jr. *A verdade sobre a Lei do Inquilinato: discurso pronunciado e relatório apresentado pelo deputado Blota Junior*. Brasília: Centro de Documentação e Informação da Câmara dos Deputados, 1978.

Bonasio, Valter. *Televisão: manual de produção e direção*. Belo Horizonte: Leitura, 2002.

Braune, Bia; Rixa. *Almanaque da TV: histórias e curiosidades desta máquina de fazer doido*. Rio de Janeiro: Ediouro, 2007.

Buarque, Paulo Planet. *Uma vida no plural: jornal, rádio, televisão, política, justiça e muito futebol*. São Paulo: Companhia Editora Nacional, 2003.

Cabral, Sérgio. *Quanto mais cinema melhor: uma biografia de Carlos Manga*. São Paulo: Lazuli, 2013.

Calil, Ricardo; Terra, Renato. *Uma noite em 67: entrevistas completas com os artistas que marcaram a era dos festivais*. São Paulo: Planeta, 2013.

Calmon, João. *Minhas bandeiras de luta*. Brasília: Fundação Assis Chateaubriand, 1999.

Cannabrava Filho, Paulo. *Adhemar de Barros: trajetória e realizações*. São Paulo: Terceiro Nome, 2004.

Cardoso, Tom; Rockmann, Roberto. *O Marechal da Vitória: uma história de rádio, TV e futebol*. São Paulo: A Girafa, 2005.

Carneiro, Glauco. *Brasil, primeiro: história dos Diários Associados*. Espírito Santo; Brasília: Fundação Assis Chateaubriand, 1999.

Carvalho, A. A. A. De (Tuta). *Ninguém faz sucesso sozinho*. São Paulo: Escrituras, 2009.

Carvalho Filho, Paulo Machado de; Coraúcci, Carlos (org.). *Histórias... que a história não contou: fatos curiosos em 60 anos de rádio e TV*. São Paulo: Companhia Editora Nacional, 2006.

Chagas, Genira. *Radiodifusão no Brasil: poder, política, prestígio e influência*. São Paulo: Atlas, 2012.

CI-AA. *History of the Office of the Coordinator of Inter-American Affairs: historical reports on war administration*. Washington: United States Government Printing Office, 1947.

Clark, Walter; Priolli, Gabriel. *O campeão de audiência: uma autobiografia*. São Paulo: Best Seller, 1991.

Costa Jr., Paulo José da. *Os júris da minha vida*. São Paulo: Arx, 2006.

Dias, Carlos Alberto Ungaretti. O cenário que antecedeu o golpe de 1964 no Legislativo paulista. *Assembleia Legislativa do Estado de São Paulo*, 28 mar 2014.

_____. Como os deputados da Assembleia paulista reagiram ao golpe de Estado de 1964. *Assembleia Legislativa do Estado de São Paulo*, 31 mar 2014.

Duarte, Luiz Carlos. *Friedenreich: a saga de um craque nos primeiros tempos do futebol brasileiro*. São Caetano do Sul: Casa Maior, 2012.

Duarte, Orlando; Vilela, Mário. *São Paulo FC: o supercampeão*. São Paulo: Companhia Editora Nacional, 2011.

Faria, Álvaro Alves de. *Jovem Pan 50 anos*. São Paulo: Maltese, 1994.

_____. *Jovem Pan: a voz do rádio*. São Paulo: RG, 2002.

Fernandes, Ismael. *Memória da telenovela brasileira*. 4. ed. ampl. São Paulo: Brasiliense, 1997.

Francfort, Elmo. *Av. Paulista, 900: a história da TV Gazeta*. São Paulo: Imprensa Oficial do Estado de São Paulo, 2010.

Freire, Rafael de Luna. Da geração de eletricidade aos divertimentos elétricos: a trajetória empresarial de Alberto Byington Jr. antes da produção de filmes. *Estudos Históricos*, Rio de Janeiro, v. 26, n. 51, p. 113-131, jan/jun 2013.

Iacocca, Angelo. *Ponto Chic: um bar na história de São Paulo*. São Paulo: Senac São Paulo, 2011.

Jovem Pan. *Jovem Pan: 7 capítulos e uma grande história*. São Paulo: Jovem Pan, 2008.

Junior, Gonçalo. *Pais da TV: a história da televisão brasileira contada por –*. São Paulo: Conrad, 2001

Lima, Jorge de Cunha. *Uma história da TV Cultura*. São Paulo: Imprensa Oficial do Estado de São Paulo; Fundação Padre Anchieta, 2008.

Madeira, Rafael Machado. Integração horizontal e fragmentação partidária: uma análise de carreira política dos deputados federais da Arena em São Paulo. *Sociedade e cultura*, Goiânia, v. 7, n. 2, jul/dez 2004.

Mello, Zuza Homem de. *A era dos festivais: uma parábola*. 5. ed. São Paulo: 34, 2010.

Memória Globo. *Dicionário da TV Globo, vol. 1: programas de dramaturgia e entretenimento*. Rio de Janeiro: Jorge Zahar Editor, 2003.

Mendes, Edith Gabus. *Octávio Gabus Mendes: do rádio à televisão*. São Paulo: Lua Nova, 1988.

Mira, Maria Celeste. *Circo eletrônico: Silvio Santos e o SBT*. São Paulo: Loyola; Olho d'Água, 1995.

Monteiro, Denilson. *Dez! Nota dez! Eu sou Carlos Imperial*. São Paulo: Matrix, 2008.

Morgado, Fernando. *Televisionado: artigos sobre os principais nomes da TV*. Rio de Janeiro: Multifoco, 2009.

Moya, Álvaro de. *Glória in excelsior: ascensão, apogeu e queda do maior sucesso da televisão brasileira*. São Paulo: Imprensa Oficial do Estado de São Paulo, 2004.

Nóbrega, Carlos Alberto de. *A luz que não se apaga*. Osasco: Novo Século, 2004.

Oliveira Sobrinho, José Bonifácio de (sup.). *50 anos de TV no Brasil*. São Paulo: Globo, 2000.

_____. *O livro do Boni*. Rio de Janeiro: Casa da Palavra, 2011.

Pasqualini, Maria Elisa. Os arranjadores da Rádio Record de São Paulo, 1928--1965. *Revista Brasileira de Música*, Rio de Janeiro, v. 25, n. 1, p. 185-208, jan/jun 2012.

Polito, Reinaldo. *Como falar corretamente e sem inibições*. 111 ed. rev. atual. e ampl. São Paulo: Saraiva, 2006.

Rede Record. *Rede Record 50 anos*. São Paulo: Referência, 2003.

Schinner, Carlos Fernando. *Rui Viotti: histórias do rádio, da TV e do esporte*. São Paulo: Cia. dos Livros, 2011.

Silva, Arlindo. *A fantástica história de Silvio Santos*. São Paulo: Editora do Brasil, 2000.

Silva, Luís Sérgio Lima e. *TV Tupi do Rio de Janeiro: uma viagem afetiva*. São Paulo: Imprensa Oficial do Estado de São Paulo, 2010.

Soares, Edileuza. *A bola no ar: o rádio esportivo em São Paulo*. São Paulo: Summus, 1994.

Tavares, Reynaldo C. Histórias que o rádio não contou: do galena ao digital, desvendando a radiodifusão no Brasil e no mundo. 2. ed. São Paulo: Harbra, 1999.

Vila Nova, Júlio César Fernandes. *O frevo no discurso literomusical brasileiro: ethos discursivo e posicionamento*. Tese (Doutorado em Letras). Universidade Federal de Pernambuco, Recife, 2012.

Villa, Marco Antonio. *Ditadura à brasileira: 1964-1985: a democracia golpeada à direita e à esquerda*. São Paulo: LeYa, 2014.

Xavier, Ricardo (Rixa). *Almanaque da TV: 50 anos de memória e informação*. Rio de Janeiro: Objetiva, 2000.

Wainer, Samuel. *Minha razão de viver: memórias de um repórter*. São Paulo: Planeta, 2005.

Wallach, Joe. *Meu capítulo na TV Globo*. Rio de Janeiro: Topbooks, 2011.

William, Wagner. *Silvio Luiz: olho no lance*. São Paulo: Nova Cultural, 2002.

PERIÓDICOS CONSULTADOS

Durante o trabalho de pesquisa que alicerçou a produção deste livro, o autor reuniu e consultou mais de 1.000 textos, publicados por quase 60 periódicos diferentes, a respeito de Blota Jr.

Almanak Administrativo, Mercantil e Industrial do Rio de Janeiro, Amiga, O Atlântico, O Cidadão, Cidade de Santos, Cine Revista, City News, A Comarca, Correio da Manhã, Correio d'Oeste, Correio da Paraíba, Correio Paulistano, Correio Popular, O Cruzeiro, Cruzeiro do Sul, O Dia, Diário da Assembleia Legislativa de São Paulo, Diário Carioca, Diário do Congresso Nacional, Diário da Noite, Diário de Notícias, O Diário de São Carlos, Diário de S. Paulo, Diário do Comércio e Indústria, Diário do Grande ABC, Diário Popular, O Esporte, O Estado de S. Paulo, Folha da Manhã, Folha da Tarde, Folha da Noite, Folha de Amparo, A Folha de São Carlos, Folha de S. Paulo, A Gazeta, A Gazeta Esportiva, A Gazeta da Lapa, Gazeta de Ipiranga, Gazeta de Notícias, O Globo, Istoé Gente, Jornal de Brasília, Jornal do Brasil, Jornal da Tarde, Manchete, A Manhã, Metro News, Mundo Esportivo, A Noite, Notícias Populares, Oeste Paulista, Popular da Tarde, Realidade, Revista do Rádio, A Semana, Última Hora, Veja.

SITES CONSULTADOS

al.sp.gov.br
blotajrsoniaribeiro.com.br
camara.leg.br
campinas.sp.gov.br
dicionariompb.com.br
fernandomorgado.com.br
jovempan.uol.com.br
memoriaglobo.globo.com
museudatv.com.br
obaudosilvio.blogspot.com
planalto.gov.br
radiobandeirantes.band.uol.com.br
tre-sp.jus.br
tse.jus.br

Visite e conheça estes e outros lançamentos
www.matrixeditora.com.br

Animaq
Quem já foi criança ou quem ainda é vai adorar este livro. Os desenhos marcaram época no Brasil. As curiosidades de cada um. Tudo isso agora está registrado em Animaq – Almanaque dos desenhos animados. É animação garantida e o seu sorriso de volta.

Chaves: foi sem querer querendo?
O programa Chaves chegou ao Brasil em 1981 e é um marco na TV brasileira, alcançando diversas gerações. Quem consegue explicar o sucesso de tantos anos? Nesta obra, você vai entender um pouco dessa saga, cheia de histórias engraçadas e interessantes. O livro mostra como o programa subverteu a lógica televisiva com seu humor; a batalha pelo Ibope; a contribuição dos dubladores para o sucesso aqui no Brasil; a biografia dos atores e, no final, um capítulo com uma série de curiosidades imperdíveis.

Cabo Anselmo - Minha verdade
Cabo Anselmo é um dos nomes mais emblemáticos nos episódios que levaram à tomada do poder pelos militares em 1964. Seria ele um traidor hediondo, como a esquerda o qualifica, por ter abandonado um movimento cujo objetivo era a instalação de uma ditadura comunista? Ou será que ele manteve lealdade à pátria e às Forças Armadas que jurou defender? Nesta obra o próprio Anselmo responde a essas e a outras questões que cercam seu nome.

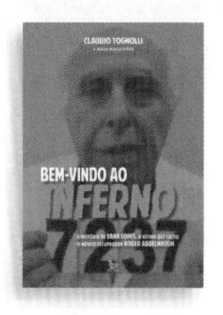

Bem-vindo ao inferno
Vana Lopes foi uma das vítimas do médico estuprador Roger Abdelmassih. Sua busca por justiça começou em 1993, e passou por diversos percalços, como um boletim de ocorrência desaparecido da delegacia. A luta para localizar Abdelmassih, após ele ganhar um *habeas corpus* do STF e fugir do país, é um dos maiores exemplos de determinação e coragem que o Brasil já viu. Enquanto a polícia não conseguia pistas, Vana soube utilizar com maestria e criatividade as redes sociais e a mídia, para se transformar em uma catalisadora de informantes e juntar documentos que conduziram a polícia à captura do criminoso.

MATRIX